U0522442

本书由广州国际金融研究院
2015年度战略性研究课题（第二批）资助（GFI152A02）

广州市产业金融发展状况的比较研究

王孟欣　王俊霞　著

中国社会科学出版社

图书在版编目(CIP)数据

广州市产业金融发展状况的比较研究/王孟欣，王俊霞著.
—北京：中国社会科学出版社，2019.12
ISBN 978-7-5203-5466-0

Ⅰ.①广⋯　Ⅱ.①王⋯②王⋯　Ⅲ.①产业发展—地方金融—研究—广州　Ⅳ.①F832.765.1

中国版本图书馆 CIP 数据核字(2019)第 232607 号

出 版 人	赵剑英
责任编辑	谢欣露
责任校对	闫　萃
责任印制	王　超

出　　版	中国社会科学出版社
社　　址	北京鼓楼西大街甲 158 号
邮　　编	100720
网　　址	http://www.csspw.cn
发 行 部	010-84083685
门 市 部	010-84029450
经　　销	新华书店及其他书店
印　　刷	北京明恒达印务有限公司
装　　订	廊坊市广阳区广增装订厂
版　　次	2019 年 12 月第 1 版
印　　次	2019 年 12 月第 1 次印刷
开　　本	710×1000　1/16
印　　张	20.25
插　　页	2
字　　数	312 千字
定　　价	96.00 元

凡购买中国社会科学出版社图书，如有质量问题请与本社营销中心联系调换
电话：010-84083683
版权所有　侵权必究

前　言

　　金融作为现代经济的核心，在国家或地区经济的发展中扮演了极为重要的角色，金融的发展能够有效地促进资本市场的繁荣，也能够极大地推动相关产业的成长。改革开放以来，中国的经济实现了飞速发展，创造了"中国奇迹"。近年来，随着中国经济发展进入"新常态"，中国经济处在转型的关键时刻，各个产业也面临新一轮的优化升级。在这一阶段中，随着金融开放步伐和金融市场化进程的加快，金融资源的配置对行业的发展方向和进程将会产生更加重要的影响，产业金融在城市和区域经济发展中的重要作用将更加突出。

　　广州市地处珠三角地区中心，具有联通港澳、辐射华南纵深腹地的独特区位优势。经过改革开放四十年的快速发展，广州市综合经济实力不断提升，2016年金融业实现增加值1809亿元，占地区生产总值的比重达9.23%，成为广州市第六个总量规模超千亿元的重要支柱产业和现代服务业的龙头产业。

　　近些年，为了推动广州市的产业金融发展，广州市政府也出台了相关的政策规划。2012年12月广州市出台《广州市加快改善农村金融服务工作方案》，2014年11月出台《关于支持广州南沙新区深化粤港澳台金融合作和探索金融改革创新的意见》，2015年1月出台《广州市关于推进互联网金融产业发展的实施意见》，2015年5月出台《关于促进科技金融与产业融合发展的实施意见》，以加快科技金融创新发展支持产业转型升级，吸引市内外、省内外以及国内外的资金、技术和人才等要素向广州市科技企业集聚，发展高新技术产业和培育战略性新兴产业。2016年11月发布的《广州市金融业发展第十三个五年规划（2016—2020年）》中指出，通过实施"金融+"专项行动计划，进一步促进金融与经济社会各领域的深度融合，增强金融支持创新驱动发展，使金融成为广州市稳增长、调结构、促转型、惠民生的重要支撑，将金融业打造成为全市服务业的第一大支柱产业。

从近几年发展情况看，广州市的产业金融有了长足的发展，初步形成了以科技、商贸、物流、航运等为重点支持领域的多层次产业金融发展格局。但整体上看，与北京、上海等金融产业发达城市相比，广州市产业金融发展仍存在许多不足之处。本书的研究目的在于，从广州市实际情况出发，通过与北京、上海、深圳等国内金融发达城市对比，客观地评估广州市的产业金融发展水平；同时认清广州市产业金融的比较优势、劣势、机遇以及挑战，这对于提高广州市金融发展水平、通过金融发展促进产业优化升级具有重要意义。

本书共由十一章内容组成，分成三个部分。第一部分为总体篇，由第一章至第三章构成，从总体上就金融与金融产业的相关背景及理论进行分析，构成了本书的理论基础与研究背景。第一章介绍本书的研究背景、意义，厘清相关研究概念，并对国内外研究现状进行梳理。第二章研究了金融业支持产业发展的路径，结合产业发展的周期，分析金融业支持产业发展的方式，并对产业不同发展阶段的融资方式进行分析。第三章分析了广州市经济与金融业发展概况，对"十二五"以来广州市经济与金融业发展的基本情况进行了分析。

第二部分为产业金融发展评估篇，包括第四章至第九章内容，分别针对广州市重点发展的航运金融、航空金融、商贸金融、互联网金融、农村金融等产业金融业态进行比较、分析与评估。第四章为广州市科技金融发展评估，从相关科技政策、政府财政支持、企业自身筹资、科技贷款、科技保险、资本市场融资等方面入手，选取了金融业发展状况较好的11个城市进行比较分析，通过建立BP神经网络模型进行了综合评估。第五章为广州市航运金融发展评估，从相关促进政策、政府财政支持、航运保险、资本市场融资等方面，选取了航运金融发展较好的9个港口城市进行了比较分析，并通过建立BP神经网络模型进行了综合评估。第六章为广州市航空金融发展评估，从政府相关政府、政府财政支持、固定资产投资、资本市场融资等方面，选取了 8 个航空枢纽城市，采用熵值法就航空金融发展状况进行了综合评估。第七章为广州市商贸金融发展评估，从商贸金融政策、商贸金融产品和金融机构、外贸投资、资本市场融资等方面，选取了 10 个城市通过建立商贸金融发展指数进行了综合评价分析。第八章为广州市互联网金融发展评估，从传统金融业务的互联网化、互联网支付、互联网融资、虚拟货币等方面，就广州市的互联网金融发展进行了分析。第九章为广州市农村金融发展评估，从相关政策、财政支持、小农贷款、涉农保险等方面，选取了 11 个基准城市进行了比较分析。

第三部分为金融业综合运行状况篇，包括第十章至第十一章内容。第十章为广州市金融业运行效率评价，采用数据包络分析方法，选取了 13 个基准城市，就金融业运行效率情况进行了比较分析。第十一章为广州市金融竞争力综合评价，构造了包括目标层、准则层、因素层和指标层四个层级共 26 个指标的指标体系，采用主成分分析方法，就 13 个城市金融竞争力状况进行了评价与分析。

本书为广州国际金融研究院 2015 年度战略性研究课题（第二批）"以广州为视角的区域金融竞争力评价与对策研究"（编号：GFI152A02）的结项成果。课题负责人为王孟欣教授，课题组成员有王俊霞、贾帅帅、季琳、李汉陟、张军茹、王猛等。本书最后由王孟欣教授、王俊霞副教授修改定稿。课题组感谢广州国际金融研究院、广州市金融工作局领导及同事对本书研究的大力支持。

鉴于产业金融涉及内容的复杂性，相关政策也在不断调整变化之中，本书的研究肯定会存在不足之处，恳请读者批评指正。

课题组

2018 年 12 月

目 录

第一部分 总体篇

第一章 金融与产业金融概述 …………………………………（3）
第一节 金融与金融业 ……………………………………（3）
第二节 产业金融的界定及分类 …………………………（14）
第三节 主要产业金融业态及研究状况分析 ……………（18）

第二章 金融业对产业发展的支持路径研究 ………………（41）
第一节 产业发展的生命周期分析 ………………………（41）
第二节 产业发展的融资方式分析 ………………………（46）
第三节 产业不同发展阶段的融资方式分析 ……………（49）

第三章 广州市经济与金融业发展概况 ……………………（54）
第一节 广州市经济发展状况的比较分析 ………………（55）
第二节 广州市金融业发展的比较分析 …………………（58）

第二部分 产业金融发展评估篇

第四章 广州市科技金融发展评估 …………………………（67）
第一节 广州市科技金融发展概况 ………………………（67）
第二节 广州市科技金融发展状况的比较分析 …………（90）

第三节　广州市科技金融发展状况的综合评估 …………… (101)
第四节　促进广州市科技金融发展的政策建议 …………… (106)

第五章　广州市航运金融发展评估 ………………………… (108)
第一节　广州市航运金融发展概况 ………………………… (108)
第二节　广州市航运金融发展的比较分析 ………………… (118)
第三节　广州市航运金融发展的综合评估 ………………… (122)
第四节　促进广州市航运金融发展的政策建议 …………… (128)

第六章　广州市航空金融发展评估 ………………………… (130)
第一节　广州市航空金融发展概况 ………………………… (130)
第二节　广州市航空金融发展状况的比较分析 …………… (136)
第三节　广州市航空金融发展状况的综合评估 …………… (143)
第四节　促进广州市航空金融发展的政策建议 …………… (148)

第七章　广州市商贸金融发展评估 ………………………… (150)
第一节　广州市商贸金融发展概况 ………………………… (150)
第二节　广州市商贸金融发展的综合评估 ………………… (162)
第三节　促进广州市商贸金融发展的相关建议 …………… (170)

第八章　广州市互联网金融发展评估 ……………………… (172)
第一节　互联网金融的主要发展模式 ……………………… (172)
第二节　广州市互联网金融发展概况 ……………………… (176)
第三节　广州市互联网金融发展状况的综合评估 ………… (215)

第九章　广州市农村金融发展评估 ………………………… (222)
第一节　广州市农村金融发展概况 ………………………… (222)
第二节　广州市农村金融发展状况的比较分析 …………… (230)
第三节　促进广州市农村金融发展的政策建议 …………… (234)

第三部分　金融业综合运行状况篇

第十章　广州市金融业运行效率评价 …………………… (239)
　第一节　几种效率评价方法分析 ………………………… (239)
　第二节　广州市金融业运行效率分析 …………………… (247)
　第三节　主要城市金融业运行效率的比较分析 ………… (256)

第十一章　广州市金融竞争力综合评价 ………………… (270)
　第一节　金融竞争力的内涵及概念界定 ………………… (270)
　第二节　城市金融竞争力影响因素分析 ………………… (273)
　第三节　城市金融竞争力的评价方法及指标体系 ……… (277)
　第四节　广州市金融竞争力的综合评价：基于主成分
　　　　　分析法 ………………………………………… (283)
　第五节　促进广州市金融业发展的政策建议 …………… (290)

附　表 ……………………………………………………… (296)

参考文献 …………………………………………………… (305)

第一部分

总体篇

第一章 金融与产业金融概述

金融作为现代经济社会的一个不可或缺的组成部分,已经深入到经济与社会的各个方面;生活在现代社会的每一个人,可谓时时刻刻与金融发生着联系。就日常生活来看,股票、债券、期货、外汇,以及近些年兴起的支付宝、微信、余额宝等,都已经成为人们耳熟能详的词。放眼到国家层面,为了保持宏观经济稳定而采取的宏观调控工具与手段,如国债、存款准备金率、人民币基准利率等,都成为现代金融活动的一部分。

就金融活动来看,虽然不同时期存在不同的表现形式,但不可否认的是,它已经在人类社会存在了较长的时间。有资料记载,在原始社会末期就已经出现了"高利贷"等放贷形式。这样算来,金融活动的出现至今至少已经有几千年的历史。但无论是中国还是西方国家,"金融"(Finance)一词的出现均只有100多年的历史,大大晚于金融活动,并且金融的内涵也不尽相同。

本书以产业金融为研究重点与核心内容。本章将对金融与金融业的内涵与外延进行界定与梳理,以对金融与金融业有一个清晰、准确的理解与认识,同时探究金融业的形成与发展过程,这也是本书研究的基础所在。

第一节 金融与金融业

一 金融业的内涵

金融,从字面意思理解即资金的融通,但对其内涵的理解不尽相同。大体来看，对资金融通范围的理解有广义和狭义之分。从广义的方面去理解和认识，金融涵盖了货币的事务、货币的管理、与金钱有关的财源等，实际上包括了国家财政、公司理财及个人收支等多方面内容；如果将金融仅用来表示与资本市场有关的运作机制以及股票等有价证券的价格形成机制，则是较狭义的金融内涵，这也是国外经济学界的通行用法。

由约翰·伊特韦尔等编写的《新帕尔格雷夫经济学大辞典》认为："金融以其不同的中心点和方法论而成为经济学的一个分支。其基本的中心点是资本市场的运营、资本资产的供给和定价。其方法论是使用相近的替代物给金融契约和工具定价。"[①] 在本词条当中，从有效率的市场、收益和风险、期权定价、公司金融四个方面对金融进行重点讨论；其概括的金融活动侧重于资本市场的运营与定价，是典型的狭义角度的金融。实际上，在西方教科书及金融实践当中，对金融的研究主要是从狭义角度展开的。

就我国来看，1915年出版的《辞源》和1937年出版的《辞海》，是最早收录"金融"一词的正式工具书。考虑到词语的使用、定型需要一定的时间，那么大约在19世纪中期就已经开始形成并使用"金融"一词。经过100多年的使用与融合，其内涵也在不断演变与发展。与西方国家相比，我国的金融范畴更侧重于宏观角度，因此"货币银行学"长期以来是我国金融学科方面的核心内容。当然，进入21世纪之后，随着国内外经济交融及全球化的发展，金融日益向微观层面扩展。因此，当前我国的金融对广义和狭义内涵均有所涉及。就其具体范畴看，金融是涉及货币供给、银行与非银行信用、以证券交易为操作特征的投资、商业保险，以及以类似形式进行运作的所有交易行为的集合。[②]

---

① 约翰·伊特韦尔、默里·米尔盖特、彼得·纽曼等编：《新帕尔格雷夫经济学大辞典》（第二卷），经济科学出版社1996年版，第345页。
② 黄达、张杰：《金融学》（第四版），中国人民大学出版社2017年版。

二　金融业的产生与发展

在某种意义上，金融最基础和最核心的形态或载体就是货币。货币形态的演变，伴随着金融内涵与金融相关活动由低级向高级不断演变的过程。如果往前追溯，几千年以前人类社会的交换行为最初是物物直接交换的形式。由于剩余产品很少，交易的种类少，交易范围小，物物交易成为相当长的时期内主要的交易方式。随着生产力发展，剩余产品越来越多，交换行为日益频繁，逐渐演变成通过某种媒介进行交易；这种媒介逐渐固定下来，金和银成为世界各地均认可的交易媒介，"金银天然不是货币，货币天然是金银"，货币就诞生了。货币的诞生，促进了交易效率的提高，进一步促进了生产效率的提高。社会剩余产品继续增多，积累的金银越来越多，借贷行为开始出现。"高利贷""利滚利"等资本增值的方式，都曾经作为我国教科书当中批判的对象。

由于金银携带的不方便性，大额、远距离运输风险太大，我国唐代在汇兑业务中就出现了"飞钱"等业务形态，类似于现代的汇票。"腰缠十万贯，骑鹤上扬州"① 是描述当时远距离携带财物的情形。至明清时期，晋商普遍使用"汇票"作为支付手段，业务遍及国内及俄罗斯、新加坡、日本等世界各地，做到一纸"汇通天下"。纸币一般都是以国家信用作为背书支持而发行的。就官方层面看，我国北宋年间（1023年）发行的"交子"，作为官方法定的货币在四川境内流通近80年，是中国最早由政府正式发行的纸币，也被认为是世界上最早使用的纸币。美国（1692年）、法国（1716年）等西方国家先后在17—18世纪开始发行和使用纸币。时至今日，随着互联网与信息技术的发展，智能终端不断更新升级，电子货币的应用也日益广泛，越来越多的交易开始采用无纸化形式；同时，以比特币、以太币等为代表的数字货币开始登上历史舞台。

伴随着货币形态的演变以及交易技术的不断发展，金融业态也在不

---

① 见南朝宋人殷芸的《殷芸小说·吴蜀人》一文。

断演进。早在公元前 2000 年巴比伦寺庙和公元前 6 世纪希腊寺庙,出现了货币保管和收取利息的放款业务;公元前 5 世纪至公元前 3 世纪在雅典和罗马先后出现了银钱商和类似银行的商业机构。现代意义上的银行则最早从货币兑换业和金匠业中发展起来。最早出现的银行是意大利威尼斯的银行（1580 年），1694 年英国建立了第一家股份制银行——英格兰银行，这为现代金融业的发展确立了最基本的组织形式。

早期的金融业态比较简单，货币主要是作为交易手段而存在。随着资本主义经济的发展，1602 年在荷兰阿姆斯特丹印制了世界上最早的股票——东印度公司股票，1609 年阿姆斯特丹成立了世界上第一个股票交易所，1848 年芝加哥期货交易所诞生，1876 年成立了伦敦金属交易所。1972 年美国芝加哥商业交易所设立了国际货币市场分部，首次推出包括英镑、加拿大元、西德马克、法国法郎、日元和瑞士法郎等在内的外汇期货合约，并于 1975 年首次推出了利率期货合约交易。1977 年美国长期国债期货合约在芝加哥期货交易所上市，是迄今为止国际期货市场上交易量最大的金融期货合约。1982 年 2 月，美国堪萨斯期货交易所开发了价值线综合指数期货合约，使股票价格指数也成为期货交易的对象。

时至今日，伴随着互联网及信息技术的发展，金融市场上林林总总的交易手段层出不穷，新的金融工具与交易技术不断形成与发展，构成了一个庞大而复杂的金融生态系统。在这个金融体系中，以金融工具为中心，与之相联系的有交易者、监管层，以及金融中介机构等。

三　我国金融业的分类

金融业是现代服务业中的一种业态，它为经济活动主体提供资金融通服务。金融活动虽然已经存在了几千年的时间，但就其形成一个产业并获得较快的发展，则是近代的事情。1694 年英国英格兰银行的成立，为现代金融业的发展奠定了基础。时至今日，金融业在现代经济与社会发展中发挥着举足轻重的作用。1991 年邓小平同志在视察上海时指出：金融很重要，是现代经济的核心。金融搞活了，一招棋活，全盘皆活。

这充分说明了金融在现代经济当中的重要地位。

从国家宏观经济管理的角度看，金融业有比较明确的行业界定；同时，受经济发展程度的影响，人们对金融业的认识也在不断发展演化。我国《国民经济行业分类》规定了全社会经济活动的分类与代码，以便于国家在统计、计划、财政、税收、工商等方面的宏观管理。随着经济形势的变化，该行业分类历经多次修改，形成 GB/T 4754—1984、GB/T 4754—1994、GB/T 4754—2002、GB/T 4754—2011 等多个版本。从历次行业分类的调整看，金融业的行业分类是适应经济形势发展不断变化与调整的过程，也是对金融业的认识不断加深的过程。表 1-1 显示了国民经济行业分类中金融业的构成情况。

表 1-1　　　历次国民经济行业分类中金融业的构成

国标	门类	大类	备注
GB/T 4754—1984	金融保险业	金融业 保险业	2 个大类 2 个中类 2 个小类
GB/T 4754—1994	金融保险业	金融业 保险业	2 个大类 8 个中类 11 个小类
GB/T 4754—2002	金融业	银行业 证券业 保险业 其他金融活动	4 个大类 16 个中类 16 个小类
GB/T 4754—2011	金融业	货币金融服务 资本市场服务 保险业 其他金融业	4 个大类 21 个中类 29 个小类
GB/T 4754—2017	金融业	货币金融服务 资本市场服务 保险业 其他金融业	4 个大类 26 个中类 48 个小类

1984 年和 1994 年行业分类中，金融业和保险业合并，称为金融保

险业,从 2002 年起门类名称调整为金融业。1984 年的金融业包括金融业、保险业 2 个大类、2 个中类和 2 个小类;1994 年金融业仍然是金融业、保险业 2 个大类,但中类和小类分别扩展为 8 个和 11 个。2002 年金融业和保险业合并成为金融业,保险业不再单列,而是作为金融业的一个中类;金融业门类下面共包括银行业、证券业、保险业、其他金融活动 4 个大类、16 个中类和 16 个小类。2011 年,金融业门类下面的大类进行了调整,有货币金融服务、资本市场服务、保险业和其他金融业 4 个大类、21 个中类和 29 个小类。2017 年,金融业门类下面的 4 个大类没有变化,但扩展为 26 个中类和 48 个小类,充分反映了近年来金融业的快速发展趋势。

我国目前使用的版本为 2017 年 6 月 30 日发布并于 10 月 1 日开始实施的《国民经济行业分类》(GB/T 4754—2017)。按此行业分类标准,金融业属于第 J 门类,包括货币金融服务、资本市场服务、保险业、其他金融业 4 个大类,具体分类情况见表 1-2。

表 1-2 我国现行《国民经济行业分类》(GB/T 4754—2017)中金融业分类

大类	中类	小类
货币金融服务	中央银行服务	中央银行服务
	货币银行服务	商业银行服务 政策性银行服务 信用合作社服务 农村资金互助社服务 其他货币银行服务
	非货币银行服务	融资租赁服务 财务公司服务 典当 汽车金融公司服务 小额借款公司服务 消费金融公司服务 网络借贷服务 其他非货币银行服务
	银行理财服务	银行理财服务
	银行监管服务	银行监管服务

续表

大类	中类	小类
资本市场服务	证券市场服务	证券市场管理服务 证券经纪交易服务
	公开募集证券投资基金	公开募集证券投资基金
	非公开募集证券投资基金	创业投资基金 天使投资 其他非公开募集证券投资基金
	期货市场服务	期货市场管理服务 其他期货市场服务
	证券期货监管服务	证券期货监管服务
	资本投资服务	资本投资服务
	其他资本市场服务	其他资本市场服务
保险业	人身保险	人寿保险 年金保险 健康保险 意外伤害保险
	财产保险	财产保险
	再保险	再保险
	商业养老险	商业养老险
	保险中介服务	保险经纪服务 保险代理服务 保险公估服务
	保险资产管理	保险资产管理
	保险监管服务	保险监管服务
	其他保险活动	其他保险活动
其他金融业	金融信托与管理服务	信托公司 其他金融信托与管理服务
	控股公司服务	控股公司服务
	非金融机构支付服务	非金融机构支付服务
	金融信息服务	金融信息服务
	金融资产管理公司	金融资产管理公司
	其他未列明金融业	货币经纪公司服务 其他未包括金融业

与 2011 年行业分类标准相比，仅仅六年时间，行业中类增加了 5 个、小类增加了 19 个，包括了网络借贷服务、创业投资基金、天使投资等多种现代新兴的金融服务类别，充分反映了随着信息技术、互联网技术的发展，与之相关联的金融业态与形式也在不断形成，金融产业涵盖范围呈不断扩大的趋势。

四　金融市场体系

（一）金融市场及其分类

市场是提供资源流动和资源配置的场所，按交易的产品类别，可以将市场划分为两大类：一类是产品市场，进行商品和服务的交易；另一类是生产要素市场，进行劳动力和资本的交易。显然金融市场属于要素类市场，提供资本及其交易活动，实现借贷资金的集中和分配，完成金融资源的配置过程；同时，通过金融资产交易，能够最终促进社会实物资源的合理配置。

按不同的分类标准，可以将金融市场进行不同的分类，如按金融交易期限划分为货币市场和资本市场；按交割期限划分为现货市场和期货市场；按交易的政治地理区域划分为国内金融市场与国外金融市场；等等。表 1-3 显示了金融市场的主要分类。

表 1-3　　　　　金融市场的主要分类

分类标准	主要类型	市场特征
交易期限	货币市场	以短期金融工具为媒介，期限在一年或一年以内
	资本市场	以长期金融工具为媒介，期限在一年以上
交割期限	现货市场	成交后立即付款交割
	期货市场	按合约规定的日期付款交割
政治地理区域	国内金融市场	交易活动限于本国领土之内，交易双方为本国自然人、法人或享受国民待遇的外国自然人与法人
	国际金融市场	交易活动的范围超越了国界，可以是整个世界或某一个地区；交易双方是不同国家或地区的自然人与法人

续表

分类标准	主要类型	市场特征
经营场所	有形金融市场	有固定场所和操作设施
	无形金融市场	以网络形式存在的市场,通过电子电讯手段达成交易
交易性质	发行市场	也称一级市场,是新证券发行的市场
	流通市场	也称二级市场,是已经发行、处在流通中的证券的买卖市场
交易对象	债券市场	发行和买卖债券的场所
	票据市场	对票据进行交易,实现短期资金融通的市场
	外汇市场	从事外汇买卖,调剂外汇供求的交易场所
	股票市场	股票转让、买卖和流通的场所
	黄金市场	进行黄金买卖和金币兑换的市场
	保险市场	对保险商品或服务进行交易的场所
	其他投资品市场	—
融资方式	直接融资市场	没有金融中介机构介入的资金融通方式
	间接融资市场	双方通过金融中介机构进行资金融通的方式

在上述金融市场体系中,资本市场占据重要地位。资本市场是筹措长期资金的市场,一般满足期限在一年以上的融资需求,有的长达几十年,能够为政府、企业、个人等筹措主体提供稳定、大额的资金来源,受到世界各国的青睐。

(二) 我国多层次资本市场的构成

资本市场是连接投资者与融资者的重要场所,两者是资本市场最重要的参与主体。在资本市场上,不同的投资者与融资者都有不同的规模与主体特征,存在着对资本市场金融服务的不同需求。投资者与融资者对金融服务的多样化需求决定了资本市场应该是一个多层次的市场体系。

1978 年改革开放全面启动后,随着股份制经济的发展,我国的资本市场开始萌生。[①] 20 世纪 80 年代,随着国家政策的逐步放开,股票发行由试点推向全国,越来越多的企业开始半公开或公开发行股票,股

---

① 中国证券监督管理委员会:《中国资本市场发展报告》,中国金融出版社 2008 年版。

票的一级市场开始出现。1990年，上海证券交易所、深圳证券交易所先后设立。1991年年底推出人民币特种股票（又称境内上市外资股，以下简称B股）。到1991年年底，上海证券交易所共有8只上市股票；深圳证券交易所共有6只上市股票。之后，我国的资本市场逐渐步入稳步发展时期，全国性资本市场开始形成并逐步发展。

2004年5月，深圳证券交易所在主板市场内设立中小企业板（以下简称中小板）；2009年10月，深圳证券交易所设立创业板。除上海证券交易所和深圳证券交易所主板、中小板、创业板的上市公司外，2012年9月，全国中小企业股份转让系统注册成立，定位于"以机构投资者和高净值人士为参与主体，为中小微企业提供融资、交易、并购、发债等功能的股票交易场所"，也就是"新三板"。此外，我国各地区还建立了初具规模的区域股权市场，如上海股权托管交易中心、天津股权交易所、广州股权交易中心等十几家区域股权交易市场（见表1-4）。

表1-4　　　　　　　　　我国主要区域股权交易市场

序号	名称	所在地	成立时间
1	前海股权交易中心	深圳	2011年11月
2	上海股权托管交易中心	上海	2010年11月
3	浙江股权交易中心	杭州	2012年10月
4	广州股权交易中心	广州	2012年8月
5	江西联合股权交易中心	南昌	2015年7月
6	武汉股权托管交易中心	武汉	2011年5月
7	北京四板市场	北京	2015年4月
8	甘肃股权交易中心	兰州	2013年12月
9	湖南股权交易所	长沙	2010年12月
10	齐鲁股权交易中心	淄博	2013年11月
11	广东金融高新区股权交易中心	佛山	2013年10月
12	中原股权交易中心	郑州	2015年6月
13	海峡股权交易中心	平潭	2011年10月
14	安徽股权托管交易中心	合肥	2013年8月
15	辽宁股权交易中心	沈阳	2013年2月

续表

序号	名称	所在地	成立时间
16	海南股权交易中心	海口	2014年9月
17	南宁股权交易中心	南宁	2015年7月
18	厦门两岸股权交易中心	厦门	2013年12月
19	内蒙古股权交易中心	呼和浩特	2014年1月
20	石家庄股权交易所	石家庄	2010年8月
21	广西北部湾股权交易所	南宁	2011年4月
22	天府（四川）联合股权交易中心	成都	2013年7月
23	宁波股权交易中心	宁波	2015年8月
24	天津股权交易所	天津	2001年7月
25	新疆股权交易中心	乌鲁木齐	2012年10月
26	宁夏股权托管交易中心	银川	2015年6月
27	陕西股权交易中心	西安	2014年1月
28	天津滨海柜台交易市场	天津	2010年8月
29	青岛蓝海股权交易中心	青岛	2014年2月
30	哈尔滨股权交易中心	哈尔滨	2014年11月
31	重庆股份转让中心	重庆	2012年12月
32	西安股权托管交易中心	西安	2016年9月
33	吉林股权交易所	长春	2011年5月
34	青海股权交易中心	西宁	2013年6月
35	江苏股权交易中心	南京	2013年7月
36	成都股权托管中心	成都	1996年9月
37	大连股权交易中心	大连	2013年3月
38	北方工业股权交易中心	齐齐哈尔	2015年10月
39	苏州股权交易中心	苏州	2016年3月

资料来源：wind资讯金融终端，其中成立时间查询自国家企业信用信息公示系统（http://www.gsxt.gov.cn/）。

至今，我国已经建成了包括主板市场（含中小板）、创业板（二板）市场、全国中小企业股份转让系统（新三板）和区域股权交易市场等在内的多层次资本市场体系（见图1-1）。

除国内市场融资外，我国还鼓励企业充分利用国际资本市场，积极

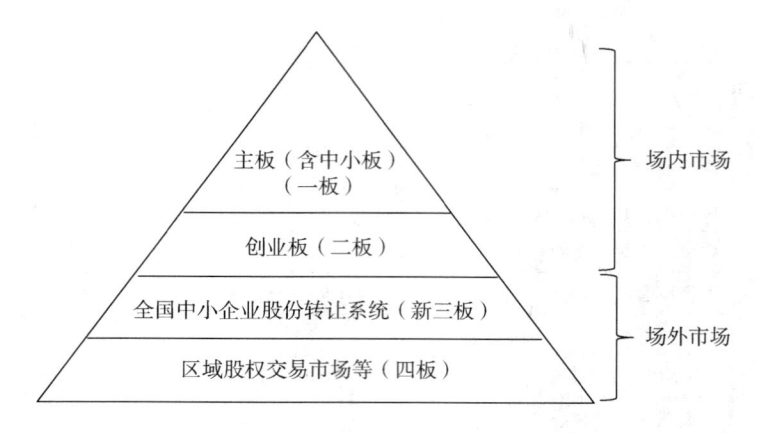

图 1-1 我国多层次资本市场体系构成

推动企业到香港、纽约、新加坡、伦敦等国际资本中心发行 H 股、N 股、S 股、L 股等股票进行筹资，对境内资本市场形成了有力的补充。

截至 2016 年 12 月，我国境内上市公司总数达 3052 家（其中 A 股 2952 家、B 股 100 家）；境外上市公司（H 股）241 家。A 股、B 股、H 股总发行股本为 49997.26 亿股；境内 A 股、B 股总市值达 50.8 万亿元。截至 2016 年 10 月，中国境内股票市值已达 6.6 万亿美元，仅次于美国（23.8 万亿美元），居全球第二位。截至 2016 年 12 月末，全国共有 10163 家新三板企业，市值总和 2.72 万亿元。

第二节 产业金融的界定及分类

金融产业与产业金融是两个既相互联系但又存在明显区别的范畴。国民经济产业分类是金融业的基础，而金融业与其他行业相结合，为相关具体产业提供金融支持，由此诞生了各个具体行业的产业金融形式。

一 产业金融的界定

随着现代金融与各个产业的不断融合与发展，产业金融的概念逐渐兴起，成为政府、学术界、业界及媒体广泛关注的一种金融形式，但有关产业金融并没有形成一个统一的概念。现有研究往往是从各自的关注角度出发，界定产业金融的内涵与范围。国内外学者比较早从经济发展的角度考察产业金融，戈德史密斯（Goldsmith，1969）作为最早发现金融发展与经济成长之间呈现正相关的学者，明确指出，产业发展的基础是金融发展，但是金融发展速度应该比产业发展快。A. Derrick（1998）提出，产业可持续发展中一个很重要的影响因素是融资体系的欠缺。J. P. Painuly、H. Park、M – K. Lee 和 J. Noh（2003）指出，应当放松对金融产业投融资的限制来促进产业的发展。

就国内研究情况看，秦池江（1996）[1] 比较早地关注了产业金融。他认为：产业金融有别于宏观金融或社会金融，指企业内部、产业部门及其发展过程中的筹资和融资问题；其所要研究的领域首先是内部的现金流动和资金的运筹，其次是产业内部金融如何与宏观金融的相互转换与制约，并寻求最佳的结合形式，使产业的效率最大化。总体上看，他所关注的产业金融主要侧重于企业或产业内部的融资问题。纪敏、刘宏（2000）[2] 则将产业金融概括为依托并促进特定产业发展的金融活动的总称，认为相关金融机构和金融工具都是依托特定产业发展起来的，并有效地促进了特定产业的发展。该文还指出，产业金融在各国的表现形式也存在一定的差异，但其载体一般是一国制造业中的主导产业或高科技产业，主要形式是制造业跨国财务公司以及特定产业的投资基金。此外，还有一些学者就某一具体的产业金融形态进行研究，如于孝建、任兆璋（2011），贾旭东（2010）关于文化产业金融的研究；高永琳、骆温平、夏飞（2016）关于航运产业金融的研究；杨洁涵（2011）关于房地产金融的研究；等等。可以说，现有文献有关产业金融方面的研究已经较为多见，但这些研究多是从产业与金融之间的关系出发，实际上并没有对产业金融的概念与内涵进行具体探讨。

本书认为，产业金融可以从微观与宏观两个层面进行界定。微观层

---

[1] 秦池江：《论产业金融与产业金融政策》，《经济研究参考》1996 年第 49 期。
[2] 纪敏、刘宏：《关于产业金融的初步研究》，《金融研究》2000 年第 8 期。

面的产业金融主要是指与具体的产业形态相结合，为相关产业提供资金融通服务，以促进产业发展的一种新的金融业态。微观层面的产业金融研究往往关注于某一具体产业，从具体产业层面研究和探讨有关金融与产业的融合等方面的问题。如金融发展与科技活动相结合，以金融促进科技活动发展，从而形成了科技金融形态；金融发展与航运业相结合，探究以金融促进航运业发展的模式、方法及路径问题，从而形成航运金融等，这些涉及的均是微观产业金融的范畴。宏观层面的产业金融的研究内容较广泛，往往从国家宏观政策、政府管理等角度出发，研究产业在金融方面存在的共性问题，涉及产业、金融机构（部门）、政府等多个部门。在实际分析研究当中，由于宏观与微观层面的紧密联系，微观产业金融与宏观产业金融往往也难以严格区分，更多的情况是侧重于从某一方面进行分析。

无论是宏观层面还是微观层面的产业金融，都是以产业为基础，以金融与产业的相互交融与支持为核心，一方面金融支持产业的发展，另一方面这些产业的发展又反作用于金融发展。就本书的具体研究内容看，微观与宏观层面的产业金融均有涉及，但侧重于微观层面。具体而言，讨论具体的产业金融形态时所涉及的为微观产业金融范畴；涉及相关区域产业金融发展比较、政策等方面的内容则属于宏观产业金融的范畴。

二　产业金融的分类

产业金融体系包含的内容比较广泛，依据角度不同，可以划分成若干不同类别，较常见的是依据发展模式、服务范围及支持产业类型进行分类。

（一）依据发展模式不同，可划分为市场主导型产业金融体系和政府主导型产业金融体系

市场和政府在产业金融发展中发挥了重要的作用，由于各个国家经济发展水平、市场机制建设等方面都具有各自的特点，不同国家或地区的市场和政府在产业金融发展过程中起到的作用大小也有所不同，由此形成了市场主导型和政府主导型两种产业金融发展模式。

美国和英国的产业金融体系是典型的市场主导型，美国的经济政策是以市场调节为主、宏观调控为辅，强调发挥市场这只"看不见的手"来融通和配置资本，以直接融资市场为主导，通过股权融资、债券融资等方式促进产业的发展。"二战"后韩国的产业金融发展则是典型的政府主导型，强调政府调控发挥的作用，通过国家行政的力量来补充不完善的市场机制，在政府的积极干预下充分动员国家资本和私人资本，为相关产业发展筹集资金。

（二）依据服务范围不同，划分为全国性产业金融体系和区域性产业金融体系

从产业金融服务范围的角度出发，可以将其分为全国性产业金融体系和区域性产业金融体系。全国性产业金融体系往往是从国家整体层面考虑未来的产业布局、产业结构的调整以及与之相适应的金融资源的配置与发展，根据国家的产业和金融体系的发展状况制定相应的产业金融政策，具有较强的主动性。区域性产业金融体系则是根据本地区的现实情况来规划产业发展和金融资源的配置，由此制定相应的与区域产业金融发展相适应的金融政策。这种做法的优势是可以制定出适合区域发展需要的产业金融政策，但也在一定程度上会产生区域间的资源浪费和恶性竞争。

（三）依据金融支持的产业类型，可划分为具体的产业金融形态

产业是金融的基础，金融服务于不同的产业。根据产业的类型可将产业金融划分为汽车金融、科技金融、物流金融、房地产金融、环保金融、互联网金融、新能源金融和其他产业金融等。早在20世纪20年代初，美国便出现了汽车金融的萌芽，一些汽车公司为了扩大销售额开始组建融资公司，并通过融资和信贷推动汽车产业生产、流通及消费过程中的资金流动，实现金融资源的优化配置，从而引导整个产业的发展。随后，这一成功的融资模式便开始向各行业推广和应用。当前，随着传统产业的转型升级、新兴产业的不断产生和发展，产业金融发展如火如荼，对促进经济转型、经济增长质量的提升发挥了重要作用。本书后续的研究将主要就各个产业金融的具体发展状况进行分析。

综合上述分析，表1-5将各产业金融形态进行具体分类和分析。关于各产业金融内涵的具体界定，本书后续篇幅将予以讨论界定。

表1-5　　　　　　　　产业金融的分类

分类标准	具体类别	类别特点
发展模式	市场主导型产业金融体系	市场调节为主、宏观调控为辅
	政府主导型产业金融体系	强调政府的调控作用
服务范围	全国性产业金融体系	涵盖国家全部区域
	区域性产业金融体系	只涵盖所管辖区域
支持的产业类型	科技金融、商贸金融、航运金融、航空金融、汽车金融、文化金融、互联网金融等	依支持的产业载体

第三节　主要产业金融业态及研究状况分析

表1-5对产业金融的具体分类进行了汇总。由该表可知，产业金融涵盖的范围非常广，涉及国民经济的众多产业，金融与具体的产业形态相结合，就构成了不同的产业金融形态。就产业金融的分类看，目前应用最多的是依支持的产业类型进行的分类，包括了众多具体的金融业态，如科技金融、商贸金融、航运金融、航空金融、汽车金融、文化金融、互联网金融等。本书的后续研究也是以此分类为基础，研究各具体产业金融业态。考虑到各类型的发展程度，本部分就目前发展比较成熟、社会关注度比较高的若干产业金融类型进行分析，以界定其概念内涵及研究范围，并适当梳理相关的研究状况。

一　科技金融

（一）科技金融的内涵界定

科技金融作为一个独立的金融业态出现只有二十多年的历史。在早期的研究当中，科技金融是科技与金融相结合或相互促进发展的产物。从世界范围看，早在1912年熊彼特出版了《经济发展理论》，就科技创新与金融之间关系进行论述，认为银行信用通过选择并支持相关技术，从而促进技术创新发展。之后在很长的时间内，相关研究主要集中于金融对科技、科技对金融或是科技与金融两者之间相互作用方面。如Greenwood和Jovanovic（1990）、Stulz和Williamson（2003）、Alessandra和Stoneman（2008）、Nanda和Rhodes-Kropf（2014），以及黄国平和孔欣欣（2009）、罗嘉雯和陈浪南（2013）等就金融对科技创新的促进作用进行研究；Chou（2004）、Aswath Damodaram（2001）、陈金明（2005）等就科技创新对金融业发展的促进作用进行研究；King和Levine（1993）、陈迅和吴相俊（2009）、童藤（2013）、王仁祥和杨曼（2015）、王仁祥和黄家祥（2016）等则就两者之间的相互关联或耦合作用进行了研究。这些研究基本上是从两者相互结合、单向或相互影响与促进的角度进行，较少将科技金融作为一个独立的金融业态。

将科技金融作为一个独立的金融业态提出并推广始于1993年。当年，深圳市科技局首次提出科技与金融合作以扶持高新技术发展；同年《中华人民共和国科学进步法》获得通过，随之成立中国科技金融促进会，彼时的"科技金融"还多是科技与金融相互促进发展方面的含义。1994年，在广西南宁召开的中国科技金融促进会首届理事会上专家指出，我国科技金融事业是根据科技进步与经济建设结合的需要，适应社会经济的发展，在科技和金融体制改革的形势推动下成长发展起来的。此时，科技金融的概念被正式提出，并逐渐被赋予了新的独立金融业态的含义。

自科技金融概念提出至21世纪初期，有关科技金融的研究还并不多见。2006年国务院发布《国家中长期科学和技术发展规划纲要（2006—2020年）》，社会对科技发展日益重视，对支持科技发展的各种手段日益关注，有关科技金融的研究也日益增多，关于科技金融的概念、范畴等相关研究也日益丰富。但时至今日，虽然经过二十多年的发展，我国理论界对于"科技金融"的概念仍然没有一个统一的定义。当前，有关科技金融比较有代表性的观点有两个：一是赵昌文等[①]对科技金融的研究。他们认为，科技金融是促进科技开发、成果转化和高新技术产业发展的一系列金融工具、金融制度、金融政策与金融服务的系统性、创新性安排。此种观点主要是将科技金融作为一种工具，视科技金融为国家科技创新体系和金融体系的重要组成部分。二是房汉廷[②]对科技金融的研究。他认为，科技金融是一种创新活动，即科学知识和技术发明被企业家转化为商业活动的融资行为总和，强调科技创新与金融创新的耦合而形成的新的产业。

这两种观点虽然侧重点不同，但实际上都强调了创新性，不仅包括单一的科技创新或金融创新，而且包括科技创新和金融创新两者的结合，是两者同时创新的过程。两者的耦合，催生了一种新的金融业态——科技金融。科技金融是一个全新的理论领域，有别于传统金融研究领域和科技发展领域，属于产业金融的新兴范畴，除了有关科技发展与金融理论，还更多地涉及行政管理、产业引导、中介体系建设、公共服务等系列安排，这个角度有助于我们站在更高的层次把握科技金融发展的逻辑，有利于更加合理地配置科技金融资源。

考虑到研究目的与研究任务，本书针对科技金融的研究更侧重于将科技金融视为一种新的金融业态，它利用现有或创新性金融工具、金融方法、金融手段等，促进科学技术的研发、成果转化等，是有关促进科技发展的金融制度、金融政策、金融服务等系统性安排。从这个意义上讲，本书有关科技金融的研究更接近于上述赵昌文等的解释。

（二）国内外研究状况梳理

关于科技金融的问题，国内外学者已经进行了大量的研究。通过梳理归纳发现，现有文献主要从以下几个方面展开研究。

1. 关于金融对科技创新的支持作用

由于技术创新具有较高风险，而金融市场具有分散风险的功能，因此国外学者较早注意到银行和资本市场等金融支持促进科技创新的作

---

① 赵昌文、陈春发、唐英凯：《科技金融》，科学出版社2009年版。
② 房汉廷：《关于科技金融的理论、实践与政策的思考》，《中国科技论坛》2010年第11期。

用。熊彼特在1912年出版的《经济发展理论》当中较早进行了研究，他认为，银行信用通过选择并支持相关技术，从而促进技术创新发展。早期的研究侧重于理论上的探索，20世纪90年代相关的实证研究开始涌现。Saint-Paul（1992）认为，金融业的发展水平越高，越有利于其他产业通过多元化投资来分散风险。Rajan（1992）则明确指出，银行在为科技创新企业提供信贷的过程中扮演重要的干预角色，银行为保证信贷的安全性和获利性，利用其获得的信息与较强的谈判能力，对企业科技创新项目进行多方面干预。Stulz（2000）与Rajan（1992）的研究方向相似，认为银行在监控创新项目的过程中，可以根据项目具体进展情况与资金需求，决定其是否继续为项目提供贷款，从而降低信贷风险。Tadesse（2006）分析不同国家的金融体系结构与科技进步的关系，通过市场主导型金融体系与银行主导型金融体系的比较，认为市场主导型金融体系对国家科技进步的促进效果更为明显。伍琴（2008）也得出相应的结论。Alessandra和Stoneman（2008）基于欧盟的相关数据，研究金融发展对英国科技创新活动的作用，结论为：金融发展与创新活动呈正相关。Ang（2010）研究金融部门与R&D活动在创新经济中的作用，基于韩国时间序列数据进行实证研究，结论为：金融自由化与国家科技创新具有强关联性。但随着研究的深入，不同金融体系对科技创新的作用存在着分化，Weinstein和Yafeh（1998）、Morck和Nakamura（1999）的研究表明，由于银行稳健经营的原则，那些创新程度较大、效益较高但风险较大的项目往往难以获得银行信贷支持，因此以银行为主导的金融体系不利于创新。

2. 关于科技创新对金融创新的促进作用

20世纪90年代以来，电子计算机、通信和网络技术等为代表的信息技术的兴起，促进了传统金融业向现代金融业的转化，一些研究也注意到科技创新对金融发展的促进作用。在Chou（2004）的模型当中，金融创新提高了金融中介的效率，导致资本流动性的增加，并推动发明和新技术的扩散；反过来，技术进步也成为金融创新与发展的催化剂。陈金明（2005）就科技创新推动金融创新问题进行了研究，认为信息技术使传统金融业的面貌发生了深刻的变化，应该适应科技创新发展的实际情况，鼓励金融创新，从而推动金融发展。郭利根（2014）针对银行业发展的情况，分析了银行业信息科技领域的新进展及需要解决的问题，指出应加强信息科技管理机制建设，以创新驱动战略提升银行核心竞争力。

另外，从实践角度看，随着近年来信息技术与互联网的蓬勃发展，各种金融创新形式也愈发多样；以互联网金融为代表的金融新形态的兴起，也是科技创新促进金融创新在实践方面的证明。

3. 关于金融与科技创新之间的双向关系

还有一些文献注意到金融创新与科技创新之间的耦合关系，探讨两者之间的相互协同发展问题。King 和 Levine（1993）认为，金融创新能够降低交易成本，进而促进科技创新，科技创新反过来也会影响金融创新，互联网和计算机领域的科技创新对金融创新的作用非常明显。陈迅、吴相俊（2009）则进一步指出，科技进步与金融创新存在互动关系。童藤（2013）从耦合的视角出发，探究了科技创新与金融创新"共生、互动、匹配、协同"的关系。王仁祥和杨曼（2015）基于面板数据，从最优化的视角论证了科技创新与金融创新最佳耦合协调的存在性。王仁祥和黄家祥（2016）则基于历史视角界定了科技创新与金融创新耦合的内涵，探讨了科技创新与金融创新耦合的特征与模式。这些文献从不同的角度探讨了科技创新与金融创新之间的双向关系，给出了富有启发意义的结论。

4. 促进科技创新金融支持的公共政策研究

在促进科技金融发展的过程中，政府扮演着重要的引导角色，是推动科技金融发展的重要力量。鉴于此，众多学者对支持科技创新的公共政策进行了相关研究。Hyytinena 和 Toivanen（2005）以芬兰为例，分析了政府可以通过公共政策支持弥补其资本市场发展较为落后的不足。Leleux 和 Surlemon（2003）分析了欧洲 15 国 1990—1996 年的公共来源和私人来源的风险资本及其发展后，发现政府的大量公共投入并没有挤出私人基金，而在总体上引起了更多的资金用于产业投资。他们认为，政府公共干预及直接参与可以发出政府对创业投资长期许诺的信号，对创业投资产生示范和鼓励的社会效益。Avnimelech 和 Teubal（2008）分析了以色列风险投资发展的成功经验，构建了政府支持与风险投资介入的三阶段科技创新模型，指出第一阶段政府是研发创新的直接支持者，而在第三阶段研发创新的主要支持是风险投资（或者私募股权）的市场化力量，第二阶段则为政府直接支持力量弱化，而风险投资市场化力量加强的过渡阶段。

关于金融公共政策对科技创新影响的问题，我国学者也进行了深入的研究。聂鸣等（2005）从资本市场角度出发，认为在发展中国家，资本市场和风险投资的发展普遍不够完善，而开发性金融机构可有效补充资本市场融资的不足，对存在巨大技术风险的创新项目提供资金支持。黄刚、蔡幸（2006）分别研究了在美国、日本等发达国家中金融制度和相关金融政策对科技创新的作用，提出应建立政策性贷款机构和担保机构，通过构建多层次的金融体系解决中小企业融资难问题，满足不同规模的创新企业的融资需求。黄国平、孔欣欣（2009）就金融促进科技创新的作用机制及其政策实践进行了探讨，提出了完善我国科技创新金融支持体系的相关对策与措施。闻岳春、周怡琼（2009）提出构建我国技术创新投融资生态体系，该体系涵盖了政策和法规支持、多重融资渠道与辅助体系等。左志刚（2011）对政府干预风险投资的有效性进行了理论与实证研究，结论为收益型改善政策比供给型政策更加有效。

5. 文献评述

现有的关于科技金融问题的研究主要集中在金融业与科技创新的相互关系及金融政策方面，分别进行了理论分析和实证研究，对于本书的研究具有重要借鉴作用。但是，关于科技金融综合性分析存在以下三方面的不足：

（1）科技金融涵盖的具体范围还未形成统一界定。目前，虽然已有大量关于科技金融问题的研究，但是随着金融产品的不断创新和科技产业的升级发展，科技金融涵盖的具体范围还未形成统一界定，该类问题的研究范围也较为模糊。

（2）科技金融综合发展水平评价指标体系研究还不充分。对于金融综合发展水平的分析，一般建立相应的指标体系进行综合评价，但是，关于科技金融的综合发展水平评价指标体系研究还较少，需要进一步的系统分析。

（3）科技金融发展的量化分析较为匮乏。现有的多数文献主要集中于科技金融问题的理论分析，由于相关数据的缺乏，对科技金融发展水平进行实证分析具有一定的难度。但是，综合评价科技金融发展水平是研究科技金融问题的首要问题，因此还需结合实际情况，选取适当的指标体系和评价方法，对其发展水平进行评估。

二　航运金融

（一）航运金融的内涵界定

航运金融也是国际金融市场当中重要的一种金融业态。它依托海洋优良的运输条件与连接世界各地的便利优势，在国际金融市场中具有举足轻重的地位，对国际航运市场的发展有着重要影响。航运金融涵盖了航运企业在运作过程中发生的融资、保险、货币保管、兑换、结算等经济活动，以及与之相伴而产生的一系列相关业务的总称。从具体表现形式看，依航运涉及的经济活动，航运金融可分为船舶融资、船运保险、资金结算和航运价格衍生产品四大类型。

船舶融资包括在建船舶的融资和购置船只的融资。航运业是资本密集型行业，具有投资金额大、风险高、回收期限长的特点，仅靠航运企业的自有资金很难实现合理的发展，需要借助一些外力来弥补资金需求。船舶融资就是航运企业在建造或购置船只过程中发生的资金融通行为。

航运保险在我国又称水险，主要包括船舶险、货运险和保赔险。船舶险以各类船舶本身为保险标的，针对船舶本身遭受的意外损害进行资金赔付；货运险则是仅针对船舶上所运输的各类货物进行的承保；保赔险即责任险。这些险种主要由商业保险公司经营。

航运金融资金结算是针对航运企业在全球范围内开展的业务进行的货币保管、兑换、结算等业务活动，也就是资金结算业务。航运价格衍生产品是航运业、与海运相关的石油和钢铁等行业规避海运价格风险的工具，包括航运指数期货/期权、运费期权以及远期运费合约等。

由于航运业固有的特征，航运金融有极大的市场需求。航运金融不仅要服务于航运企业的投融资以解决企业的资金需求，还要提供银行贷款来辅助企业从事生产经营活动。同时，随着航运业的发展，也要积极根据航运企业的经营特征，挖掘出企业对于金融的特定需求，并积极研发出基于航运业的金融产品来帮助企业在控制风险的基础上获取收益。

随着经济全球化不断发展及我国经济实力的提升，2016年全球十大港口中有七个位于我国，并且这一优势在较长的时期内仍会保持下去，航运业在我国仍会有较大幅度的增长。目前，我国航运金融的发展仍不成熟，难以满足航运业发展的需要；可以预见未来航运金融在我国仍有较大的发展空间。

（二）国内外研究状况梳理

1. 国外研究综述

国外对金融业与航运业关系的研究，已经较为丰富。Emery 和 Trist（1965）对特定国际航运中心的金融机构进行研究，发现银行越多的地方，经济会越发达，聚集的企业会越多，对航运中心的促进作用会越明显。这就说明，金融的发展对航运中心有重要推动作用。Rajan 和 Zingales（1998）通过数学模型对世界众多国家的数据进行回归分析，发现航运企业数量众多的地方会有一个共同特点即金融发展迅猛，并用因子分析发现，金融推动航运企业的生产经营。Wurgler（2000）在总结前人的研究成果基础上，深入研究金融与投融资的关系，指出金融的发展可以节约航运企业投融资的成本，提高资本配置效率，并明显促进航运企业落地，支持后续生产经营，金融是持续发挥积极作用的。

克拉克森研究服务公司总裁斯托普福德博士，通过对从过去十年港口和航运业资本增加来源进行分析，发现港口和航运企业的资本增长很大程度来自金融机构，金融机构在航运业和码头业中的作用已经被重新定义。他指出，虽然航运业的发展波动较大，但其每一步发展都离不开金融业。H. K. Leddate、E. Kavussanos 和 I. Visvikis（2008）等指出，航运业存在高波动和周期性风险，这些风险均可通过金融衍生工具进行管理，因此航运业与金融业的协同发展必将成为趋势。

2. 国内研究综述

国内由于金融业和航运业起步较晚，航运业和金融业发展问题的研究资料相对有限，但也出现了许多研究成果。吕靖、李玖晖（2001）从船舶着手研究投融资活动，总结出海运金融的相关概念；杨良宜（2003）针对航运业里的船舶运输企业进行分析，探讨通过船舶的抵押途径来解决融资问题。邵瑞庆（2006）从航运企业对外贸易的角度研究了国际港口运输船舶的投资特征，针对这种企业应该如何做好决策提供建议。黄少卿（2008）以世界上最著名的航运中心为案例，详细分析了伦敦发达的航运市场的特征，并剖析了伦敦的金融市场；发现两者具有密切关系，并指出伦敦的金融中心地位促进了其航运中心的发展。

2010年在上海浦东举行全球航运行业研讨会，会议上首次提出了第四代国际航运中心的概念，在航运业竞争指数排名中也出现了航运金融这个指标。吴文斌（2010）在总结英国伦敦、新加坡、中国香港和美国纽约这些众人皆知的国际航运中心经营模式的基础上，着重研究了航运金融对于航运中心建设的必要性和作用，最后针对上海国际航运中心建设，提出着重推动航运金融发展的建议。甘爱平等（2010）在总结航运金融的定义、内涵、特征、应用等方面的基础上出版了《航运金融学》，并将其作为新兴的金融分支产业来做启发式研究。

对于航运金融支持存在的问题，我国学者也给出了具有思考价值的研究成果。计小青（2011）从上海国际航运中心建设的基础条件、空间条件、现状以及存在的问题方面，强调上海应该采取优先发展航运服务市场，支持航运金融市场，并利用上海在航运服务与金融市场的领先优势，整合长三角的港口资源，推动上海国际航运中心建设的跳跃式发展。冯朵（2012）的《现代航运金融服务体系与强化国际航运中心地位研究》，以天津国际航运中心为例，提出构建航运金融服务体系、强化国际航运中心地位的框架，从而提升天津北方国际航运中心的功能地位，并从政府，银行、保险等金融机构，企业和中介机构方面，分别提出针对天津构建航运金融服务体系的对策建议。

三 航空金融

（一）航空金融的内涵界定

航空金融也是现代金融产业的一种重要表现形式，它是以航空为纽带，为航空制造及运输业提供资金融通、商业保险等服务的金融形式。航空金融是航空产业链的枢纽，上游联系了航空制造业，下游联系了航空运输业，涉及飞机融资、运输保险、国际结算及相应的衍生产品等多个方面。

航空运输业是现代物流服务当中的一种重要形式，它以飞机为载体，从事人员或货物的运输活动。虽然航空运输业在我国运输业当中占比还比较小，但随着人民生活水平的提高及对运输质量的要求，航空运输业也会扮演越来越重要的角色。航空运输业的发展也带动了上游航空制造业的发展，它们都是资本密集、人员密集、技术密集的行业，对金融的要求比较高。

2016年全球十大机场当中，北京首都国际机场以9400万人次的旅客运输量居全球第二位，我国香港国际机场和上海浦东国际机场分别以7000万人次和6600万人次旅客运输量分列世界第八位和第九位。可以预见，随着航空运输业的发展，航空金融也会有一个较大的发展空间。

（二）国内外研究现状梳理

从文献梳理来看，国内外关于航空金融的专门研究比较匮乏。Bijan Vasigh、Reza Taleghani 和 Darryl Jenkins 于2012年出版的《飞机融资：在动荡行业中管理资本成本的策略》一书，详细地从飞机制造、飞机估值和敏感性分析以及飞机租赁和出口信贷等方面对航空金融进行了介绍，为后人的学习研究提供了参考。但是这本书立足于以美国为主的全球市场，较少涉及中国航空业的实际发展情况。

我国对于航空金融的研究主要侧重于飞机租赁以及飞机租赁信贷。谭向东（2012）在《飞机租赁实务》[①] 一书中，结合我国飞机租赁的实

---

① 谭向东：《飞机租赁实务》，当代中国出版社2012年版。

践，借鉴国内外的相关理论和案例，详细介绍了飞机租赁实务的各个环节，剖析了有关飞机租赁业务的典型案例。吴国晖（2009）结合自身多年工作经验，对我国民航运输以及飞机租赁业发展进行了研究，并从实务出发介绍了我国飞机租赁的交易流程和交易特点。丁勇和苟大舜（2013）从航空金融的概念和航空金融的研究方法等角度，针对航空金融发展所涉及的航空金融需求、航空金融市场规模、航空金融效率、航空金融中介和影响航空金融发展的因素等方面进行了系统梳理与分析，并对航空金融发展涉及的主要研究方法如统计分析法、预测方法和评价方法进行了述评。

周雅静（2014）对国内飞机租赁的整个发展路径进行了探索分析，从会计、税收、法律、监管以及结构化租赁等角度进行了介绍。季念和梁朝晖（2014）通过对天津东疆港以 SPV 方式租赁飞机的案例，分析了在天津东疆港飞机租赁的优势及存在的问题，并为飞机租赁资产证券化提出设想和建议。夏传勇（2014）对京津冀一体化中的航空运输协同进行了研究，并对京津冀区域现有机场运营情况进行分析。

目前，由于航空业的特殊性和信息匮乏，关于航空金融的研究相对较少。国内外关于航空金融的研究主要从飞机租赁和飞机租赁信贷角度切入，缺乏对航空金融基础问题的研究和综合发展水平的分析。因此，在航空金融问题上还有很大的研究空间。

四　商贸金融

（一）商贸金融的内涵界定

关于商贸金融，目前国际上还未形成统一定义，但根据相关政策规定，商贸金融有狭义和广义之分。根据《财政部、国家税务总局关于下岗失业人员再就业税收政策问题的补充通知》（财税〔2003〕133 号）规定，《财政部、国家税务总局关于下岗失业人员再就业有关税收政策问题的通知》（财税〔2002〕208 号）中的"商贸企业"界定为"商业零售企业"，因而狭义的商贸金融可以界定为伴随零售业而出现的资金融通、结算等相关金融活动。广义的商贸活动除了包含零售业，还包括批发、对外贸易等商业活动，因此广义的商贸金融可以定义为伴随一切商业贸易活动而产生的相关金融业务。

商贸金融是伴随着贸易发展而出现的，贸易金融的起源可以追溯到 13 世纪甚至最初的商品交换时期。它最初的业务仅是为各国贸易商的贸易活动提供汇兑和支付，之后逐步扩展到与贸易相关的资金融通、现金流管理等。先期银行为企业提供的贸易服务主要集中在汇款、信用证和托收等传统结算方式，贸易融资的形式以最基本的押汇为主。当前，商贸金融涵盖了贸易结算、贸易融资及其他增值服务等多个方面。

贸易结算是商贸金融最基础的贸易金融业务，可以促进企业交易，降低成本。为企业提供国内和跨境的交易结算，仍是银行贸易金融服务的起点和最重要的内容之一。这样的服务使得完全陌生的两个国家和地区的企业，可以借助银行的中介作用而发展成为交易对手。

贸易融资是贸易金融的核心。贸易融资总是与贸易活动相伴而行，为贸易活动中的各方提供资金支持。在贸易过程中，贸易融资发挥着润滑剂和催化剂的作用。近年来，针对国际贸易发展呈现的新特点，商业银行研发、创新、推广了许多新的贸易融资产品，包括福费廷、保理、应收账款质押融资、信保融资、订单融资、货押融资、风险参与、贸易融资与资金产品组合等。这些贸易融资新产品不仅推动了银行服务能力和内部风险控制方式的变革，而且有助于企业降低成本、减少存货、扩大销售、加快资金周转，为世界经济和贸易发展提供了有力的支持。

信用担保、避险保值、财务管理是银行为贸易参与方提供的增值金融服务，以满足企业多样化金融需求。信用担保是银行为贸易参与方提供以信用增强为主要目的的服务，在帮助买卖双方建立互信、促成交易方面作用明显；避险保值是在商品价格、利率、汇率波动日趋频繁的市场环境下，银行帮助客户有效规避风险的专业服务；财务管理则是针对产业链中一些大型企业的财务集中、资金归集、财务管理外包等需求而提供的增值服务，包括应收账款管理、财务报表优化、现金管理等众多内容。这些服务进一步丰富了贸易金融服务体系。

（二）国内外研究现状梳理

国际贸易发展历史悠久，与之相伴的商贸金融也有较长的发展历史；从学术角度看，也涌现出了大量研究文献。

1. 国外研究综述

（1）有关商贸流通业发展的研究。A. W. Shaw（1910）根据目的不同将企业活动划分成改变原材料形态的生产活动、改变商品空间位置和所有权的流通活动以及支援、促进生产与流通的辅助活动三类活动，提出商贸流通活动主要是提高物流效率，倡导实施差异化销售战略。Pigou（1938）、Shleifer 和 Vishny（1998）认为，如果商贸流通业缺乏管制会导致市场失灵，商贸流通业会出现紊乱的情况。Stigler（1971）认为，商贸流通业需要政府管制，这样才会有利于商贸流通业的正常发展。Tirole（1999）等关于产业组织运行分析所运用的各种博弈模型，着重点是分析企业之间不同行为对产业组织的影响，但这种博弈论、计量经济学和信息经济学的研究方法对商贸流通产业的内部治理和外部环境的研究，存在着借鉴的价值。M. Rodriguez（2012）将空间计量经济学模型引入商贸流通业进行布局研究，检验并解释潜在因素的聚集程度，证明了企业的区位布局与区域经济运行活动联系密切。与此同时，科学合理的商业布局不仅可以使商贸流通业得以快速、长足发展，更能够促进人员、资金、物质在空间上的集聚与扩张，加速城镇化进程。

（2）有关商贸企业融资状况的研究

Smith、Biais 和 Gollier（1997）认为，由于出口商比金融机构更加了解进口商的信用情况，所以才会出现贸易信贷。Petersen 和 Rajan（1997）认为，贸易融资与其他形式的信贷最大的不同点是，除了可以通过第三方金融机构进行融资，还可以在企业间利用贸易的方式进行融资。奥布安和尤尔特（2008）研究表明，扩大贸易量的前提是，可以获得稳定的、充裕的、低成本的融资。贸易融资有长期和短期之分，全球大部分贸易的正常进行主要依靠短期融资实现。主要原因是，整个交易过程包括货物生产、运输、交付、回款等阶段，每个阶段之间存在时间上的延迟，短期贸易融资恰好在其中起到了作用，其期限小于半年。Gonzalo 和 Guillen（2006）提出的短期供应链管理包括了企业的生产与融资规划，认为增加企业整体利润的关键在于，运用符合企业需求的供应链管理模式。Allen N. Berger（2009）对中小企业的融资提出了很多新的设想以及如何实现的模型，最后引出了供应链金融的概念。

2. 国内研究综述

（1）有关商贸流通业竞争力评价的研究

产业竞争力的强弱已成为衡量国家或地区经济发展水平高低的关键因素。商贸流通业竞争力是指一国或地区商贸流通业的整体竞争力，即商贸流通业占领市场和扩张市场，并取得一定经济效益的能力。石忆邵、朱为峰（2004）将商贸流通业竞争力定义为，能扩大本地区的商业辐射力和产品的集散力，巩固和提升产业在区域的地位，并使本地区企业获得竞争优势的能力；并从研究商贸流通业竞争力出发，建立了商贸流通业竞争力综合评价指标体系，但其采用的计算方法过于繁杂，选择指标涉及的数据较多，不利于广泛使用。宋则、张弘（2004）从评价流通现代化入手，构建了流通现代化指标体系，该指标体系包括 11 类一级指标：流通总规模、对国民经济的贡献、流通效率、流通环境、流通效益、流通组织化程度、流通结构、流通人才素质、流通信息化水平、流通方式和流通资本，并给出了部分一级指标的 44 个二级指标和 50 个三级指标。李志玲（2005）在对商贸流通业竞争力的评价体系进行了探讨之后，从商贸流通业的投入运转能力、产业回报能力和产业竞争度等层面分析构建了商贸流通业竞争力评价模型。余国锋（2005）认为，商贸流通业评价指标体系的建立，能够准确描述商贸流通业对国民经济的贡献程度，从而确立商贸流通业的先导地位。张赛飞、欧开培（2006）在总结竞争力相关理论的基础上，利用因子分析法建立了相应的综合评价模型，为今后进一步研究商贸流通业竞争力奠定了良好的基础。

（2）有关商贸流通业金融支持的研究

金融支持贯穿于商贸流通业发展的整个过程，金融支持水平的高低在很大程度上影响到商贸流通业的发展质量和发展速度。李爱香和谢全胜（2013）在分析浙江商贸流通业的融资状况的基础上，得出解决商贸流通企业的融资问题不仅需要从资金供应者和需求者双方改革与完善，而且需要借助政府、行业监管和支持，丰富和规范草根金融体系的重要结论。陆静（2016）采用理论与实证结合的方法，研究了我国商贸流通业发展的金融扶持机制。结果表明，金融扶持主要通过融资渠道优化与资源配置优化来促进商贸流通业的发展。游丽（2017）在研究金融与商贸流通业的关系时，认为提升金融企业对于商贸流通企业的金融支持力度，能够有效提升商贸流通企业的发展速度，增强商贸流通企业的发展活力，满足商贸流通企业的资金需求。路远方（2017）认为，商贸流通业务模式创新力度的加大和金融科技的发展，能够有效降低企业融资成本和提高融资效率。

五 互联网金融

（一）互联网金融的内涵界定

互联网金融就是互联网技术和金融功能的有机结合，依托大数据和云计算在开放的互联网平台上形成的功能化金融业态及其服务体系，是一种与金融业本身相关联的产业金融形式。它包括基于网络平台的金融市场体系、金融服务体系、金融组织体系、金融产品体系以及互联网金融监管体系等，并具有普惠金融、平台金融、信息金融和碎片金融等相异于传统金融的典型特征。

这种新型的金融形式是依托现代互联网以及通信技术来开展相关金融服务的，比如在互联网上理财、筹集资金等。互联网是金融业务开展的基础，这在很大程度上缓解了原有的传统金融机构的限制性因素，使得公众能够享受更加安全、便捷的服务。从理论的广义角度上来讲，目前把所有基于信息技术而开展的金融业务都看作互联网金融的组成部分。当前比较常见的互联网金融形式有第三方支付、互联网借贷、余额宝等。

在这种新型的运作形式下，开展相关金融业务所产生的大量资料，联合金融业务所使用的交互平台，对参与者的信息进行了完整的反馈，而且这一过程需要的资本投入少。在具体的运作形式上，互联网展现出一条简便快速的服务操作途径，参与者依据彼此需求，无障碍地开展各类金融业务。

（二）国内外研究现状梳理

1. 国外研究状况

国外学者对互联网金融的研究由来已久，Arnold Heertje 认为，金融创新主要是金融工具的创新，新的金融工具的引入和运用导致金融创新。随之，David Llewellyn（1985）进一步扩大了金融创新的范畴，认为金融创新不仅是使用新的金融工具，也包括金融市场及金融服务方式的不断拓展创新。Merton 和 Bodie（1993）认为，金融机构要与时俱进，根据技术新的发展趋势，加强风险管理，促进金融系统效率提高，这个观点为传统金融行业的业务创新提供了重要思路。Merton（1995）认为，较小规模的金融服务或产品，可以通过开展金融创新来提高市场认知程度，并将显著提高产品规模和交易数量。Marry Cronin（1997）描述了传统金融的网络化前景，前瞻性地指出了银行、证券、保险等行业都应互联网化。

西方学者对互联网金融这一创新活动，特别是大数据、P2P 信贷、第三方支付这些内容，也进行了大量研究。Viktor Mayer-Schonberger 和 Kenneth Cukier（2012）指出了大数据时代金融行业的三大趋势：投资者的扁平化趋势、金融市场的高效化趋势和普通基金公司倒闭趋势。Houston（2006）指出，通过网络 P2P 信贷，原本难以获得贷款的中小企业将更方便地获得融资，并且融资利率要比它们以前获得的要低得多。Freedman（2008）则研究了 P2P 信贷与社交网络的关系，发现通过 Facebook 这种社交网络进行融资的话，融资成本将显著低于银行贷款，而且比银行贷款更直接、更透明。Solomon Antony（2006）则建立了一系列的模型，以此对第三方支付提供商的服务影响因素进行测度。

2. 国内研究状况分析

国内学者对互联网金融的研究虽然起步比较晚，但是起点比较高。刘丹（2005）阐述了网络银行在电子商务中的角色策略和功能定位，并从风险控制、科技进步等角度进行了全面分析。汤胤（2010）分析了发达国家银行开展创新业务方面取得的进展。牛禄青（2011）、吴锦玉（2011）探讨了互联网时代的电子汇付问题以及商业银行电子商务的发展策略。韦森（2011）通过对比金融混业经营的中西模式，为我国银行业的转型与发展提供决策参考。张霁（2011）从大数据和云计算的角度，对商业银行门户系统创新进行了研究。白颢睿（2013）认为，传统银行应加强与阿里小贷等新型金融媒介的沟通合作，达到双赢。杨珅（2014）认为，商业银行应该加强大数据的应用，构建新的O2O理财业务模式，推动理财产品向标准化进展。巴曙松（2012）认为，阿里巴巴、平安和腾讯联合成立的在线财险公司，代表了一种迥异于传统金融结构的新金融混业形态。谢清河（2013）认为，互联网金融的快速发展与电子商务密不可分，并提升了社会经济资源的配置效率。姚文平（2014）从互联网金融、互联网保险、互联网融资、互联网销售平台、互联网证券、互联网理财等角度，对互联网金融在全球范围内的进展进行了描述。一些学者对互联网金融和传统金融进行了对比分析。刘英、罗明雄（2013）认为，互联网金融与传统金融相比的最大区别是经济学基础乃至金融理论不同，传统金融以"二八定律"为基础，互联网金融以平台经济和长尾理论为基础。戴东红（2014）在揭示出互联网金融和传统金融是竞合与共生的商业生态的基础上，提出两者相互合作、共生共赢的思路。李婧（2014）以阿里金融为例，分析互联网金融和传统金融在贷款业务、存款业务以及信用支付业务上的差异。

国内外关于互联网金融的研究已经较为充分，对于互联网金融问题的深入分析具有重要的参考价值。

六 农村金融

（一）农村金融的内涵界定

农村金融不是简单的"农村的金融"，即并不是简单的地理空间意义上的"农村的金融"。农村金融是面向农村的货币资金融通行为。农村金融不能等同于农村金融机构，不能将农村金融功能与农村金融机构混为一谈。从交易性角度出发，农村金融是各经济主体面向农村，利用信用工具，有偿使用资金的经济系统及运动形式。从功能角度出发，农村金融是农村经济发展的金融动力，其内部应包含复杂多样的金融产品和服务。

从内容上看，农村金融应包含营利性金融及非营利性金融。营利性金融包括农村商业性金融，即农村正式商业性金融机构、其他金融机构经营农村业务部分及农村非正式金融。非营利性金融机构包括农村政策性金融、合作性金融及其他不以营利为目的的金融形式。

（二）国内外研究现状梳理

1. 国外研究综述

通过梳理国外有关农村金融的研究文献，相关研究主要集中于农村金融支持主体和农村金融运行状况方面。

（1）有关农村金融支持主体的研究

Douglas H. Graham（1995）研究了贫困国家农村金融互助机构在金融服务、存贷款方面的优点和不足，肯定了乡村银行具有借贷程序简化和客户信息对称的优点，同时也说明了其存在着产权结构不清晰、发展规模过小等缺点。Hans Dieter Seibel（2001）指出，伴随着非正规性金融机构进入农村金融市场，其在可持续发展方面受到了限制，应该采取措施帮助非正规性金融机构优化管理模式和提高运行绩效，促使其更快地融入农村金融市场。Zeller（2004）在分析了各种金融中介机构的比较优势后，认为要促进农村金融机构的联合：村银行、互助组、自助组是第一层；信用社、小银行是第二层；商业性的、国有的、合作性的银行是第三层。Kellee S. Tsai（2004）基于中国和印度两国农村金融组织的比较研究，认为农村地区的大多数潜在客户在很大程度上依赖非正规性金融机构，而农村金融市场之所以存在非正规性金融机构，是因为正规性金融服务的供给不足、国家执行贷款政策能力受限以及地方政府的市场分割严重。

（2）有关农村金融市场运行状况的研究

Mike Devaney 和 Bill Weber（1995）通过评估美国农村银行业金融市场的动态结构变化，认为美国的农村银行业金融市场是不完全竞争的，与农村银行业相关的配套政策必须要有利于促进农村金融市场的竞争。Jayaratne 和 stahan（1996）指出政府所采取的金融政策反而会有损金融市场运行效率，认为应当降低农村金融市场的准入标准，主张通过解除准入限制和减少政府对农村金融市场的人为分割来进行调整。Claudio Gonzalez-Vega（2003）认为，发展中国家农村金融市场存在的主要问题是如何协调农村各类经济主体之间的矛盾，分析了解决此类问题的主要手段（即农村金融市场深化），提出通过金融市场深化来改善农村金融机构发展的宏观经济环境，进而强化农村金融机构的服务功能。与此同时，还需改革发展中国家现行的金融监管方式，改进各项法规制度，确保农村金融市场的总体稳定。

2. 国内研究综述

长期以来，受国家整体发展战略的影响，我国农村金融一直处于供给不足状态，农村小农经济一直缺乏相应的资金支持。进入21世纪之后，随着国家战略对农村发展的重视，农村金融问题也引起了各方的关注，有关此方面的研究也越来越多。

（1）有关村镇银行发展的研究

村镇银行是我国农村金融组织的重要组成部分，对于促进新的农村金融市场体系形成、带动农村经济发展具有十分重要的作用。高丽平（2007）通过分析认为，村镇银行影响着农村经济的发展，表现在村镇银行规范了农村的非正规金融市场，留住了部分农村资金，促进了农村金融市场的多元化。李力峰（2010）认为，村镇银行可以解决我国农村小企业的贷款问题。徐信艳和马晓青（2010）认为，村镇银行有利于缓解农村金融供给不足的矛盾，促进农村金融市场趋向均衡。

另外，还有大量关于村镇银行存在的问题及其相应解决对策的研究。谢小蓉（2008）认为，资本金问题、担保问题、金融产品创新问题限制着村镇银行的发展，因此建议构建政府、村镇银行、农户的合作机制，从而突破这种发展的限制条件。阮勇（2009）从村镇银行在农村金融市场中的定位入手，分析制约村镇银行发展的因素，然后针对这些因素给出改善的建议。李东卫（2009）认为，我国村镇银行的发展主要存在着金融产品陈旧、吸收储蓄能力不强、运营成本较高等问题，提出今后村镇银行的发展要以"三农"为服务对象，创新金融产品和服务，并且实施严格的风险管理。赵冬青、王树贤（2010）采用描述统计和二元 logit 回归模型等计量分析的方法，对我国村镇银行的发展现状作了实证分析，结论显示：村镇银行存在着多重发展目标，在选址上一般选择在经济较为发达的县（区）。张儒雅（2011）和侯鑫（2011）对村镇银行发展的优势和劣势进行了分析，认为应当从加强内部建设和营造外部环境两方面实现村镇银行的可持续发展。李佳勋、李凤菊（2011）通过研究国外金融机构解决农村金融问题的银行模式，并结合我国村镇银行的现状进行了利弊分析，认为村镇银行应根据各地金融市场的特点，创新自身的金融产品。朱海城（2011）认为，我国村镇银行存在着市场定位欠佳、吸纳存款难、法人治理结构不健全等问题，因此建议村镇银行不仅应加强自身建设，还应严格监管。

（2）有关农村资金互助社发展的研究

对于农村资金互助社的发展现状，大多数学者认为，农村资金互助社的成立缓解了农村资金供给和需求的矛盾，对其所发挥的重要作用持肯定看法。罗荷花、李明贤（2008）通过对农村资金互助社试点的调查，认为农村资金互助社将会是我国农村金融组织创新的突破口，成为服务"三农"、建设社会主义新农村的重要力量，能够为农业生产的发展和社会主义新农村建设更好地服务，从而实现农村经济的发展和农民收入的增加。徐元明（2007）对江苏省盐城市三家农村资金互助社进行调查的结果表明：农村资金互助社是农户自我服务的金融组织，具有内联农户和外联市场的双重属性，发挥了现有商业性金融机构不可替代的作用。潘林（2008）以安徽省太湖县小池镇"银山农村资金互助社"和明光市潘村镇"兴旺农民资金互助合作社"发展实践为例，从经济组织形式、内部治理结构和经营方式等方面对两个合作社进行比较与分析，认为农村资金互助社在农村经济发展中具有特殊的地位，在满足农村多样化的资金需求，促进农民消费、投资以及应对风险上都有无法替代的作用。

也有学者认为，农村资金互助社不可能完全解决农村的资金供求矛盾，所提供的金融服务不可能满足所有农户的需求。如张德元（2007）以安徽小井庄的农村资金互助社试点为例，指出农村资金互助社难以涵盖农户所有的资金需求。张德元认为，由于农村地区存在着多元化的农户金融需求，不同地区、不同阶层农户的金融需求存在差异，因此农村资金互助社只能满足农村短期的、小额的资金需求。

（3）有关小额贷款公司发展的研究

国内有关小额贷款公司发展的研究成果不多，一般集中在对小额贷款公司发展存在的问题及其相应的解决方案的初步研究。管红萍（2009）认为，小额贷款公司存在着资金短缺、风险意识淡薄、缺乏有效监督等问题，提出应当降低公司的运营成本，规避可能存在的金融风险。胡秋灵、孙瑞霞（2010）分析了西部地区小额贷款公司面临的发展困境，认为一方面国家应出台积极的扶持政策，增强小额贷款公司的盈利能力；另一方面有关的监管部门应明确各自的监管职责，对小额贷款公司发挥持续的监管作用。鲁园芳（2011）认为，小额贷款公司存在的问题主要有资金来源不可持续、盈利空间狭小和有效风险控制机制缺乏。

七 其他产业金融业态

除了上述几种产业金融形态，还有几种常见的产业金融业态，如汽车金融、文化金融、微型金融等。

（一）汽车金融

汽车金融的概念提出较早，也是发展比较成熟的一种产业金融形态。汽车金融是由汽车金融公司提供的、满足消费者购买汽车的融资需求的一种金融方式。消费者在购买汽车时，可以直接向汽车金融公司申请优惠的支付方式，可以按照自身的个性化需求，来选择不同的车型和不同的支付方法。

汽车金融是相对比较成熟的一种产业金融业态，大的汽车集团往往都自己办汽车金融公司，支持自身品牌的汽车销售。关于汽车金融的发展，也有一些研究成果出现。王再祥（2003）认为，汽车金融是指在汽车的生产、流通、购买与消费环节中融通资金的金融活动，包括资金筹集、信贷运用、抵押贴现、证券发行和交易，以及相关保险、投资活动；汽车金融具有资金量大、周转期长、资金运动相对稳定和价值增值性等特点。田亦夫（2005）认为，汽车金融主要指提供与汽车有关的金融服务的活动，是促进汽车业发展的相对独立的金融产业。王爱晶（2009）在研究我国的金融融资模式的基础上，认为应该及时地对汽车进行风险评估，并充分运用保险方式来提供保障。陈晓蕾（2014）指出，汽车金融是伴随着汽车产业快速发展而产生的，并且汽车产业以及金融业相辅相成，汽车企业的产品开发、新产品推广等都离不开汽车金融的支撑。

综上所述，我国学者对于汽车金融已有一定的研究，在汽车行业的各个发展时期，金融业通过相应的方式对汽车行业产生影响。

（二）文化金融

文化金融是指发生于文化资源的开发、生产、利用、保护、经营等相关活动中的所有金融活动，所有与文化产业、文化事业相关联的金融业务都是文化金融。发展文化金融的重点在于，通过创新文化产业的投入方式，引导和促进金融机构、银行业、保险业等各类资本创新金融产品，搭建交易平台，为文化企业从初期到后期各发展阶段提供资金支持等金融服务，实现文化创新和金融资本的有效对接。

文化与金融的融合催生了文化金融业态的形成与发展，文化金融关系文化资源系统化、文化资源资产化、文化资源金融化与证券化这一基本路径的构建与实现。发展文化金融是现阶段我国经济文化发展的重要战略选择，在文化大发展、大繁荣的进程中，文化金融的发展面临重要的战略机遇。文化金融具有资源的新颖独特性、价值链条的独特性、成长机制的特殊性、动力机制的高端性、业态聚合力的融合性等特质，文化金融的根本是发现并整合价值。

（三）微型金融

微型金融是向贫困人口、低收入群体以及微型企业提供的贷款、储蓄、保险与租赁等一系列的金融服务，是在传统正规金融体系基础之上发展而来的一种新型金融方式。1976年，为了能够向孟加拉国乡村贫困人口提供金融服务，诺贝尔奖得主穆罕默德·尤努斯教授发起成立了孟加拉国乡村银行，该银行以扶贫为主要目的，服务客户群主要为乡村贫困人口，由此拉开微型金融时代的序幕。

20世纪80年代以来，微型金融迎来了大爆发，以惊人的速度在广大的发展中国家兴起推广起来。

经历了四十多年的快速发展，如今微型金融已成为一个重要的金融角色，在解决发展中国家的贫困问题上扮演着举足轻重的角色，并且成为传统金融体系的一个有益补充。微型金融最初发展的核心业务是微型信贷，即以扶持贫困人口为目的，对低收入或无收入来源的贷款者提供贷款。在我国，目前微型金融以小额信贷为核心，并佐以储蓄、保险等金融服务项目，以农村贫困人群为其服务基础，逐步扩大其服务范围至中小企业和个体工商户。

第二章　金融业对产业发展的支持路径研究

国民经济是由各个产业组成的，各个产业的发展推动国民经济整体的发展繁荣。金融业作为资金配置的重要手段，在产业发展的不同时期，针对产业发展的不同特点，采用不同的方式支持产业的发展。

第一节　产业发展的生命周期分析

从经济发展的历史经验看，任何一个产业的发展都要经历一个由成长到衰退的演变过程，即相应的产品销量、市场占有率由低到高，再由高到低，最后产业逐渐消亡的过程。这个过程就是产业的生命周期。对产业生命周期的分析，有助于把握处于不同发展阶段的产业特点，选择相适应的融资支持方式。产业是由具有相似生产特征的具体产品组成的，产业形成、发展、成熟、衰退、消亡的过程中，其包含的产品也经历了类似的过程。因此，在分析产业生命周期之前，先对产品生命周期进行介绍与分析。

一　产品生命周期理论

产品生命周期（Product Life Cycle，PLC）是指某一类特定产品从推向市场至退出市场的整个过程。人的一生要经历出生、成长、成熟、老化、死亡阶段，就产品而言也要经历一个开发、引进、成长、成熟、衰退的阶段。但需要注意的是，此处所指的产品指该类别产品，并非指某一品牌的具体产品。

产品生命周期理论于 1966 年由 Vernon 提出。到 20 世纪 70 年代，William J. Abernathy 和 James M. Utterback 等的研究推进了产品生命周期理论。产品生命周期整个过程可以用图 2-1 来表示。由图中可以看出，一个完整的产品生命周期包含五个不同的发展阶段：开发期、引进期、成长期、成熟期和衰退期。产品每一个阶段的销售量和利润都存在差异。

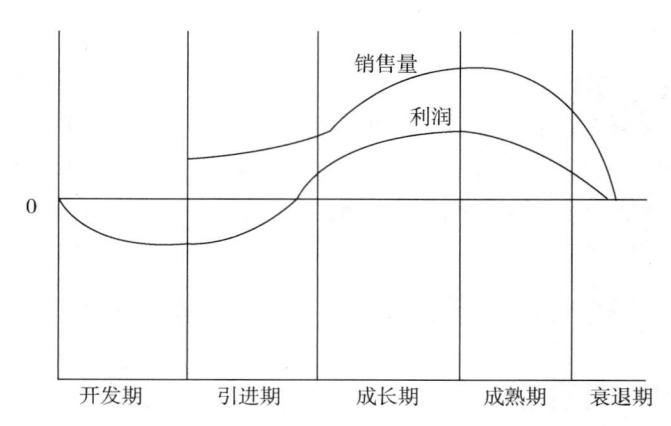

图 2-1 产品生命周期示意

（一）产品开发期

产品开发期是产品的研究开发阶段。此时，市场上还没有同类产品。厂商有的也只是产品的概念或设想，需要在实验室进行开发设计，从而将产品由设想变成现实。在此阶段，由于没有产品成形推向市场，厂商往往投入大量资金对产品进行研发，是纯粹的投入阶段；此阶段产品的销售量及销售额均为 0，厂商利润为负。在此阶段由于市场上并没有同类的产品问世，因此涉足的厂商极少或没有，竞争压力较小。

（二）产品引进期

产品引进期是指新产品成形并推向市场的初期。在此阶段，新产品刚刚开发出来并推向市场，市场上同类产品较少；但受市场接受度等方面的影响，销售量较小且上升较缓慢。由于产品前期开发投入太大，销售收入不足以弥补成本,因此此阶段大部分时期厂商利润为负。直至引进期末期,市场对产品的认知度提高,销售量达到一定程度,收入开始大于成本,利润逐渐变正。与此同时,市场上已有其他厂商注意到此产品的市场前景,开始逐渐涉足该产品生产,但整体看产品的竞争者仍然较少。

(三) 产品成长期

产品成长期是产品的产量、销售量、利润等快速增长的阶段。在此阶段,由于产品推向市场已经有一段时间,非常成熟,型号、规格、质量等方面趋于稳定,市场认知度也很高。此时的产品已经度过了研发阶段,因此基本不再有额外的研发费用。产品的销售量及利润都大幅增加。与此同时,由于产品市场及利润增长较快,有其他的厂商也意识到商机,开始大量开发此类产品,市场竞争者大量涌现,产品竞争激烈。

(四) 产品成熟期

经过成长期之后,产品进入了成熟期。经过前面几个时期的发展,产品的市场普及率已经较高,产品的销售量趋于稳定。此时生产该产品的厂商众多,为争夺市场份额竞争激烈。厂商为保持产品地位需要投入大量的营销费用,因此厂商的利润并不高,且随着竞争日趋激烈而呈现下滑趋势。

(五) 产品衰退期

在产品衰退期,产品面临着型号及功能日趋老化的问题;新产品逐渐出现,对原有产品的替代效应明显;竞争压力较大。在产品的衰退阶段,产品销售量会显著衰退,价格也趋于降低,因此利润大幅度滑落。当厂商亏损或无利可图时,产品会逐渐退出市场,被其他新产品所代替。

综合上述分析,产品生命周期的主要特征归纳为表 2-1。

表 2-1　　　　　　　　产品生命周期特征

阶段	市场普及率	销售量	利润	企业数量
开发期	0	0	为负	少
引进期	缓慢增长	缓慢增加	亏损减少	开始增加

续表

阶段	市场普及率	销售量	利润	企业数量
成长期	快速增长	快速增加	快速增加	快速增加
成熟期	较高且趋于稳定	较高且趋于稳定	下降趋势	数量众多
衰退期	快速下降	快速下降	大幅下滑	快速下降

二 产业生命周期理论

产业生命周期理论是在产品生命周期理论的基础之上，经过演变发展而形成的。与产品生命周期相比，产业生命周期不考虑具体的产品型号、质量、规格等差异，而是从较宏观的角度考虑产品所处的行业发展的周期性现象。Gort 和 Klepper 于 1982 年建立了产业经济学意义上第一个产业生命周期模型。至今，产业生命周期理论已经形成了 A—U 模型、G—K 模型、K—G 模型等多个理论模型，并为产业经济研究领域广泛接受。

就不同产业之间的比较来看，不同产业的生命周期所经历的时间差异较大。但从阶段划分上看，一个产业从形成到完全退出经济活动的周期一般划分成初创期、成长期、成熟期和衰退期四个发展阶段，每一个阶段具有不同的产业发展特征。

（一）产业初创期

初创期也称为幼稚期或形成期。处于初创期的产业，企业数量往往较少且规模也不大，管理水平较低，整体上企业的数量和质量都亟待提高。从技术方面来看，此阶段该产业的技术往往还不成熟，生产的产品较单一。从组织管理来看，企业组织管理机制初步建立，很多机制还是空白。从财务制度来看，企业的财务审计制度刚刚起步，有待进一步完善。

总的来看，此时的企业发展有较大的不确定性，整个产业的发展也有较大风险。

（二）产业成长期

处于成长期的产业，所拥有企业数量也大幅增加，企业规模也有了一定的发展。但是整体上看，处于成长期的产业中大型企业比较少,多以中小企业为主。从技术方面来看,企业的技术逐渐成熟,生产的产品开始多样化。大部分企业的经营状态已经稳定,组织管理也走上正轨。

此阶段,企业已经拥有足够的业绩记录来证明自己的信用,各种风险大幅度降低,整个产业的发展也有较大的提升,抗风险能力明显增强。

（三）产业成熟期

处于成熟期的产业,企业数量趋于稳定,企业更加注重质量的提升。整体上看,产业具有一定数量的大型企业,并有部分有代表性的企业发展为龙头企业。这一阶段,随着竞争的日益加剧,产业中的企业出现分化,发展较好的大型企业和部分中型企业不断蚕食其他企业的市场占有率并获得更大发展,而其他企业则利润下滑。

此阶段,企业出现分化,有实力的企业进一步发展,实力较弱的企业面临被淘汰,整个产业的发展质量有所提升,抗风险能力很强。

（四）产业衰退期

处于衰退期的产业,企业数量逐渐减少,新产品和替代品开始大量出现,企业利润严重下滑,产业竞争力下降,前景黯淡。总的来说,产业在这一时期需要升级转型,以期获得新的发展。

综合上述分析,产业生命周期的主要特征归纳为表2-2。

表2-2 产业生命周期

阶段	企业数量	企业规模	技术成熟度	产品	管理制度	抗风险能力
初创期	少	小	不成熟	单一	松散	很弱
成长期	大幅增加	中小企业为主	逐渐成熟	多样化	逐渐规范	明显增强
成熟期	趋于稳定	有相当规模的大型企业	成熟	多样化质量高	较完备	很强
衰退期	逐渐减少	大型企业为主	亟待优化	出现新产品和替代品	完备	较弱

第二节 产业发展的融资方式分析

提供资金是金融业支持产业发展的最主要方式。从不同的角度可以将融资方式分为多种类别。现有研究一般根据融资对象将融资方式分为内部融资和外部融资；根据是否经过中介机构分为直接融资和间接融资。

一 内部融资和外部融资

从融资对象出发，可以将融资方式分为内部融资和外部融资。内部融资是指企业利用自有资金进行投资的过程，主要包括企业的原始股本、留存盈利、折旧等。内部融资在企业形成和发展中发挥了极为重要的作用，具有自主性、低成本性和抗风险性的特点。但是，内部融资能力的大小受到企业的盈利能力、净资产规模等多方面的限制。所以，仅仅通过内部融资难以解决现实中的资金供求矛盾，由此推动了外部融资的发展。

外部融资是企业吸收金融中介机构和资本市场的投资者等经济主体的闲置资金，将其转化为投资的过程，主要包括来自金融机构的贷款、企业间的商业信用、债券、股票和票据等。外部融资具有高效性、灵活性、大量性和集中性的特点。内部融资与外部融资的比较具体见表 2-3。

表 2-3　　　　　　　　内部融资与外部融资的比较

融资模式	具体方式	融资特点
内部融资	原始股本、留存收益等	企业利用自有资金进行投资的过程
外部融资	直接来自金融机构的贷款、企业间的商业信用等融资	金融机构和资本市场投资者等的闲置资金

二 直接融资和间接融资

根据是否经过中介机构,可以将融资方式分为直接融资和间接融资。直接融资是指不经过金融中介机构,而是直接与资金提供方发生联系筹措资金的行为,包括在金融市场通过发行股票、债券等来筹集资金等。这一方式具有直接性、长期性、流通性的特点。直接融资不仅包括股票融资和债券融资,还包括财政专项资金、民间借贷等模式。

间接融资是指通过银行、保险、信托投资、互助基金等金融中介机构来获取资金。这一方式具有间接性、短期性和非流通性的特点。间接融资不仅包括银行或非银行金融机构的贷款,还有融资租赁、票据贴现等其他模式。两种融资模式的主要区别见表2-4。

表2-4　　　　　　　直接融资与间接融资的比较

融资模式	具体方式	融资特点
直接融资	财政专项资金 风险投资 民间借贷 股票 债券	不通过金融中介机构,从外部获取资金
间接融资	银行信贷融资 非银行金融机构信贷融资	通过银行、保险、信托投资、互助基金等金融中介机构来获取资金

三 各种融资方式的比较

融资方式很多,不同融资方式具有不同特点。不同企业或处于不同发展阶段的企业,适用于不同的融资方式。

内部融资是企业创办过程中原始资本积累和运行过程中剩余价值的资本化,即财务上的自有资本及权益,主要包括原始股本、留存收益、折旧等。这些具体融资方式具有很多优点如自主性,企业可以自主地使用这一资金,不需要支付利息,所以风险是最低的,且无须担保抵押,融资成本较低。同时，内部融资也具有融资量小、有机会成本和经营风险、收效较慢等缺点。

直接融资主要包括财政专项资金、风险投资、民间借贷、股票融资、债券融资等。财政专项资金是政府无偿资助补贴企业，往往期限也较长，但是受到政策限制，属于政府扶持行业才能得到财政专项资金，并且融资量小，程序烦琐。风险投资指的是职业投资者以股权投资的形式对高风险、高收益的创新企业的早期投资，是一种不需要担保或抵押的高度专业化和程序化的投资方式，一般不会控制企业股权。但是，风险投资是以追求高回报为目的，往往更多地考虑短期利益，对企业未来的长期发展重视不足；投资的对象是有着良好前景，易于短期内获取高收益的初创企业。民间借贷是指自然人、法人与其他组织之间在正规金融体系之外所从事的借贷，民间借贷可以克服信息不对称问题，根据双方的约定可以无担保无抵押。但是，民间借贷往往利率较高，期限短且缺少有效的监管。

直接融资中有一部分是通过证券市场实现的，主要包括股票融资、债券融资等。股票融资指的是企业经过相关部门批准之后公开发行股票，股票可在市场上流通。通过这一方式，企业可以在短时期内筹集大量的资金，加之没有利息压力，融资负担较轻。但是上市融资对上市企业的要求较高，各种审核、信息披露严格，同时还会影响企业股权结构甚至是企业控制权。债券融资是指按照法律规定的途径发行的，并约定在一定期限内还本付息的有价证券的融资方式。债券融资具有期限较长、利息率固定、不影响控制权等优点。但是，债券融资发行费用较高，需要企业公开信息，且有固定的利息和期限，容易引发风险。

间接融资主要包括两个部分，即银行信贷融资和非银行金融机构信贷融资。银行信贷融资是指通过银行贷款来融资，这一方式的融资成本相对较低，银行拥有大量的专业人员，对于客户隐私的保护也比较好。但是银行信贷有严格的信用审核制度，且需要担保抵押。非银行金融机构信贷融资是指向保险公司、金融信托投资公司、金融租赁公司、融资公司等非银行金融机构进行贷款融资的方式。这种方式的融资期限较长、放款速度快。但是，非银行金融机构信贷融资相对于银行贷款往往利率较高，也需要担保或抵押。

各种融资方式的优缺点比较见表2-5。

表2-5　　　　　　　　不同融资方式优缺点比较

融资模式		具体方式	优点	缺点
内部融资		原始股本、留存收益、折旧等	使用自主、风险最低、融资成本最低、无担保或抵押	融资量有限，有机会成本和经营风险，收效较慢
外部融资	直接融资	财政专项资金	无偿、期限长	政策限制、程序烦琐、融资量小
		风险投资	无控股权、无担保或抵押、高度专业化和程序化	追求高回报、企业限制
		民间借贷	克服信息不对称、可无担保、可无抵押物	利率较高、缺乏有效监督、期限短
		股票融资	无期限、不偿还本金、融资负担较轻	上市要求高、审核严格、信息披露严、影响控制权
		债券融资	期限较长、利息率固定、不影响控制权	公开信息、风险较大、发行费用较高
	间接融资	银行信贷融资	融资成本相对较低、专业优势、私密性强	信用审核要求严、需要担保抵押
		非银行金融机构信贷融资	期限较长、放款速度快	利率较高、需要担保或抵押

第三节　产业不同发展阶段的融资方式分析

金融活动通过影响资金在产业间的配置情况，进而影响生产要素的配置情况，从而最终决定产业的发展情况；产业的发展对金融提出了更高的需求，反过来又促进了金融活动的发展。

一 产业初创期的融资方式

在产业初创期或形成期,直接融资体系在促进产业的形成方面起到的作用比较明显。在产业初创期,企业需要筹集较多的资金购买厂房、设备等生产资料,以及支付劳动力报酬等,在短期内依靠原始积累往往很难解决全部的资金问题。在这一阶段企业虽然有着较高的预期收益,但是由于其规模较小,管理制度也较为松散,无法达到上市融资和债券融资的审核要求。此外,企业可供担保抵押的资产较少,难以采取银行信贷等间接融资方式。

在此阶段,政府为了扶持符合国家产业发展要求的初创企业发展,很可能会提供包括财政专项资金或专项扶持资金在内的融资支持手段,以帮助初创期企业成长。另外,风险投资为了追求高收益,给有前景的初创企业提供的无担保或无抵押的资金,也成为产业形成期企业的另一重要融资手段。

综上所述,在产业发展的初创期以直接融资为主,财政专项资金和风险投资是这些初创期企业主要的融资方式,产业初创期的很多特点客观上阻碍了企业采用其他融资方式。但是,由于受到的限制较多,财政专项资金只能对某些政府扶持发展的重点行业进行融资支持;数额较小,难以满足初创企业大规模发展的需要。在我国,风险投资行业发展还相对不成熟,整体规模还不大。因此,对金融业进行创新,开发更多的金融支持工具与手段,针对产业形成时期的特点进行特定支持,在控制金融风险的同时支持更多企业与产业发展,也是现阶段金融创新与发展的重要方向。

二 产业成长期的融资方式

进入产业成长期之后,随着企业成长壮大,产品开始打入市场、市场规模有所提升,企业的数量也有了较快的增长,这一产业逐渐成型并发展壮大。此时,企业的发展需要筹集更多资金用于企业扩张、技术和产品的研发。但是，企业需要的资金量较大，财政专项资金和风险投资这两种融资方式已经很难发挥作用。同时随着企业发展，企业拥有的可用于抵押的资产增加，管理制度逐步规范，信用也随之提高，此时以银行信贷为代表的间接融资具有融资量大、成本较低、私密性好等优势，比其他融资方式有更加明显的比较优势，所以企业更多地依赖间接融资平台的支持。通过这些借贷资本，金融业逐渐向产业的生产领域渗透，对产业的成长产生影响。

随着产业的进一步发展，开始有一部分规模较大、财务制度完备、管理体系完善的优秀企业与以证券市场为代表的直接融资体系合作，债券融资由于具有融资量大、期限长、利率固定的优势成为这一部分企业的主要选择。另外，部分优秀企业还会寻求股票融资，特别是在我国目前多层次资本市场已经初步形成的情况下，这些企业可能还难以达到主板上市的要求，新三板、创业板、中小板等提供了更多的融资选择。

总体而言，处于成长期的产业已经初具规模，并且该产业在快速发展壮大。在产业快速成长壮大的过程中，需要大量资金，而以银行信贷为代表的间接融资体系也看到了这一产业的未来前景，也迫切地想要和该产业进行合作。此时，产业发展和金融发展相辅相成、互相影响、互相促进，是产业金融发展的重要时期。

三 产业成熟期的融资方式

在产业成熟期，产业已经成长壮大，企业数量增加和质量提升，企业管理制度较为完备。此时，不仅是金融影响该产业的发展，该产业对金融发展的影响也有所加强。在产业成熟期，产业中已经产生了相当规模的大型企业，这些企业资产规模大，管理制度完备，抗风险能力很强，已经具备了上市条件。股票融资具有融资量巨大、无须偿还本金、无时间限制等优势。为了促进企业进一步发展，产业成熟期企业更多地参与以证券市场为主的直接融资体系，主要采用股票融资方式。而还有一些规模略小的中小企业由于受到大型企业的挤压，生产成本上升，利润下降，也亟须与以银行信贷为主的间接融资体系合作。

另外，该产业对金融发展的影响也有所加强。产业中部分优秀的大企业，市场力量进一步增强，企业实力更加雄厚，成为该产业中的龙头企业。此时，这些企业的现金流量比较充足，资金也出现富余，产业对金融的需求开始由融资需求渐渐转为投资需求。此时，需要足够的金融创新来为企业这些空闲的资金寻找投资方向，对金融体系的发展提出了更高的要求。

总体来看，处于成熟期的产业，一方面需要通过金融体系融资；另一方面又需要通过金融体系投资。这一过程不仅使得该产业有所发展，也进一步推动了金融体系的发展。

四 产业衰退期的融资方式

在产业步入衰退期后，促进产业优化升级成为产业的一个重要发展方向，其中无论是以投资倾斜为主进行的增量调整，还是以资源再配置为主进行的存量调整，都离不开金融体系强有力的支持。由于新兴产业的兴起和扩张，处于衰退期的夕阳产业进入了以分化、重组为主的时期。这一时期的产业需要在原有的基础上引进新技术、新生产要素并引导资金合理配置。此时，尽管在信贷资金支持方面间接融资体系还可发挥一定的作用，但是以证券市场为主的直接融资体系在实现产业资源的重新配置和整合方面发挥了更大的作用。

在这一时期，直接融资体系主要从三个方面对产业优化升级发挥作用。第一，企业将根据自身的经营情况来调整产业资源配置，股份制企业为使得股东获得利益最大，将会对那些市场不景气产品进行减产或停产，从而将股东的投资用于生产那些销售相对较好的产品，使得企业内部的资源重新优化配置，这也将使得整个产业内部的资源重新优化配置。第二，通过直接融资体系获得其他企业的参控股、投资或是建立业务上的联系。企业间的直接融资过程实质是资源的重新优化配置，从而最终实现产业结构的调整。第三，通过企业重组实现产业升级转型。在资本市场中，如果企业经营不善，主要产品或服务没有市场，出现资不抵债的状况，企业将会通过直接融资体系被该行业内经营较好的企业或其他行业的企业收购，从而实现产业的升级转型。

总的来说，在衰退阶段，以证券市场为主的直接融资体系将会影响企业的治理结构与控制模式，从而优化企业的运行机制与行为方式，最终实现产业的优化、升级和转型。

五 产业不同发展阶段融资方式的比较

产业处在不同的生命周期阶段，具有不同的发展特点和融资需求。并不是任何生命周期阶段均可采用所有或相同的融资方式，也并不是所有的融资方式能够适用于任何产业的生命周期过程。在不同的产业生命周期阶段，应结合产业发展特点，选取最适合的融资方式，这样才能够发挥各种融资手段的优势，更好地促进产业的持续健康发展。表2-6列出了产业不同生命周期对融资模式和融资方式的要求。

表2-6　　　　不同生命周期产业的融资模式及融资方式

产业周期	融资模式	融资方式
初创期	基本依靠直接融资	财政专项资金、风险投资为主
成长期	间接融资为主，直接融资为辅	银行和非银行金融机构信贷融资为主，债券融资等为辅
成熟期	间接和直接融资共存	股票融资、债券融资、银行信贷融资等
衰退期	直接融资为主，间接融资为辅	股票融资为主，银行和非银行金融机构信贷融资为辅

第三章　广州市经济与金融业发展概况

整体上看，改革开放之后我国的经济一直发展较快。但进入 21 世纪以来，特别是 2008 年国际金融危机之后，加之能耗、环保等各种因素的叠加，我国经济也逐渐步入了转型期，进入经济发展的新常态。与全国相比，广州经济发展步入新常态的时期略有滞后。2010 年 11 月第 16 届亚运会在广州举办。受此影响，2008—2010 年广州进行了大规模的基础设施建设，强烈地刺激了广州经济，因此从统计数据看，广州并未受到国际金融危机的明显影响。但在亚运会之后，广州经济发展面临的挑战逐步显现，也逐渐进入了经济发展的新常态。

为了应对经济的新常态，转变经济增长方式、拓宽经济发展思路成为促进广州经济发展转型的必由之路；发展第三产业、加强现代服务业成为广州经济发展的重要选择。金融作为现代经济增长的血液，也受到了政府及社会各界的高度重视。2013 年广州市委、市政府作出全面建设广州区域金融中心的决定，"重点建设金融市场交易平台和金融功能区，着力发展国际金融、产业金融、科技金融、农村金融、民生金融"，促使广州的金融业在"十二五"期间有了一个较大的发展。在《广州市金融业发展第十三个五年规划（2016—2020 年）》当中指出，"将金融业打造成为全市服务业的第一大支柱产业"，并提出发展目标："到 2020 年，全市金融业增加值占 GDP 的比重达 12% 以上。"

因此，"十三五"期间广州金融业必将迎来一个新的快速增长时期。本章首先分析改革开放以来，特别是"十二五"以来广州经济与金融发展的基本情况；并通过与北京、上海等几个直辖市和一线城市发展情况进行对比，把握广州经济与金融发展的基本状况，为后文深入分析广州产业金融发展状况打下基础。

第一节 广州市经济发展状况的比较分析

一 广州市经济总量的比较分析

借改革开放的春风，加之广州处于珠三角核心区域的区位优势，广州经济发展水平一直处于全国的前列。"十二五"期间，广州借助多项利好政策，给予经济发展更强的推动力。2015 年，南沙自贸区获批，成为广州经济增长的又一引擎。

1978 年改革开放以来，广州的经济总量连续多年居全国大城市第三位，仅次于上海和北京（见表 3-1 和图 3-1）。2016 年，国家统计局调整地区生产总值核算方法，将研发作为资本形成纳入 GDP 核算；全国各地陆续于 2017 年年底之前公布了调整后 GDP 核算结果。经研发资本化调整后，2016 年深圳 GDP 总量为 20078.58 亿元，超过了广州的 19805.42 亿元。至此，广州的 GDP 排名全国第四。

表 3-1　　主要城市 1978—2016 年生产总值及增长率　　单位：亿元，%

年份	北京	天津	上海	广州	深圳	重庆
1978	108.84	82.65	272.81	43.09	1.90	71.70
2011	16251.93	11307.28	19195.69	12423.44	11515.86	10011.37
2016	24899.30	17885.39	27466.15	19610.94	19492.60	17558.76
年均增长率	9.93	9.77	7.58	11.94	22.15	10.13

注：本表 GDP 数据为当年价格数据，是未经研发资本化核算调整的数据，增长率按可比价格计算；深圳 1978 年 GDP 数据缺失，表中数据为 1979 年数据，增长率为 1979—2016 年平均增长率。

数据上看，上海和北京 1978 年的经济总量比较高，2016 年经济总量仍然远高于其他城市。2016 年虽然广州经济总量排在全国第三位，

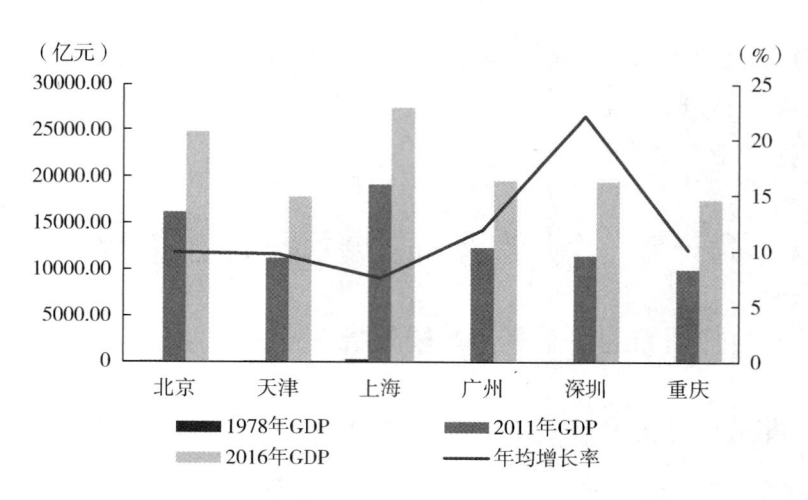

```
（亿元）                                              （%）
30000.00                                              25
25000.00                                              20
20000.00
15000.00                                              15
10000.00                                              10
 5000.00                                               5
     0                                                 0
       北京    天津    上海    广州    深圳    重庆
        ■ 1978年GDP        ■ 2011年GDP
        ■ 2016年GDP        ── 年均增长率
```

图 3-1 主要城市 1978—2016 年生产总值及增长情况

但与排在前面的上海、北京生产总值差距均在 5000 亿元以上；而紧随其后的深圳，与广州的生产总值差距仅为 118.34 亿元。近年来，深圳的经济转型较为成功，高新技术、金融、物流、文化产业四大支柱产业，以及医药、互联网、新能源、新一代信息技术、新材料、文化创意六大战略新兴产业发展迅猛，与广州的差距越来越小。天津和重庆这几年发展势头也比较好，但由于基数较小，与广州仍存在较大的差距。可见，广州的经济总量仍然较高，但受近几年经济转型的影响，面临来自后方深圳的竞争压力越来越大，寻求新的经济增长点具有较强的紧迫性。

二 广州市产业结构的比较分析

随着经济的发展，产业结构呈现出一种由低级向高级阶段演进的过程，具体表现为第一产业占比降低，第二、第三产业占比逐渐提高。图 3-2 显示了六个主要城市产业结构演变情况。

图 3-2 显示，改革开放至今，虽然各个城市的起始条件不同，但除深圳外大体上经历了一个第二产业比重下降、第三产业比重上升的过程，"十二五"以来（2011 年以来）这个特点更加明显。2016 年，北

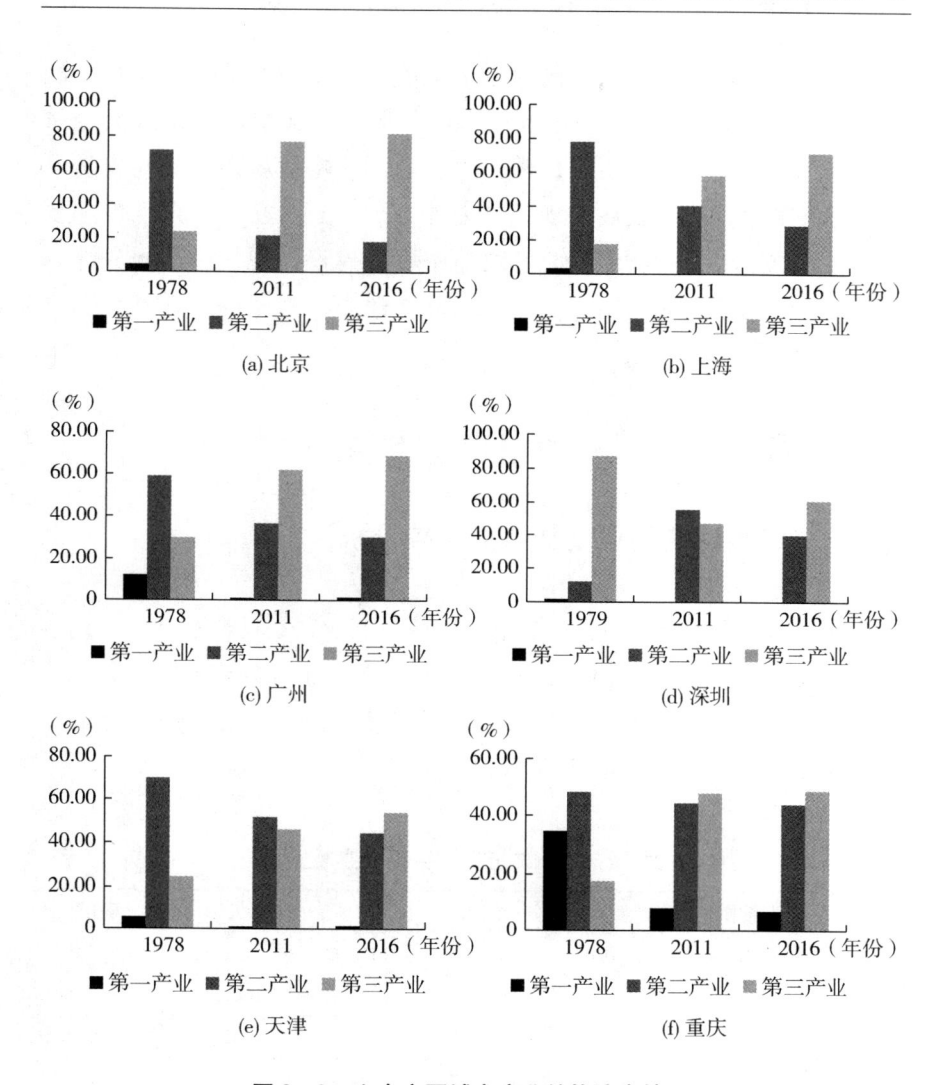

图 3-2　六个主要城市产业结构演变情况

京、上海、广州、天津 4 个城市第一产业比重均在 1% 左右，而深圳第一产业比重可以忽略不计；这 5 个城市第三产业比重均超过 50%，北京和上海分别达到 80.30% 和 70.50%，广州也达到 60.56%。6 个城市中只有重庆第一产业比重（7.40%）略高，第三产业比重（48.40%）仅比第二产业（44.20%）略高。

广州 2016 年第一、第二、第三产业比重分别为 1.22%、30.22%

和68.56%，第三产业比重仅次于北京和上海，处于较发达的阶段。"十二五"以来，广州加快发展现代产业体系，加快建立以服务经济为主体、现代服务业为主导，现代服务业、战略性新兴产业与先进制造业有机融合、互动发展的现代产业体系。"十三五"时期，广州要加快国际航运中心、物流中心、贸易中心的建设，现代金融服务体系基本建成，高端高质高新现代化体系基本建立，广州的产业结构会进一步优化。

第二节 广州市金融业发展的比较分析

一 广州市金融业增加值的比较分析

金融业是现代经济当中非常重要的一个产业，是社会经济正常运行的润滑剂；同时，金融业作为一个无污染、附加值高的产业，越来越受到许多城市的重视。就四个直辖市、广州和深圳来看，金融业均已成为所在城市的支柱产业（见表3-2和表3-3）。

表3-2　　　　主要城市"十二五"以来金融业增加值　　　　单位：亿元

年份	北京	上海	广州	深圳	天津	重庆
2011	2215.40	2240.47	855.53	1563.63	756.50	773.49
2012	2536.90	2450.36	971.27	1721.12	1001.59	934.38
2013	2943.10	2823.81	1141.93	2008.16	1202.04	1080.14
2014	3357.70	3400.41	1422.15	2194.93	1422.28	1225.27
2015	3926.40	4162.70	1628.71	2501.57	1603.23	1410.18
2016	4267.00	4763.00	1800.00	2876.89	1735.33	1642.60

表3-3　主要城市"十二五"以来金融业增加值占生产总值比重　单位：%

年份	北京	上海	广州	深圳	天津	重庆
2011	13.63	11.67	6.89	13.58	6.69	7.73

续表

年份	北京	上海	广州	深圳	天津	重庆
2012	14.19	12.14	7.17	13.27	7.77	8.19
2013	14.86	12.94	7.37	13.78	8.32	8.45
2014	15.74	14.43	8.51	13.72	9.04	8.59
2015	17.06	16.57	9.00	14.29	9.69	8.97
2016	17.14	17.34	9.18	14.76	9.70	9.35

"十二五"以来，六个城市金融业增加值均快速增长，基本上翻了一番。从总量上来看，上海和北京以超过4000亿元的增加值遥遥领先于其他城市；深圳的增加值略低，但也达到了2876.89亿元，也大幅度领先于广州、天津和重庆。此期间，广州的金融业快速增长，但在规模上仍然明显落后于上海、北京和深圳，与天津（1735.33亿元）和重庆（1642.6亿元）接近。显然，广州的金融业规模还难以与上海、北京和深圳相比，存在较大的差距。

"十二五"以来，广州金融业快速发展，增加值由2011年的855.53亿元增长到2016年的1800亿元（见图3-3）。2016年广州金融业增加值占GDP比重达9.2%，在全市服务业增速中排名第二，拉动GDP增长1个百分点，成为全市第五大支柱产业。全市金融业总资产超过6万亿元，金融业税收收入353.33亿元，占全市税收收入的7.8%。

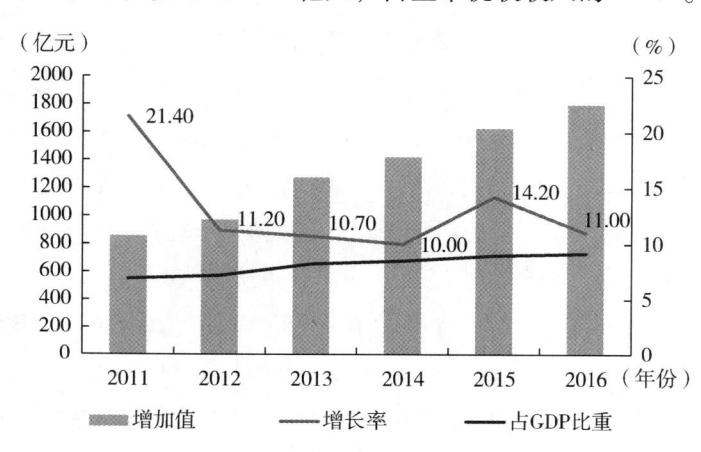

图3-3 "十二五"期间广州市金融业增加值及占GDP比重

2016年，广州成为广东乃至全国直接融资最活跃的地区之一。2016年全市直接融资余额达1.35万亿元，在大城市中仅次于上海（1.49万亿元），占全省直接融资余额（含深圳）的60.7%；占全省社会融资的65.7%，居全国大城市第一位。通过直接融资，企业降低融资成本超过250亿元。2016年，全市保费收入首次突破1000亿元，达1166.2亿元，连续10年居全国大城市第三位；同比增长64.2%，居全国大城市第一位。2016年全市新增上市公司10家，累计133家；新增新三板挂牌企业202家，累计348家，挂牌增长率达84.4%，高于全省（68.3%）和全国（41%），居全国大城市第一位。

"十二五"以来，广州金融业的发展，为支持实体产业发展奠定了基础，广州各产业金融也在蓬勃发展。

二 广州市金融业构成的比较分析

金融业是以金融商品为经营标的的特殊行业，一般包括银行业、保险业、信托业、证券业和租赁业等。限于数据的可得性，本部分主要针对银行业、保险业及证券业等部分指标进行分析。

（一）金融机构存贷款额分析

随着经济规模的扩大，金融机构存款也在不断增多，构成信贷资金的主要来源；而金融机构贷款是银行等金融机构投放到经济活动当中的资金量，通过乘数作用创造信用货币，进而对经济活动产生影响。

表3-4反映了2016年六个主要城市本外币存贷款余额情况。由表中数据可知，北京、上海存款余额均超过10万亿元，贷款余额均超过5万亿元，遥遥领先于其他四个城市；深圳的存贷款余额虽然明显低于北京和上海，但仍显著高于广州、天津和重庆；广州的存款余额显著低于北京、上海和深圳但仍高于天津和重庆，而其贷款余额与天津和重庆相当。从人民币存贷款占比看，各城市占比均在80%以上；只是深圳的外币存贷款余额占比均超过10%，表明深圳的外向型经济特征更加明显。

表 3-4　　　　　　　2016 年主要城市本外币存贷款余额

城市	存款余额（亿元）	其中：人民币		贷款余额（亿元）	其中：人民币	
		余额（亿元）	占比（%）		余额（亿元）	占比（%）
北京	138408.90	132791.90	95.94	63739.40	56618.90	88.83
上海	110510.96	—	—	59982.25	—	—
广州	47530.20	45937.34	96.65	29669.82	28885.54	97.36
深圳	64407.81	57793.30	89.73	40526.90	34034.29	83.98
天津	30067.03	—	—	28754.04	—	—
重庆	32160.09	31216.45	97.07	25524.17	24785.19	97.10

就存贷款余额看，上述六个城市可简单分成三个梯队：北京和上海处于第一梯队，存贷款余额遥遥领先于其他城市；广州和深圳处于第二梯队，存贷款余额低于北京和上海，但高于天津和重庆；天津和重庆处于第三梯队，存贷款余额均较低。广州在这六个城市当中处于第二梯队的位置，虽然与第三梯队的天津和重庆相比还存在较大的优势，但无论是存款余额还是贷款余额均低于同处第二梯队的深圳，且差距非常明显。最近几年，深圳的发展非常迅猛，科技创新能力较强；特别是研发支出核算方法改革之后，深圳经济总量在 2016 年已经超过了广州。就金融业发展看，广州也明显落后于深圳。

（二）保险业保费收支分析

保险业通过收取保费的方法来分摊经济损失和提供经济补偿，对经济的稳定发展起到较大的作用。同时，由于保费的收取与保险金支付之间存在一定的时差，保险人可以通过对保险基金的经营使其实现保值增值，并可以向投保人返还一定的收益。因此，保险业构成了金融业的重要组成部分。

表 3-5 反映了 2016 年主要城市保险业发展情况。保险深度为保费收入与当年地区生产总值的比值（%），反映了保险业在当地经济当中的地位；保险密度为保费收入与当地人口数的比值（元/人），反映了当地居民参与保险的程度。从表中看出，北京、上海和广州的原保险保费收入均超过了 1000 亿元，超过了深圳、天津和重庆，但广州的原保险保费收入显著低于北京和上海；在保险支出方面，广州则与重庆相

当，低于北京和上海但高于深圳和天津。在保险深度和保险密度方面，广州仅略低于北京，超过包括上海在内的其余五个城市。

表3-5　　　　　　　　　2016年主要城市保险业发展情况

城市	原保险保费收入（亿元）	保险支出（亿元）	保险深度（％）	保险密度（元/人）
北京	1839.00	596.60	7.39	8463.34
上海	1529.26	528.77	5.57	6320.04
广州	1166.20	245.80	5.95	8304.20
深圳	834.45	218.55	4.28	7007.24
天津	529.49	177.67	2.96	3389.56
重庆	601.61	250.16	3.43	1973.51

数据表明，广州虽然在保费收入与保险支出等保险业整体规模方面略逊于北京和上海，但保险业对整体经济的参与度较深，在社会公众的重视程度、参与意识方面均处于领先地位。

（三）证券市场融资情况分析

通过发行股票上市融资，是许多公司直接融资的重要手段。通过上市融资，能够得到稳定的资金来源；同时，由于企业上市要求较严格，对于提升企业形象、促进企业规范化管理具有重要意义。表3-6显示了截至2017年8月底六个城市A股上市公司情况。

表3-6　　　　　　　2017年8月底六个城市A股上市公司情况

城市	上市公司数量（家）	占全国比重（％）	总市值（亿元）	占总市值比重（％）	全年直接融资（亿元）	直接融资余额（万亿元）
北京	301	9.00	137533.37	24.50	1583.65	1.49
上海	268	7.97	59079.00	10.52	—	1.38
广州	89	2.66	—	—	—	1.22
深圳	267	7.98	50881.44	9.06	541.37	—
天津	48	1.44	5334.66	0.95	—	—
重庆	49	1.47	6467.45	1.15	1710.62	—

注：直接融资额为2017年5月底数据，其余数据为2017年8月底数据。部分缺失数据以"—"表示。

截至 2017 年 8 月底，全国共有 A 股上市公司 3344 家，北京、上海、深圳上市公司分别为 301 家、268 家和 267 家，遥遥领先于其他城市；广州上市公司数量为 89 家，与上述三个城市相比还存在较大差距。虽然广州上市公司总市值等部分数据缺失，但由上市公司数量上可以推断，广州上市公司总市值也远远落后于上述三个城市。与此相对应，广州虽然在上市公司数量及市值方面高于天津和重庆，但差距不太明显。

广州在直接融资方面也有一个亮点值得关注，截至 2017 年 5 月底，广州全社会直接融资余额达到 1.22 万亿元，仅次于北京（1.49 万亿元）和上海（1.38 万亿元），居全国大城市第三位，表明近年来广州利用直接融资手段有了较大进展。但整体上看，虽然广州在证券市场融资方面取得了一定的进展，但与北京、上海和深圳相比，无论是上市公司数量还是融资额方面，还存在较大差距。

第二部分

产业金融发展评估篇

第四章 广州市科技金融发展评估

《广州市国民经济和社会发展第十三个五年规划纲要（2016—2020年）》（以下简称广州市"十三五"规划）提出，广州市要重点打造三大战略枢纽：国际航运枢纽、国际航空枢纽和国际科技创新枢纽，这些均离不开金融的支持。科技贷款、科技保险、创业及风险投资、新三板上市融资等众多科技融资手段，为国际科技创新枢纽的建设提供了重要保障。本章首先在对广州市支持科技发展的相关金融政策进行剖析的基础上，就广州市科技金融发展状况进行描述性分析；其次通过选择若干科技金融发展状况较好的城市，与广州市进行对标比较分析；最后基于BP神经网络模型对广州市科技金融发展状况进行综合评判。

第一节 广州市科技金融发展概况

广州市金融业发展的"十二五"规划和"十三五"规划当中，均强调了要加快科技金融发展，发挥金融对科技创新的支持作用；并通过加快建设金融创新服务区、设立科技金融一条街、集聚各类科技金融服务机构等多种途径与方式，打造广州市全链条科技金融综合服务体系。《广州市构建现代金融服务体系三年行动计划（2016—2018年）》强调，要加快发展科技信贷市场，引导金融机构创新科技型融资产品，并提出了新设一批科技金融专营机构的具体目标：到2018年，广州市科技支行突破20家，科技小额贷款公司突破10家，科技融资担保公司等突破5家。当前，得益于政策组合及措施叠加，广州市已初步形成集政策、市场、产品、服务于一体,政府部门、科技企业、金融机构、社会资本等共同参与的科技金融发展体系。

一 科技创新的金融政策

从大的角度来讲,广州市"十二五"规划、"十三五"规划,以及广州市金融业发展的"十二五"规划、"十三五"规划等均对金融促进科技创新提出了要求。广州市"十三五"规划针对科技金融专门指出,支持设立更多科技支行、科技小额贷款公司、科技融资担保公司,大力发展创业及股权投资机构。金融业发展的"十三五"规划也特别用一节的篇幅对金融支持国际科技创新枢纽建设提出要求,要通过大力发展创业及股权投资市场、加快发展科技信贷市场、支持科技企业充分利用多层次资本市场、加强科技金融服务平台建设、推动科技保险服务创新、发展知识产权金融等多种手段,支持广州市进行国际科技创新枢纽建设。

与上述政策相适应,近年来广州市各级政府部门也出台了多项具体政策措施,支持金融业发挥对科技创新的积极促进作用。表4-1和表4-2列出了"十二五"以来部分相关政策方案情况。

表4-1 "十二五"以来广州市支持科技创新发展的部分相关政策

序号	年份	政策文件	文件编号
1	2011	《关于加快科技金融发展的实施意见》	穗开管〔2011〕116号
2	2011	《广州市科技保险试点工作方案》	穗金融〔2011〕53号
3	2012	《关于推进科技创新工程的实施意见》	穗字〔2012〕18号
4	2013	《关于加快科技金融发展的实施意见》	穗开管办〔2013〕8号
5	2014	《广州市人民政府办公厅关于促进科技企业孵化器发展的实施意见》	穗府办〔2014〕61号
6	2014	《广州市企业研发经费投入后补助实施方案》	穗科信〔2014〕2号
7	2015	《广州市人民政府关于加快实施创新驱动发展战略的决定》	穗字〔2015〕4号
8	2015	《广州市人民政府关于加快科技创新的若干政策意见》	穗府〔2015〕10号

续表

序号	年份	政策文件	文件编号
9	2015	《广州市人民政府办公厅关于促进科技金融与产业融合发展的实施意见》	穗府办〔2015〕26号
10	2015	《广州市促进科技成果转化实施办法》	穗府办〔2015〕57号
11	2015	《广州市科技创新小巨人企业及高新技术企业培育行动方案》	穗府办〔2015〕127号
12	2015	《广州市科技企业孵化器专项资金管理办法》	穗科创〔2015〕4号
13	2015	《广州市科技计划项目管理办法》	穗科创〔2015〕6号
14	2015	《广州市科技计划项目经费管理办法》	穗科创〔2015〕7号
15	2015	《广州市科技成果交易补助实施办法（试行）》	穗科创〔2015〕13号
16	2015	《广州市科技创新券实施办法（试行）》	穗科创〔2015〕15号
17	2015	《广州市科技型中小企业信贷风险补偿资金池管理办法》	穗科创〔2015〕11号
18	2015	《关于对市属企业增加研发经费投入进行补助的实施办法》	穗国资〔2015〕8号
19	2016	《广州市加快创新驱动发展实施方案》	穗府办〔2016〕12号
20	2016	《广州市超算服务券实施细则（试行）》	穗科创字〔2016〕275号

2011—2016年，广州市各级政府部门出台了20项促进科技产业发展的政策。其中，以市委、市政府联合发布（穗字）的指导意见或决定有2项；以市政府（穗府）名义发布的有1项；以市政府办公厅（穗府办）名义发布的有5项；以广州市科技创新委员会名义发布的有7项；另外还有广州市经济技术开发区管委会、市金融工作局、市国资委等部门相关文件5项。初步形成了一个由市委、市政府为主导，各级政府部门紧密配合、具体职能部门大力推进的促进科技创新的格局（见表4-2）。

表4-2　　　　广州市支持科技创新发展政策按部门分类　　　　单位：项

序号	发文部门	数量
1	广州市委、市政府	2
2	广州市政府	1

续表

序号	发文部门	数量
3	广州市政府办公厅	5
4	广州市科技创新委员会	7
5	其他政府职能部门	5

这些政府相关政策大体上可以分为两类：一类是市委、市政府联合或单独发布的政府文件，此类政策往往是针对促进科技创新的方法或手段提出原则性的意见或要求，如上述以编号开头为"穗字"或"穗府"的文件。另一类是政府下属机构或部门颁布的政策文件，此类文件往往规定的内容比较具体并具有较强的可操作性；而且，此类政策为了增强吸引力，还给出了政府财政支持科技创新的诸多资金奖励措施与办法。上述政策的实施，一方面有助于推进实施创新驱动发展战略，促进广州市经济转型；另一方面为科技型企业发展提供良好的生态空间，并进一步从融资角度支持科技型企业的发展。

二 政府财政科技资金

从资金来源看，科技产业发展的支持资金主要来源于四个方面：一是政府财政对科技创新的支持资金，包括政府财政科技拨款如科学事业费、科技专项费、科学技术基金、各种专项费等，以及以各种形式设立的促进科技创新的基金、补贴等；二是科技活动单位的自筹科技经费；三是来自银行等金融机构的贷款；四是来自风险投资基金等渠道的资金。本节后续部分基于广州市视角就支持科技产业发展的各项资金进行分析。

在财政科技资金支持方面，广州市主要从两个方面为科技创新提供融资支持：一是政府财政科技拨款；二是其他渠道的财政支持产业发展资金。

（一）政府财政科技拨款

随着社会各界对科技活动的日益重视，政府投入科技活动当中的经费也越来越多。财政科技拨款是政府财政通过各种途径或渠道投入科技活动当中的资金。从国家整体层面看，科技活动中来自政府的资金无论是在数额还是比重方面都不高，但政府财政资金的流向能够反映政府政策意愿；通过对科技活动进行财政支持，在促进科技创新的同时，能够引导社会资本流入符合国家政策导向的产业。

1. 广州市财政科技拨款

近年来，无论是国家和地方均加大了政府支持科技创新的力度，表现为财政科技拨款数额增长较快。表4-3列出了2005年以来国家及广东省、广州市财政科技投入情况。

表4-3　　　　　全国、广东省及广州市财政科技投入　　　　单位：亿元

年份	全国	广东省	广州市
2005	1334.91	83.77	17.23
2006	1688.50	104.10	18.84
2007	2135.68	119.26	21.16
2008	2610.99	132.52	26.22
2009	3276.79	168.50	32.36
2010	4196.66	214.44	31.94
2011	4796.98	203.92	42.69
2012	5600.10	246.71	52.12
2013	6184.90	344.94	54.19
2014	6454.50	274.33	56.32
2015	7005.80	569.55	88.67
2016	7760.70	742.16	91.02

注：表中广东省及广州市2016年数据来自政府预算执行情况报告。

由表4-3可以看出，全国层面财政科技投入一直呈持续增长趋势，由2005年的1334.91亿元增长到2016年的7760.70亿元，增长了4.81倍。广东省财政科技投入则由2005年的83.77亿元增长到2016年的742.16亿元，增长了7.86倍，但在2011年和2014年有所波动回调；同期广州市财政科技投入由2005年的17.23亿元增长到2016年的91.02亿元，在2010年有所波动回调，到2016年增长了4.28倍，不仅

低于全省的增速,也低于全国的增速。

由表4-4和图4-1可知,全国财政科技投入所占比重大体在4%以上,只有在2005年和2015年略低于4%,广东省的比重多数年份在3%—4%,而广州市的比重多数在2%—3%。整体上看,全国财政科技投入占财政支出的比重高于广东省,广东省的比重又高于广州市。

表4-4　全国、广东省及广州市财政科技投入占财政支出的比重　单位:%

年份	全国	广东省	广州市
2005	3.93	3.67	3.62
2006	4.18	4.08	3.37
2007	4.29	3.77	2.49
2008	4.17	3.51	2.63
2009	4.29	3.89	3.05
2010	4.67	3.96	2.15
2011	4.39	3.04	2.38
2012	4.45	3.34	2.90
2013	4.41	4.10	2.37
2014	4.25	3.00	2.23
2015	3.98	4.44	3.36
2016	4.13	4.39	3.30

注:表中广东省及广州市2016年数据根据政府预算执行情况进行计算。

多年来,由于地处改革开放的前沿,广东省一直享受改革政策带来的红利,保持了经济的较快增长。随着经济发展进入了新常态,改革开放也进入了深水区,经济增长方式面临着转变,科技创新的作用凸显。财政科技投入虽然在全社会科技投入中所占比重不高,但其导向性明显,能够引导社会资金的产业流向,因此应在一定程度上加大财政科技投入的力度。

2. 广东省财政科技拨款的区域分布

广东省有21个地级市,各地级市发展不平衡。整体来看,处于珠

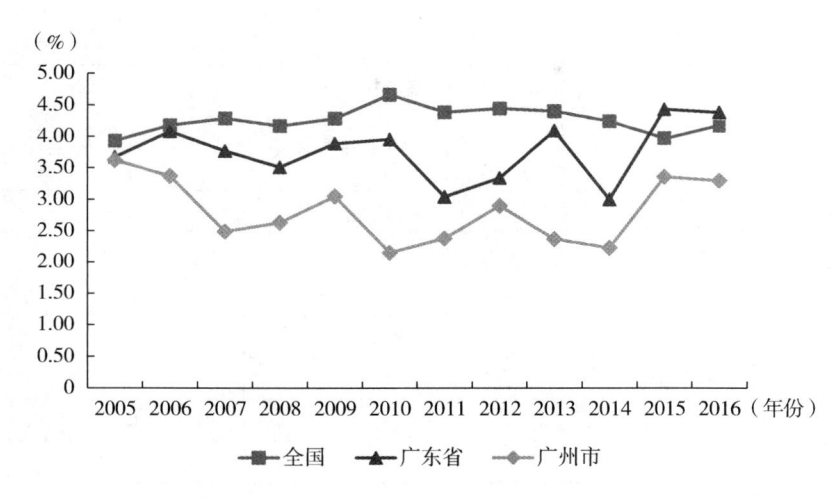

图 4-1 全国、广东省及广州市财政科技投入占财政支出比重

三角地区的广州、深圳等 9 个地级市经济发展水平较高,科技资源的投入相对较充裕;而处于粤东、粤北、粤西的 12 个地级市经济发展水平较低,财政科技投入也较低,表 4-5 可以清楚地看出这一点。

表 4-5 广东省地方财政科技拨款的区域分布情况　　单位:亿元,%

序号	地区/单位	地方财政科技拨款	占全省比重
1	省直	89.82	15.77
2	深圳	214.32	37.63
3	广州	88.67	15.57
4	东莞	30.83	5.41
5	佛山	30.27	5.31
6	珠海	28.63	5.03
7	惠州	19.79	3.47
8	中山	16.56	2.91
9	江门	7.99	1.40
10	韶关	6.12	1.07
11	肇庆	4.98	0.87
12	河源	4.54	0.80
13	梅州	4.07	0.71

续表

序号	地区/单位	地方财政科技拨款	占全省比重
14	云浮	3.64	0.64
15	汕头	3.42	0.60
16	潮州	2.89	0.51
17	清远	2.86	0.50
18	湛江	2.31	0.41
19	茂名	2.28	0.40
20	汕尾	2.25	0.40
21	阳江	1.78	0.31
22	揭阳	1.45	0.25

表4-5显示，2016年深圳的财政科技投入为214.32亿元，占全省比重达到37.63%，超过全省的1/3，远远超过其他城市；广州的投入为88.67亿元，占全省比重为15.57%，除去省直单位外，仅低于深圳；这两个城市的财政科技投入合计为302.99亿元，占全省比重达到53.20%。可见，广东省各城市之间财政科技投入十分不平衡，主要集中于深圳和广州两个城市；同时，广州的财政科技投入与深圳相比仍存在较大差距。

（二）其他渠道的财政支持科技产业发展资金

为了促进企业科技创新的发展，2011年11月，科技部、财政部、中国人民银行等部门联合下发了《关于促进科技和金融结合加快实施自主创新战略的若干意见》（国科发财〔2011〕540号）。之后，广州市经济技术开发区管委会出台了《关于加快科技金融发展的实施意见》等多个政策文件或规划，促进金融与科技的融合发展。前文的表4-1已经将"十二五"以来主要政策予以列示。为了促进科技创新的发展，这些政策大部分都拟定了具体的条款或方案，对于符合政策条件或达到相关要求的企业，政府部门会予以奖励或补贴，这也在很大程度上激励着企业进行科技创新。以2015年广州市科技创新委员会发布的《广州市科技企业孵化器专项资金管理办法》为例，共规定了六种针对孵化器或孵化器内企业可以申请奖励或补贴的情况（见表4-6）。除了前文的

表 4-1 列出的文件，还存在众多部门或地方基层政府出台的支持科技创新发展的文件，如海珠区政府发布的《广州市海珠区企业创新奖励办法》（海府〔2016〕12 号）文件等，这些文件都以不同形式给出了促进企业科技创新的奖励措施。

表 4-6　《广州市科技企业孵化器专项资金管理办法》规定的奖励或补贴形式

序号	支持领域	奖励或补贴范围	奖励金额
1	孵化器级别	新认定的市级、省级和国家级孵化器	分别给予 50 万元、100 万元和 200 万元的奖励
		已获认定的国家级孵化器	通过国家验收参照上述奖励
2	苗圃—孵化器—加速器	省级、国家级科技创业孵化链条建设示范单位	分别一次性奖励 50 万元、100 万元
3	孵化器毕业后企业落户广州发展	企业毕业后在广州市落户发展	奖励孵化器每家 20 万元
		本市孵化器在境外设立（或合作设立）海外孵化器（含虚拟孵化器），成功引进海外孵化企业在广州市落户发展	奖励孵化器每家 100 万元
4	企业挂牌或上市	广州股权交易中心挂牌 新三板上市 境内外证券交易所上市	奖励企业 20 万元 奖励企业 50 万元 奖励企业 100 万元
5	高新技术企业设定	孵化器内注册并实际经营的企业通过高新技术企业认定	奖励孵化器每家 50 万元
6	年度绩效评分	对广州市年度绩效评价得分 80 分（含）以上的孵化器	奖励孵化器每家 20 万元

根据《广州市科技企业孵化器专项资金管理办法》，如果企业符合规定的条件，就能够得到 20 万—200 万元不等的奖励或补贴。对于规模稍大的企业来讲，这些资金额可能不是太高，但对于一些处于起步阶段的初创型企业，利用好政府的奖励政策对解决企业初创期的资金来源也会起到较大的作用。

三 企业来源科技经费

企业的科技经费投入是企业内部或企业自筹的用于科技创新的经费。企业自筹经费的使用范围与方向比较灵活，能够根据企业自身需要调整投入方向或额度。当前，无论是全国还是地方层面，企业自身的经费已经成为我国科技经费投入的主要来源。

（一）全国层面科技经费的来源

在科技活动当中，最具创新性并被国内外广泛认可的活动是研究与试验发展活动（Research and Development，R&D；中文简称"研究与开发"或"研发"）。为了便于比较与说明，本部分利用 R&D 经费支出的统计数据进行分析。表 4-7 和图 4-2 显示了 2004 年以来全国层面 R&D 经费支出金额及各来源所占比重情况。

表 4-7　　　　按资金来源分的全国 R&D 经费支出　　　　单位：亿元

年份	R&D 经费内部支出	政府资金	企业资金	国外资金	其他资金
2004	1966.30	523.60	1291.30	25.20	126.20
2005	2450.00	645.40	1642.50	22.70	139.40
2006	3003.10	742.10	2073.70	48.40	138.90
2007	3710.20	913.50	2611.00	50.00	135.80
2008	4616.00	1088.90	3311.50	57.20	158.40
2009	5802.11	1358.27	4162.72	78.10	203.02
2010	7062.58	1696.30	5063.14	92.14	210.99
2011	8687.01	1882.97	6420.64	116.20	267.20
2012	10298.41	2221.39	7625.02	100.40	351.59
2013	11846.60	2500.57	8837.72	105.86	402.45
2014	13015.63	2636.08	9816.51	107.55	455.49
2015	14169.88	3013.20	10588.58	105.17	462.95
2016	15676.70	3140.80	11923.50	103.20	509.20

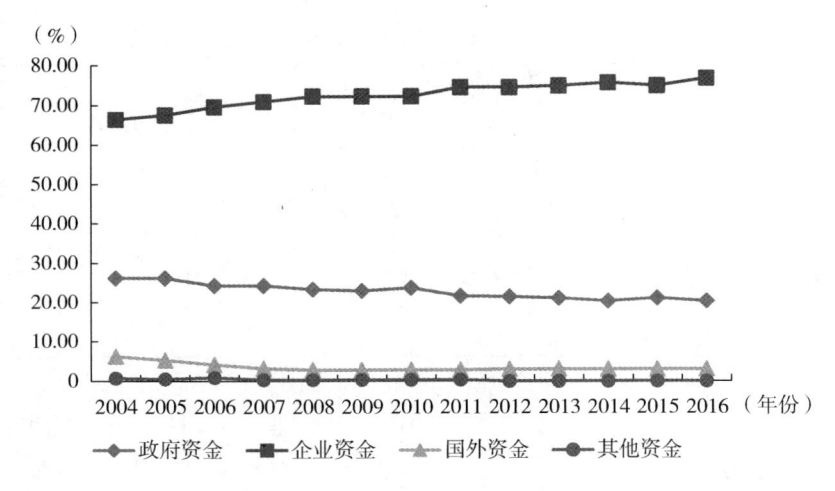

图 4-2 各资金来源 R&D 经费所占比重

可以看出，随着全国 R&D 经费支出的不断增加，不同渠道的 R&D 经费也在不断增加，但不同来源渠道经费占比在不断发生变化。从结构看，企业的 R&D 经费一直占总经费的 70% 左右且有上升趋势，2016 年达到 76.06%；而政府资金、国外资金和其他资金则呈波动下降趋势。可见，现阶段企业 R&D 活动已成为全社会科技创新的主导力量。

(二) 广州市科技经费的来源

与全国 R&D 经费支出趋势类似，近年来广东省 R&D 经费支出也在不断增长（见表 4-8），仅工业企业 R&D 经费支出就占到全省 R&D 经费的 85% 左右。虽然工业企业 R&D 经费支出并不能代表其经费全部来源于企业自身，但考虑到政府财政科技经费有相当一部分由政府属高等学校和科研机构获得，进入企业 R&D 活动的只是其中一小部分，因此可以推测广东省企业所支出的 R&D 经费主要来源于企业部门。

表 4-8　　　　　　　　广东省 R&D 经费支出　　　　单位：亿元，%

年份	全省 R&D 经费支出	工业企业 R&D 经费支出	工业企业 R&D 经费支出占全省比重
2010	808.75	703.68	87.01
2013	1443.45	1237.48	85.73
2014	1605.45	1375.29	85.66
2015	1798.17	1520.55	84.56
2016	2035.14	1676.27	82.37

与全国和广东省情况类似，广州市工业企业 R&D 经费的来源也以企业资金为主，表 4-9 的规模以上工业企业[①]数据反映了这个特点。

表 4-9　　　广州市规模以上工业企业 R&D 经费的资金来源　　　单位：亿元，%

资金来源	项目	2010 年	2011 年	2012 年	2013 年	2014 年	2015 年	2016 年
政府资金	金额	3.73	6.52	6.98	6.04	4.60	5.13	6.16
	比重	3.14	4.64	4.41	3.64	2.43	2.44	2.69
企业资金	金额	109.28	132.17	149.02	157.40	183.61	202.21	221.78
	比重	92.01	93.96	94.28	94.99	96.83	96.38	96.86
境外资金	金额	5.00	0.86	1.43	1.14	0.55	1.78	0.24
	比重	4.21	0.61	0.90	0.69	0.29	0.85	0.10
其他资金	金额	0.76	1.11	0.63	1.12	0.86	0.68	0.80
	比重	0.64	0.79	0.40	0.67	0.46	0.32	0.35
合计	金额	118.77	140.66	158.06	165.70	189.62	209.80	228.98
	比重	100.00	100.00	99.99	100.00	100.00	99.99	100.00

注：因四舍五入，比重之和可能不等于100%。余同。

规模以上工业企业是工业企业的主体部分，我国工业企业 R&D 经费支出绝大部分是由规模以上工业企业承担的。从表中可以看出，来自

---

① 规模以上工业企业是统计上的一个术语，目前的统计标准为年主营业务收入在 2000 万元及以上的工业企业，是我国工业企业的主体部分，无论是业务收入还是利润情况，均在工业企业当中占有较大比重。

企业的资金是广州市规模以上工业企业 R&D 活动的最主要资金来源，各年所占比重均超过 90%，且呈逐年上升趋势。2016 年企业资金占资金来源比重达到 96.86%。政府资金是企业 R&D 经费的又一重要来源，2010 年以后来自政府的 R&D 经费呈波动上升趋势，至 2016 年达到 6.16 亿元。境外资金及其他资金来源占比非常低，两者合计在 2011 年以来仅占到企业 R&D 经费的 1% 左右，2016 年下降到 0.45%。综合来看，企业科技活动的资金来源以企业自有或自筹的资金为主，其余途径的资金仅能起到补充作用。

四 科技贷款

科技贷款是支持企业进行科技创新的重要手段，一般是按照"政府引导、市场运作、专业管理、风险共担"的原则，由政府财政出资设立科技信贷准备金，用于对合作银行为科技型中小企业的贷款利息或发生的实际损失给予补偿。在实践操作中，科技贷款往往引导商业银行在贷款过程中，降低对科技型中小企业实物资产抵质押要求，更多地采用自主知识产权、股权等无形资产以非变现质押方式给予贷款支持。这实际上是利用政府财政为担保，在一定程度上弥补银行等金融机构大力开展科技贷款业务的损失，解决轻资产科技型中小企业融资难题。

（一）部分省市科技贷款业务开展情况

为了响应国家号召，适应经济转型的需要，促进企业科技创新的发展，全国已经有多个地区开展科技贷款业务。本部分选取若干科技贷款业务开展较好的地区进行分析，以为广州市科技贷款开展情况评价提供参照。

1. 上海市科技贷款发展情况

早在 2011 年，《上海市人民政府关于推动科技金融服务创新促进科技企业发展的实施意见》（沪府发〔2011〕84 号）规定，自 2011 年起 3 年内，对各商业银行在上海张江高新技术产业开发区、上海紫竹国家高新技术产业开发区、上海杨浦国家创新型试点城区等区域内发放的科技型中小企业贷款所发生的超过一定比例的不良贷款净损失，可在相关商业银行实施尽职审查的前提下，由各级政府分担50%的风险。2017年9月26日，上海银监局与上海市科委联合发布《上海银行业支持上海科创中心建设的行动方案（2017—2020年）》，规划至2020年年末，上海辖内科技型企业贷款余额达到2700亿元左右，较2016年年末增长80%。

2012年，由上海市科委主办、上海市科技创业中心管理的上海市科技金融信息服务平台上线运营。该平台是为上海市科技型中小企业提供投融资服务的公益性平台，为科技型中小企业提供科技贷款、股权融资、科技金融政策等信息或申请服务，也为注册的银行和投资机构提供科技企业贷款、股权融资推荐和对接服务。截至目前，该平台已开发出科技履约保、小巨人信用贷、科技微贷通、创投贷等多种科技贷款项目。该平台截至2017年5月完成的科技贷款情况如表4-10所示。

表4-10　　　　上海市科技金融信息服务平台科技贷款完成情况

单位：亿元，家

科技信贷产品	2017年5月		2017年1—5月累计		历年累计	
	信贷额	贷款家数	信贷额	贷款家数	信贷额	贷款家数
科技履约保	5900	16	52530	139	620556	1832
小巨人信用贷	1380	3	5680	11	263138	399
科技微贷通	400	2	850	6	14165	106
创投贷	300	1	2100	4	19850	27
合计（含其他）	7980	22	61160	160	981819	2411

注：历年累计中包含成果转化信贷47笔6.41亿元；数据截至2017年5月。
资料来源：上海市科技金融信息服务平台网站（http://www.shkjjr.cn/）。

2. 北京市科技贷款发展情况

2012年6月，北京市海淀区人民政府印发的《海淀区促进科技金融创新发展支持办法》指出，要充分发挥财政资金拉动中小微企业融资的杠杆作用，通过设立信用贷款引导资金、融资性担保扶持资金、履约保险保证贷款扶持资金、知识产权质押贷款质权处置引导资金等，引导金融机构创新适合中小微企业的金融产品；建立小微企业贷款风险、担保风险补偿机制，对担保机构开展小微企业贷款担保业务给予担保补助。同时设立财政贴息资金，降低中小微企业融资成本。对通过信用贷款、履约保险保证贷款、知识产权质押贷款、投贷联动贷款、高层次人才贷款、债务工具等创新型融资方式取得融资的中小微企业给予一定比例的贴息。

2014年8月，北京市科委与北京银行启动全面战略合作，北京银行将在4年内为北京市科技企业提供1000亿元的意向授信，并为科技型小微企业续贷业务提供"循环贷"。

3. 河南省科技贷款发展情况

2016年3月，河南省科学技术厅、河南省财政厅印发《河南省科技金融"科技贷"业务实施方案》，并于2016年10月确定了郑州银行、中原银行、建设银行河南省分行、中国银行河南省分行、工商银行河南省分行、中信银行郑州分行六家银行作为河南省科技金融"科技贷"业务第一批合作银行。争取经过两年的努力，使合作银行年度发放贷款20亿元以上，引导银行支持科技型中小企业1000家左右。

4. 江苏省科技贷款发展情况

早在2009年，江苏省财政厅就颁布实施《江苏省科技贷款风险补贴专项资金管理办法（试行）》（苏财外金〔2009〕7号），该文件明确要建立省科技贷款风险补贴专项资金（风险补贴资金），将风险补贴资金纳入省财政年度预算，由省财政厅、省科技厅、人民银行南京分行共同管理。2009年5月，江苏省质监局发布《知识产权质押贷款服务规范》，对银行知识产权质押贷款提出了可操作性要求。2011年5月，江苏省科技厅发布《关于加快促进科技和金融结合的若干意见》（苏政办发〔2011〕68号），从建立科技信贷绩效考核制度、发展新型科技金融服务、完善科技贷款奖励和风险补偿机制、加强商业银行与融资性担保公司的合作等方面，对促进科技贷款的发展提出了要求。

此外，浙江省、山东省等省份均出台了多项促进科技贷款的政策，许多政策也包含了奖励与补贴的内容，在一定程度上缓解了中小科技型企业的融资困难，有效地促进了科技创新的发展。

（二）广州市科技贷款情况

与全国许多地区一样，近年来广东省也出台了多项政策，促进科技贷款的发展。2015年2月，广东省科学技术厅和广东省财政厅联合发布《关于科技企业孵化器创业投资及信贷风险补偿资金试行细则》，明确由省财政预算安排，建立信贷风险补偿基金，用于对孵化器内创业投资失败项目和对在孵企业首贷出现坏账项目所产生的风险损失按一定比例进行补偿。

2016年，广州市在财政科技经费中安排设立广州市科技型中小企业信贷风险补偿资金池，对合作银行为科技型中小企业提供信贷所产生的本金损失进行有限补偿。该资金池委托广州市科技金融综合服务中心管理，首期投入4亿元，目标是撬动40亿元的银行贷款。首批合作银行为中国银行、建设银行、交通银行、兴业银行、平安银行、招商银行、中信银行和广州银行。截至2016年年底，科技金融中心已为788家企业出具了1413笔贷款的推荐表，对418家企业496笔贷款出具贷款确认书，获得银行贷款42.4亿元。有效地促进了科技型中小企业解决债权融资的难题，全面助力广州市科技型中小企业转型升级。

同时，广州市部分金融机构还根据业务发展需要，设立了专门为科技创新服务的分支行等机构。2012年8月，中国银行广东省分行与广东省科技厅签署《科技金融战略合作协议》，协同推进科技金融服务模式；同年9月，经广东省银监局批准，广东第一家科技支行——中国银行广州番禺天安科技支行诞生。截至2015年3月，该行已累计服务科技型企业客户300户，存款超过6亿元，为49家科技型企业核定贷款额度近5亿元。2016年6月16日，建设银行科技金融创新中心在广州正式挂牌成立，这是国内首家大型商业银行总行级科技金融创新中心。

除了专门为科技型中小企业服务的银行机构，广州市为科技类企业服务的小额贷款公司也有了较快发展。截至2016年10月，广州全市共有89家小额贷款公司，注册资本达到167亿元，贷款余额超过200亿元，其中约30%的贷款投向科技型企业。全市53家融资性担保机构，资产总额为110.67亿元，其中约25%的服务对象是科技类企业。

五 科技保险

科技保险是保险业务进行创新而产生的一种新型保险险种，它采用保险的形式作为分散风险的手段，使科技企业在研发过程中因各类外部风险导致研发项目失败、中止、达不到预期，进而造成企业财产、利润等方面的损失，由保险公司承担赔偿责任。从性质上来看，科技保险是一种准公共产品，能够使高投入、高风险的科技型创新企业在出现损失后获得一定的补偿，有利于吸引人才及社会资金从事科技创新工作，为推进我国转变经济增长方式、建设创新型国家发挥作用。

2006年年底，中国保监会与科技部联合下发了《关于进一步加强和改善对高新技术企业保险服务有关问题的通知》，并在此后组织开发了科技保险新险种。2007年7月，中国保监会和科技部确定了北京市、天津市、重庆市、深圳市、武汉市、苏州高新区"五市一区"成为中国第一批科技保险创新发展试点城市。2008年，成都市、上海市、沈阳市、无锡市和西安国家高新区、合肥国家高新区被扩展为第二批科技保险创新试点地区。2010年3月，中国保监会、科技部联合下发了《关于进一步做好科技保险有关工作的通知》（保监发〔2010〕31号），标志着科技保险由试点走向常规，开始了全国范围内的推广。

（一）部分城市科技保险发展情况

1. 北京市科技保险发展情况

北京市作为首批"五市一区"试点城市之一，在相关部门的大力支持下，引导企业参与科技保险，让更多的企业享受科技保险相关优惠政策。2007年7月，北京市被确定为第一批科技保险创新发展试点城市之后,即推出了第一批 6 个险种,其保费支出纳入科技企业技术开发费用,享受国家规定的税收优惠政策;同时,用友软件公司成为国内首家获得科技保险的企业。①

经过几年不断创新发展,北京市已成为全国科技保险发展较好的城市之一,为科技企业的发展提供了融资支持,为科技创新提供了风险保障。截至 2015 年上半年,北京市科技保险累计服务高新技术企业 591 家次,提供各类风险保障 1483 亿元,支付赔款金额超过 4100 万元。财政资金累计补贴保费 3327.9 万元,相当于财政每出资 1 元,撬动风险保障 4456 元。② 目前,北京市已经开发了 20 多个科技保险险种并均有销售(见表 4 – 11)。③

表 4 – 11　　　　　　　　北京市开办科技保险的险种设计

序号	保险公司	险种
1	华泰财产保险股份有限公司	1. 高新技术企业产品研发责任保险 2. 高新技术企业关键研发设备物质损失险/一切险 3. 高新技术企业研发营业中断保险 4. 高新技术科技高管人员和关键研发人员团体人身意外伤害险 5. 高新技术企业高管人员和关键研发人员住院医疗费用团体保险
2	中国出口信用保险公司	1. 短期出口信用保险 2. 中长期出口信用保险 3. 投资保险 4. 国内贸易信用保险 5. 担保业务 6. 商账追收 7. 资信评估 8. 保险项下融资便利
3	中国平安人寿保险股份有限公司	1. 平安高新技术企业特殊人员团体意外伤害保险条款 2. 平安附加高新技术企业特殊人员意外伤害团体医疗保险条款 3. 平安高新技术企业特殊人员团体重大疾病保险条款

---

① 《北京列入首批科技保险试点城市》,《京华时报》2007 年 7 月 24 日。
② 李星坛:《北京科技保险发展之我见》,《投资北京》2016 年第 11 期。
③ 赵杨、吕文栋:《科技保险试点三年来的现状、问题和对策》,《科学决策》2011 年第 12 期。

续表

序号	保险公司	险种
4	中国人民财产保险股份有限公司	1. 高新技术企业财产保险（一切险） 2. 高新技术企业财产保险（综合险） 3. 高新技术企业关键研发设备保险 4. 高新技术企业营业中断保险（A 款—研发中断保险） 5. 高新技术企业产品研发责任保险 6. 高新技术企业产品责任保险 7. 高新技术企业董事会监事会高管人员职业责任保险 8. 高新技术企业雇主责任保险 9. 高新技术企业环境污染责任保险 10. 高新技术企业产品质量保证保险 11. 高新技术企业小额贷款保证保险 12. 高新技术企业高管人员和关键研发人员团体意外伤害保险 13. 高新技术企业高管人员和关键研发人员团体健康保险

资料来源：赵杨、吕文栋：《科技保险试点三年来的现状、问题和对策》，《科学决策》2011 年第 12 期。

2. 上海市科技保险发展情况

2008 年 8 月，上海市被确定为第二批科技保险创新试点城市。与北京等城市不同的是，上海市科技保险试点推出较晚，且初期险种只有一个科技型中小企业信贷履约保证保险，其他财产险、高管及核心研发人员团体健康/意外保险等并未得到推行。[①] 但该险种也有其独到之处，由于其引入保险公司参与银行的贷款产品当中，切合高新技术企业对于资金融通和风险控制的迫切需要，因此该业务自试点以来得到了快速发展。

2011 年 12 月，上海市人民政府发布《关于推动科技金融服务创新，促进科技企业发展的实施意见》。该文件指出，要重点创新和推广科技保险险种，研究出台科技保险保费补贴政策，重点创新和推广科技保险险种，有效发挥保险工具在科技企业研发、生产过程中的风险分散、风险控制作用。

3. 天津市科技保险发展情况

2007 年 7 月，天津市成为第一批科技保险试点城市。天津市科委于 2007 年 10 月下发了《关于开展天津市科技保险创新试点工作的通

---

① 赵杨、吕文栋：《科技保险试点三年来的现状、问题和对策》，《科学决策》2011 年第 12 期。

知》(津科财〔2007〕186号),并确定了试点险种和开展业务的保险公司。2008年6月制定《天津市科技保险保费补贴办法》和《天津市高新技术企业科技保险投保流程》,使相关工作细节得以落实。所开发的科技保险险种(见表4-12)作为高新技术研发保险险种,其保费支出可纳入企业技术研发费用,享受国家规定的税收优惠政策。

表4-12　　　　　　　　天津市开办科技保险的险种设计

批次	销售机构	险种
2008年第一批	人保财险	高新技术企业财产保险 高新技术企业产品责任险 高新技术企业产品质量保险
	出口信保	短期出口信用保险
	华泰财险	高新技术企业关键研发设备险
	平安养老	高新技术企业特殊人员团体意外伤害保险和重大疾病保险
2008年第二批	人保财险	高新技术企业财产保险 高新技术企业产品责任险 高新技术企业产品质量保险 高新技术企业关键研发设备险 高新技术企业特殊人员团体健康保险和意外伤害保险
	平安养老	高新技术企业特殊人员团体意外伤害保险 高新技术企业特殊人员团体意外伤害保险和重大疾病保险
	出口信保	短期出口信用保险

资料来源:赵杨、吕文栋:《科技保险试点三年来的现状、问题和对策》,《科学决策》2011年第12期。

除上述城市外,2007年、2008年科技部、保监会共推出两批共9个城市、3个高新区作为科技保险试点区域。经过几年的试点,2010年3月,保监会、科技部联合下发了《关于进一步做好科技保险有关工作的通知》(保监发〔2010〕31号),科技保险开始在全国范围内推广。该文件明确,鼓励保险公司开展科技保险业务,支持保险公司创新科技保险产品、进一步完善出口信用保险功能、探索保险资金支持科技发展新方式等。之后,全国各地结合自身情况陆续推出了相应的科技保险业务。

(二) 广州市科技保险发展情况

相比试点城市而言,广州市开办科技保险起步较晚,先期也是在广州市内选择科技企业比较集中的区域进行试点,然后向全市推广。2011年广州市金融工作局发布《广州市科技保险试点工作方案》(穗金融〔2011〕53号),先期选择广州开发区开展科技保险试点。试点首年险种参考科技部和保监会确定的5大类15个品种(见表4-13)。

表4-13　　　　　　　广州市试点开办科技保险的险种

序号	险种
1	高新技术企业产品研发责任保险
2	高新技术企业关键研发设备保险
3	高新技术企业营业中断保险
4	高新技术企业高管人员和关键研发人员团体健康保险和意外保险
5	高新技术企业财产保险
6	高新技术企业产品责任保险
7	高新技术企业产品质量保证保险
8	高新技术企业董事会监事会高管人员执业责任保险
9	高新技术企业雇主责任保险
10	高新技术企业环境污染责任保险
11	高新技术企业专利保险
12	高新技术企业小额贷款保证保险
13	高新技术企业项目投资损失保险
14	高新技术企业特殊人员团体意外伤害保险和重大疾病保险
15	出口信用保险

广州市科技保险虽然起步较晚,但采取了一些创新性措施,推动了科技保险业稳健发展。一是在2012年科技经费年预算中设立了300万元的科技保险保费补贴专项资金,创新科技保险投入方式;二是采取市区联动、保费补贴、保费计入研发费用核算范围等多种措施,探索科技保险发展新模式;三是针对先前确定的5大类共15个险种,对科技企业关键研发设备保险等5个险种给予60%的保费补贴,其余险种给予30%或50%的保费补贴(见表4-14);四是创新科技保险

资金运用，鼓励保险资金参与广州市高新区建设、重大科技项目及战略性新兴产业发展。这些卓有成效的措施，有力地推动了广州市科技保险的发展。

表4-14　广州市科技保险基础补贴险种类别及比例　　　单位：%

序号	科技保险险种类别	广州市补贴比例
1	科技企业关键研发设备保险	60
2	科技企业专利保险	60
3	科技企业营业中断保险	60
4	科技企业高管人员和关键研发人员团体健康和意外保险	60
5	科技企业小额贷款保证保险	60
6	科技企业产品研发责任保险	30
7	科技企业财产保险	30
8	科技企业产品责任保险	30
9	科技企业产品质量保证保险	30
10	科技企业董事会监事会高管人员执业责任保险	30
11	科技企业雇主责任保险	30
12	科技企业环境污染责任保险	30
13	科技企业项目投资损失保险	30
14	科技企业特殊人员团体意外伤害保险和重大疾病保险	30
15	其他经过中国保监会广东监管局备案确认的科技保险险种	50

2015年8月，广州市科技创新委员会发布《广州市科技与金融结合专项资金（补助补贴类）申报指南》，旨在鼓励科技金融发展，促进科技创新。其中专门设立了科技保险补贴专题，对科技型企业在科技保险机构购买科技保险基础险种以及经中国保监会广东监管局备案确认的科技保险险种（见表4-14），按保费支出的一定比例给予补贴。目前正在广州开发区开展试点工作，已有近百家企业享受科技保险业务，在保金额达94亿元，大大降低了高新技术企业研发、成果转化的市场风险。

六 资本市场融资

对于科技企业来讲，国内外资本市场是一条非常重要的融资渠道。特别是当前我国已经建立了以主板、中小板、创业板、新三板等为主体的多层次资本市场体系，不同级别资本市场所服务的企业对象不同，科技型企业可以选择适合的资本市场进行融资。表 4-15 和表 4-16 列出了截至 2016 年年底广州市利用资本市场融资情况。

表 4-15　截至 2016 年年底广东省及广州市企业资本市场融资情况

项目	全国	广东省	广州市	深圳市
上市公司数量（家）	3052	474	78	233
上市公司总市值（亿元）	508245.11	78417.49	12897.68	43535.84
中小板上市公司数量（家）	822	191	28	94
中小板总股本（亿股）	7401.24	1780.85	351.15	907.50
创业板上市公司数量（家）	570	124	19	62
创业板总股本（亿股）	3076.44	655.43	81.02	298.76
新三板挂牌公司数量（家）	10163	1585	345	694
新三板市值（亿元）	27200.00	4549.86	965.55	2454.05

表 4-16　截至 2016 年年底广东省及广州市企业资本市场融资占比　单位：%

项目	全国	广东省	广州市	深圳市
上市公司数量	100.00	15.53	2.56	7.63
上市公司总市值	100.00	15.43	2.54	8.57
中小板上市公司数量	100.00	23.24	3.41	11.44
中小板总股本	100.00	24.06	4.74	12.26
创业板上市公司数量	100.00	21.75	3.33	10.88
创业板总股本	100.00	21.30	2.63	9.71
新三板挂牌公司数量	100.00	15.60	3.39	6.83
新三板市值	100.00	16.73	3.55	9.02

截至 2016 年 12 月，广东省上市公司数量达 474 家，其中广州市和

深圳市分别为 78 家和 233 家；占全国比重分别为 2.56% 和 7.63%。就科技类企业上市的主要阵地创业板来看，全国共有创业板上市公司 570 家，其中广东省、广州市和深圳市分别为 124 家、19 家和 62 家，占全国比重分别为 21.75%、3.33% 和 10.88%。另外，新三板也是众多中小企业融资的一个重要场所，许多达不到主板上市条件的科技类企业也在新三板挂牌交易。截至 2016 年年底，全国共有新三板挂牌公司 10163 家，其中广东省、广州市及深圳市分别为 1585 家、345 家和 694 家，所占全国比重分别为 15.60%、3.39% 和 6.83%。

通过比较可知，在广东省上市公司、创业板上市公司及新三板挂牌公司当中，深圳市均占据较大比重；与深圳市相比，广州市上述指标明显落后，与广州市的经济体量不相适应。这一方面反映出广州市科技类企业创新能力存在一定的差距，培育的潜在优质上市或挂牌企业较少；另一方面也可能是广州市科技企业在利用资本市场融资方面意识不强，在利用资本市场融资方面也有更大的潜力可挖掘。

广州市还拥有一个区域股权交易场所——广州股权交易中心。截至 2017 年 3 月，中心挂牌企业突破 6000 家，达到 6152 家（其中青创板 1919 家），累计融资及流转交易总额为 1542.1 亿元。另外，广州市还拥有各类股权投资、创业投资、私募基金机构超过 2000 家，管理资金规模超过 4500 亿元。2016 年，广州市政府出台了广州市构建现代金融服务体系 3 年行动计划，提出到 2018 年全市创业及股权投资机构要突破 3000 家，管理资金规模要突破 5000 亿元。此外，通过设立科技企业孵化器天使投资引导基金和科技成果转化引导基金等，积极推进广州市股权投资市场发展，促进科技、金融与产业融合发展。

第二节　广州市科技金融发展状况的比较分析

科技金融是产业金融的一个重要方面，前文已经对广州市科技金融发展的基本状况进行了一个梳理，对广州市科技金融发展状况有了基本认识。为了进一步把握广州市科技金融发展状况，本部分拟通过选择科技金融发展状况较好的若干中心城市进行对比，以更好地掌握广州市科技金融发展的优势和劣势。

一 比较基准城市的选取

本部分主要就我国城市科技金融发展状况进行比较分析,考虑到我国城市众多,不同城市之间科技金融的发展程度差距较大,简单将所有城市放在一起比较缺乏可比性,因此要采用一定的标准对城市进行筛选,将选出的若干具有可比性的城市进行比较。

考虑到指标数据的重要性与可得性,本部分主要采用城市金融业增加值占地区生产总值比重(γ)和金融业增长率(r)这两个指标进行样本城市的筛选。在进行筛选时,采用的具体指标及标准如表4–17所示。

表4–17　　　　　　　　　样本城市的选择标准

序号	指标名称	计算方法	筛选标准
1	金融业增加值占地区生产总值比重(%)	$\gamma = \dfrac{\text{金融业增加值}}{\text{地区生产总值}} \times 100\%$	$\gamma \geq 8\%$ 或 $5\% \leq \gamma < 8\%$ 且 $r \geq 10\%$
2	金融业增长率(%)	$r = \dfrac{\text{本年度金融业增加值} - \text{上年度金融业增加值}}{\text{上年度金融业增加值}} \times 100\%$	

本部分筛选的城市符合下列两个标准之一:(1)金融业增加值占地区生产总值比重不小于8%。符合此条件的城市,金融业往往已形成较大规模,金融市场发达,金融交易活跃。(2)金融业增加值占地区生产总值比重在5%—8%,且金融业增长率达到或超过10%。符合此条件的城市,金融业往往已初步形成规模,发展速度较快,可持续发展能力较强。

基于以上原则,本书最终选择的样本城市包括11个城市(见表4–18)。从数据看,这些城市金融业增加值占地区生产总值比重全部超过8%,金融业比较发达。但就金融业增长率看,杭州的增长率相对较低,大体在5%左右;北京、天津的增长率比8%略高;其余城市的增长率均超过10%。整体上看,这些城市金融业规模较大,城市经济基础较高,科技创新能力较强,具备较强的可比性。

表4-18　　　　　基准城市2016年金融业主要指标　　　单位:亿元,%

序号	城市	金融业增加值	金融业增长率	金融业增加值占地区生产总值比重
1	北京	4266.80	8.67	17.14
2	上海	4762.50	14.41	17.34
3	广州	1800.00	10.52	9.18
4	深圳	2876.89	15.00	14.76
5	天津	1735.33	8.24	9.70
6	重庆	1642.59	16.48	9.35
7	南京	1241.76	10.65	11.82
8	武汉	941.00	12.36	8.20
9	杭州	987.67	4.91	8.94
10	苏州	1333.89	13.00	8.66
11	青岛	668.81	13.69	6.68

在进行具体分析时,考虑到企业科技创新的资金来源渠道,从财政科技投入、企业科技经费、资本市场融资三个方面进行比较与评估。

二　财政科技投入

前文已指出,政府财政对科技活动的经费投入是科技创新资金来源的一个重要方面。虽然从总量看,政府的财政科技投入并不高,但可以反映政府的政策导向,引导社会资金向有利于社会整体发展的科技创新方向流动。受经济发展水平的限制,不同地区的政府对科技财政资金的投放力度不同,对各地区的科技行业发展有着不同的影响。表4-19显示了2016年11个主要城市的财政科技支出情况,图4-3则直观地反映了科技支出占财政支出比重。

表 4-19　　2016 年 11 个城市财政科技支出情况　　单位：亿元，%

序号	城市	科技支出	一般公共预算支出	科技支出占比
1	北京	239.73	6161.40	3.89
2	上海	341.70	6918.90	4.94
3	广州	121.75	1961.01	6.21
4	深圳	214.32	4178.00	5.13
5	天津	135.49	3700.68	3.66
6	重庆	51.49	4001.80	1.29
7	南京	52.03	1045.18	4.98
8	武汉	86.42	1524.68	5.67
9	杭州	17.69	1404.31	1.26
10	苏州	88.33	1527.00	5.78
11	青岛	24.14	1352.85	1.78

注：因南京、苏州 2016 年数据缺失，表中数据用 2015 年数据代替。

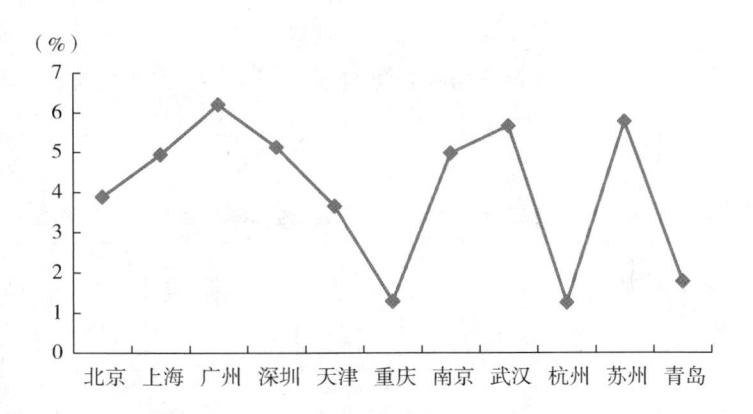

图 4-3　2016 年各城市科技支出占财政支出比重

数据显示，上海、北京、深圳、天津、广州五个城市是财政科技支出数额比较高的城市，支出额均超过了 100 亿元；这些城市恰恰也是经济最发达的城市，囊括了"北上广深"四个一线城市以及直辖市天津。同样，这五个城市的财政科技支出占财政总支出比重也较高，占比均超过了 3%。南京、武汉和苏州三个城市，财政科技支出数额在 50 亿—100 亿元，与上述五个城市相比绝对数额并不高，但占财政支出比重在

5%左右,属于较高水平,显示这几个城市政府对科技活动的支持力度较大。重庆、杭州、青岛财政科技支出绝对数额和比重均不高。

就综合经济实力看,广州市地区生产总值连续多年居全国第三位,但广州的财政收入不仅落后于北京、上海,也落后于深圳、天津、重庆等城市,导致财政支出水平与上述城市也存在较大差距。但值得一提的是,广州市科技支出占财政支出的比重达到6.21%,在上述11个城市中处于最高水平,显示了广州市对科技创新的扶持力度之大。

三 企业科技(R&D)经费支出

前文分析已经指出,近年来我国的科技经费支出(以R&D经费支出为例)当中,工业企业R&D经费支出占到总支出经费的70%左右;广州工业企业R&D经费支出则占到90%以上。就几个主要城市看,也呈现出上述特征。表4-20显示了主要城市规模以上工业企业R&D经费来源情况,由于武汉、杭州、青岛的数据缺失,本表只列出了8个城市规模以上工业企业R&D经费来源情况。图4-4显示了规模以上工业企业R&D经费支出及比重。

表4-20 2015年主要城市规模以上工业企业R&D经费来源 单位:亿元

序号	城市	企业R&D经费支出	政府资金	企业资金	国外资金	其他资金
1	北京	244.09	24.43	209.78	4.19	5.69
2	上海	474.24	29.38	441.53	2.17	1.16
3	广州	209.80	5.13	202.21	1.78	0.68
4	深圳	672.65	32.66	632.81	1.51	0.57
5	天津	352.67	24.46	311.13	14.49	2.59
6	重庆	199.66	29.47	165.22	0.70	4.28
7	南京	136.83	3.36	131.61	1.30	0.56
8	苏州	336.83	3.79	326.92	2.66	3.45

注:深圳、重庆、南京的年鉴当中只公布了全部工业企业R&D经费来源分类情况;本表当中的规模以上工业企业R&D经费来源是根据全部工业企业R&D经费来源的比例进行的估算。

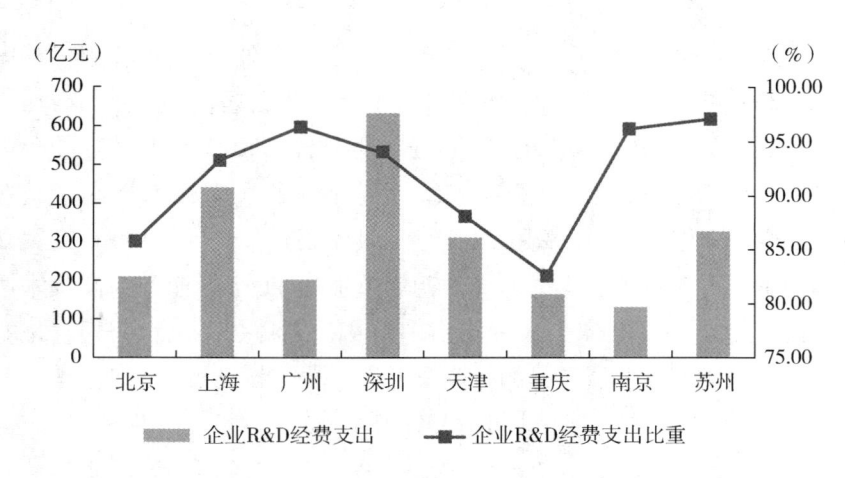

图 4-4　2016 年主要城市规模以上工业企业 R&D 经费支出及比重

图 4-4 表明，各城市工业企业 R&D 经费支出均占据较大比重，在 80% 以上，其中：重庆最低，为 82.75%；而最高的苏州则达到了 97.06%。就绝对数额看，深圳工业企业 R&D 经费支出最高，超过了 600 亿元，上海、天津、苏州的工业企业 R&D 经费支出也较高，均超过了 300 亿元；北京、广州的工业企业 R&D 经费支出超过 200 亿元；重庆、南京的工业企业 R&D 经费支出略低，分别为 199.66 亿元和 136.83 亿元。

在这些城市当中，广州工业企业 R&D 经费支出总额为 209.80 亿元，并不算高；但工业企业 R&D 经费支出所占比重达到 96.38%，属于较高水平，显示了广州企业对科技创新比较重视，更多地利用自身资金进行研发。

四　资本市场融资

（一）沪深主板市场融资

沪深主板市场是我国证券发行、上市及交易的主要场所。一般是行业里面发展比较成熟、管理比较规范、规模比较大、经营业绩较好且比较稳定的企业才能在主板市场融资交易，对公司各方面的要求均比较高。虽然上市门槛较高，但也不乏许多行业内优秀企业在主板上市交易。

截至 2017 年 6 月 30 日，沪深 A 股主板上市公司共 1739 家，其中大部分是传统行业，需要从中挑选出科技类上市公司。按《上市公司行业分类指引》（2012 年 10 月 26 日证监会公告〔2012〕31 号）的分类标准，涉及 78 个行业。结合国家统计局颁布的《高技术产业（制造业）分类（2013）》和《高技术产业（服务业）分类（2013）》有关高技术产业的分类标准，本书选择医药制造业等 11 个行业作为高技术产业。经过筛选，1739 家上市公司当中的 413 家科技类上市公司，是本书重点分析的对象。所选择的行业及上市公司数量见表 4-21。本书所重点分析的 11 个城市上市公司情况见表 4-22。

表 4-21　　　　经筛选后的科技类上市公司行业及数量　　　　单位：家

序号	行业	上市公司数量
1	医药制造业	90
2	化学原料及化学制品制造业	96
3	计算机、通信和其他电子设备制造业	104
4	铁路、船舶、航空航天和其他运输设备制造业	31
5	仪器仪表制造业	6
6	互联网和相关服务	14
7	商务服务业	18
8	软件和信息技术服务业	38
9	研究和试验发展	2
10	废弃资源综合利用业	2
11	生态保护和环境治理业	12
	合计	413

表 4-22　　　　11 个城市科技类上市公司情况　　　　单位：家

序号	城市	上市公司数量
1	北京	40
2	上海	41
3	广州	7
4	深圳	24

续表

序号	城市	上市公司数量
5	天津	6
6	重庆	9
7	南京	13
8	武汉	5
9	杭州	10
10	苏州	5
11	青岛	3
11 个城市合计		163
科技类公司合计		413

经过上述分类调整后，沪深 A 股主板科技类上市公司共 413 家，归属于上述 11 个城市的有 163 家，所占比重为 39.47%。就具体城市看，上海、北京分别有 41 家和 40 家，远高于其他城市，体现出上海和北京在科技创新上的主导地位。深圳科技类上市公司有 24 家，虽然低于北京和上海，但明显高于其他城市，体现出深圳作为科技创新之城的实力；南京和杭州表现也不错，科技类上市公司达到或超过 10 家；其余城市科技类上市公司均在 10 家以下，反映出这些城市科技企业利用主板上市融资的能力相对较差。

广州的科技类上市公司仅有 7 家，不仅低于北京、上海和深圳，也明显低于南京和杭州，显示了广州科技企业利用资本市场融资能力较差。整体上看，与同类城市相比，广州的科技类企业在资本市场融资规模上处于较低水平，与北京、上海、深圳的差距很大，需要进一步扩展资本市场融资规模。

（二）中小板市场融资

中小板是我国多层次资本市场的重要组成部分，于 2004 年 5 月在深圳证券交易所主板市场内设立，对于一些达不到主板上市要求、流通盘较小的企业，可以选择在中小板上市交易。据统计，中小板上市公司有近 80% 的企业为民营企业，其中高新技术企业约占一半。考虑到中小板是为了鼓励自主创新而专门设置的中小型公司聚集板块，同时板块内公司普遍具有收入增长快、盈利能力强、科技含量高的特点,因此本部分针对全部中小板上市公司进行分析。

截至 2017 年 6 月 30 日,中小板上市公司共 869 家,按城市分类情况如表 4-23 所示。数据显示,11 个城市在中小板上市公司数量达 323 家,占全部上市公司数量的 37.17%,总股本占到了 42.77%。11 个城市当中,深圳上市企业最多,达到了 107 家,总股本 929.47 亿股;北京、上海、杭州、苏州四个城市的上市公司也超过了 30 家,除上海外总股本均超过了 300 亿股。比较而言,天津、重庆、武汉和青岛上市公司数量较少,总股本也较少。

表 4-23　　　　截至 2017 年 6 月各城市中小板上市公司

序号	城市	中小板上市公司		总股本	
		数量(家)	比重(%)	数量(亿股)	比重(%)
1	北京	49	5.64	436.60	5.83
2	上海	30	3.45	279.81	3.74
3	广州	29	3.34	355.21	4.75
4	深圳	107	12.31	929.47	12.42
5	天津	8	0.92	53.48	0.71
6	重庆	6	0.69	59.21	0.79
7	南京	11	1.27	173.75	2.32
8	武汉	6	0.69	41.23	0.55
9	杭州	32	3.68	427.35	5.71
10	苏州	38	4.37	369.33	4.94
11	青岛	7	0.81	75.31	1.01
11 个城市合计		323	37.17	3200.75	42.77
中小板合计		869	100.00	7482.81	100.00

广州在中小板上市的企业有 29 家,从数量上与深圳和北京差距较大,与苏州、杭州、上海较接近;广州中小板上市公司的总股本为 355.21 亿股,高于上海、接近苏州;表明广州中小板上市公司规模略大。整体上看,广州中小板上市公司数量还较少,与其经济地位相差较

大。另外，考虑到中小板当中民营企业与科技类企业较多，而广州中小板上市公司数量不仅低于北京和上海，也低于深圳、杭州和苏州，这表明广州的经济活跃程度及创新程度还有待进一步提升。

（三）创业板市场融资

我国的创业板设立于深圳证券交易所，于2009年10月设立，首批上市28只股票。创业板上市的企业主要是暂时无法在主板上市的创业型企业、中小企业和高科技企业，创业板是对主板市场的重要补充，在资本市场有着重要的位置。经过近8年的发展，截至2017年6月底，深圳创业板共有上市公司652家，总股本达3171.52亿股（见表4-24）。

表4-24　　　　截至2017年6月底各城市创业板上市公司

序号	城市	创业板上市公司		总股本	
		数量（家）	比重（%）	数量（亿股）	比重（%）
1	北京	93	14.26	650.46	20.51
2	上海	46	7.06	240.97	7.60
3	广州	22	3.37	86.28	2.72
4	深圳	73	11.20	314.43	9.91
5	天津	8	1.23	49.71	1.57
6	重庆	5	0.77	41.91	1.32
7	南京	16	2.45	42.42	1.34
8	武汉	14	2.15	49.30	1.55
9	杭州	34	5.21	164.22	5.18
10	苏州	28	4.29	97.16	3.06
11	青岛	5	0.77	33.53	1.06
11个城市合计		344	52.76	1770.39	55.82
创业板合计		652	100.00	3171.52	100.00

数据显示，11个城市创业板上市公司数量为344家，占到全部上市公司数量的52.76%；总股本为1770.39亿股，占到全部上市公司的55.82%。其中北京、深圳两个城市上市公司数量分别为93家和73家，

无论是上市公司数量还是总股本，合计均占到全部上市公司的 30% 左右；上海、杭州和苏州上市公司数量分别为 46 家、34 家和 28 家，数量较多且总股本占比也较高；南京、武汉两个城市上市公司数量不高，分别为 16 家和 14 家，总股本均略高于 40 亿股；天津、重庆、青岛三个城市创业板上市公司数量最少，均少于 10 家，无论是数量还是总股本，占比均较低。

广州创业板上市公司有 22 家，显著低于北京、深圳、上海、杭州等城市，比苏州略低；略高于南京和武汉，明显高于天津、重庆、青岛。广州创业板上市公司总股本为 86.28 亿股，低于北京、深圳、上海、杭州、苏州，高于其他城市，与上市公司数量分布情况类似。整体上看，与作为全国第三大经济体的地位相比，广州利用创业板融资的规模还较小，不仅低于北京、上海和深圳这三个传统上的一线城市，也低于近年来蓬勃发展的杭州、苏州等创新型城市。

在创业板融资的企业多数是科技含量较高、发展前景较好的创新型企业，在一定程度上代表着所在城市的未来。广州企业在创业板融资的窘况，在一定程度上反映出广州企业经济活力缺乏，科技创新能力不足。

（四）新三板市场融资

新三板市场是主要针对中小微型企业在资本市场融资的交易平台，是众多中小型科技企业获取融资的重要渠道，使得高新技术企业的融资有了一个更好的渠道和平台。在新三板挂牌交易有助于企业改善公司治理结构，促使公司运营规范化，为将来主板上市创造条件，增强了企业的增长后劲。

结合表 4-25 可知，北京、上海、深圳在新三板挂牌公司数量及总股本仍占据绝对优势，远高于其他城市；苏州、杭州、广州三个城市新三板挂牌公司数量及总股本大体相当，明显低于北京、上海和深圳；天津、重庆、南京、武汉、青岛五个城市挂牌公司数量及总股本均相对较少。

表 4-25　截至 2017 年 6 月底各城市新三板挂牌公司情况

序号	城市	挂牌公司		总股本	
		数量（家）	比重（%）	数量（亿股）	比重（%）
1	北京	1610	14.23	1196.79	17.50
2	上海	979	8.65	464.58	6.79
3	广州	410	3.62	202.45	2.96
4	深圳	774	6.84	476.24	6.96
5	天津	194	1.71	90.64	1.33
6	重庆	136	1.20	81.61	1.19
7	南京	228	2.02	143.75	2.10
8	武汉	260	2.30	100.11	1.46
9	杭州	374	3.31	180.90	2.65
10	苏州	464	4.10	204.59	2.99
11	青岛	111	0.98	73.10	1.07
11 个城市合计		5540	48.97	3214.76	47.01
新三板合计		11312	100.00	6838.93	100.00

截至 2017 年 6 月底，广州市新三板挂牌公司数量为 410 家，占全部挂牌公司数量的 3.62%；总股本为 202.45 亿股，占总股本的 2.96%。比较来看，广州市的挂牌公司数量及总股本均低于北京、上海、深圳，也低于苏州，且与杭州的优势并不明显。整体上看，广州市科技创新企业利用新三板市场融资的效果也不理想。

第三节　广州市科技金融发展状况的综合评估

本章前面部分对广州市及科技金融发展较好的 11 个城市，从财政科技投入、企业自筹科技经费及资本市场融资等方面进行了比较，从中可以发现广州市在发展科技金融方面的一些优势及不足。但前文的分析难以给出一个针对广州市与其他城市科技金融发展状况的量化评估结果，本部分通过建立 BP 神经网络模型，基于上述几个方面的统计数据，就广州市科技金融发展状况给出综合评价与分析。

一 BP 神经网络模型的基本思想

BP 神经网络是一种具有三层或三层以上结构的神经网络，包括输入层、隐含层和输出层，每一层均由若干神经元（指标）构成。当一对学习样本提供给 BP 神经网络后，神经元的激活值从输入层经各个隐含层传播到输出层，在输出层的各神经元获得实际输出响应；将实际输出与期望输出的误差，按照减小误差的原则，从输出层经各个隐含层并逐层修正各个连接权值，最终回到输入层。其中，各层之间的神经元是全连接的，层内的各神经元之间是无连接的。BP 神经网络随着误差反向传播得以不断修正，从而不断提高输入模式识别的正确率，是一种误差函数按梯度下降的学习方法。经过反复的学习过程，最终误差越来越小；如果设定神经元（输出指标）数量为 1，则能够得到被评价对象的单一得分值。BP 神经网络广泛应用于分类识别、逼近、回归、压缩等领域，通过误差反向传播使得最终误差越来越小，从而达到对评价对象的发展水平进行综合评价的目的。

二 基于 BP 神经网络的科技金融发展状况综合评价

（一）BP 神经网络的结构

在对各城市科技行业发展的各个方面进行分类对比之后，我们将有关指标联系起来，应用 MATLAB 中神经网络工具箱对我国 11 个城市科技金融发展状况进行综合评价研究。本部分建立一个包括 1 个输入层、1 个隐含层和 1 个输出层的三层神经网络系统。各层的具体指标选择如下。

1. 输入层

衡量科技金融的发展状态是一个系统科学的过程，在进行科技金融发展状况评价研究时，不仅要分析各城市的具体科技金融指标，还要对该城市的科技和金融业发展有一定了解，只有在综合对比科技金融各个方面的基础上，才能准确把握其科技金融竞争力的意义。在收集国家、省、部门有关文件及查阅相关文献的基础上，并考虑到数据的一致性、完整性和可操作性，基于前面分析的各科技金融发展指标，经过筛选确定科技金融发展状况的评价指标体系，包括3个一级指标和12个二级指标，具体指标如表4-26所示。

表4-26　　　　科技金融发展状况的评价指标体系

指标层1	指标层2
科技发展指标	专利申请量（件）
	专利授权量（件）
	R&D经费内部支出（亿元）
	R&D人员全时当量（人年）
金融业发展指标	存款余额（亿元）
	贷款余额（亿元）
	保费收入（亿元）
	赔付支出（亿元）
科技金融发展指标	科学技术支出（亿元）
	中小板上市公司总股本（亿股）
	创业板上市公司总股本（亿股）

具体来讲，本书选择的反映科技金融发展状况的评价指标体系包括科技发展指标、金融业发展指标、科技金融发展指标3个一级指标。从大的角度来讲，科技金融首先是科技发展与金融业发展的结合，因此科技发展状况及金融业发展状况是反映科技金融的基础性指标；科技金融发展指标是具体反映科技金融作为一个特定金融业态发展状况的指标。从二级指标看，科技发展指标包括专利申请量、专利授权量、R&D经费内部支出、R&D人员全时当量4个指标，能够反映所在城市的科技发展状况。金融业发展指标包括存款余额、贷款余额、保费收入、赔付支出，考虑到数据可得性，主要是从传统金融业发展角度反映金融业发展状况。科技金融发展指标更加贴近科技金融这个新兴金融业态，考虑到高科技行业技术发展特点、融资渠道以及数据可得性，选择科学技术支出、中小板上市公司总股本以及创业板上市公司总股本3个指标进行分析。

2. 隐含层

隐含层神经元的个数对 BP 神经网络的性能有很大影响。一般较多的隐含层神经元个数可以带来更好的性能，但可能导致训练时间过长。目前并没有确定隐含层神经元个数的合理公式，因此通常采用经验公式来进行估计，具体过程如下：

（1）$\sum_{i=0}^{n} C_M^i > k$，k 为样本量，M 为隐含层神经元的个数，n 为输入层神经元的个数。如果 $i > M$，规定 $C_M^i = 0$。

（2）$M = \sqrt{n+m} + a$，m 和 n 分别为输出层和输入层的神经元个数，a 是常数，取值范围为 [0, 10]。

（3）$M = \log_2 n$，n 为输入层神经元的个数。

根据样本 11 个城市的数据，经过反复试验发现，当隐含层神经元的个数为 4 时，误差最小。

3. 输出层

由于本书的目的是评价科技金融竞争力的水平，要得到科技金融的综合评分，因此输出层神经元的个数设为 1。

（二）BP 神经网络评价结果

根据上述的评价指标体系，以 2012—2015 年 11 个城市的数据作为训练样本，以 12 个二级指标作为输入层神经元，对科技金融发展状况的评价过程进行训练，得到 BP 神经网络模型。在对 2016 年我国 11 个城市的科技金融发展状况进行综合评价时，只需要将相应的标准化后的评价样本数据输入该 BP 神经网络模型，即可得到对应的综合评价得分。最终结果见表 4-27。

表 4-27   BP 神经网络模型的评价结果

城市	BP 得分	排名	城市	BP 得分	排名
北京	0.835	1	杭州	0.242	5
上海	0.782	2	苏州	0.235	6
深圳	0.513	3	天津	0.226	7
广州	0.271	4	重庆	0.210	8

续表

城市	BP 得分	排名	城市	BP 得分	排名
南京	0.207	9	青岛	0.075	11
武汉	0.104	10	—	—	—

通过上述评价结果可以看出，11 个城市的科技金融发展水平存在较大的差距。根据 BP 得分情况，上述城市的科技金融发展水平大体可分成三个层次。

(1) 第一层次城市：科技金融发展水平较高

这些城市 BP 得分在 0.5 以上，包括北京、上海、深圳 3 个城市。其中北京的 BP 值最高，达到 0.835；上海的 BP 值略低，达到 0.782；深圳的 BP 值与北京和上海存在一定的差距，但也达到 0.513。这三个城市均是我国重要的科技创新中心或金融中心，其科技金融发展水平远远高于其他城市。

(2) 第二层次城市：科技金融发展处于中等水平

这些城市的 BP 得分在 0.2—0.3，明显低于第一层次城市，包括广州、杭州等 6 个城市。这些城市是我国重要的区域经济中心城市或科技创新城市，其科技金融的发展水平不存在显著差异。在这 6 个城市当中，广州是华南地区经济中心，具有较强的经济实力和科技创新水平，金融业也较发达，其科技金融水平在第二层次中居于首位；但比较而言，广州的科技金融水平仍明显落后于北京、上海、深圳 3 个城市，并且 BP 得分仅为 0.271，与上述 3 个城市差距明显。

(3) 第三层次城市：科技金融发展处于较低水平

这类城市包括武汉和青岛 2 个城市，BP 得分分别为 0.104 和 0.075，明显低于其他城市。武汉是中部地区重要的中心城市，青岛是我国北方的一个重要的制造业生产基地，但比较而言，两个城市科技创新及金融业水平存在一定的差距，科技金融发展程度较差。

第四节 促进广州市科技金融发展的政策建议

一 相关结论

在前文的分析中我们已经看到,目前广州市的科技金融发展水平较为理想,在全国范围内处于领先地位,且广州市的科技金融主要依靠政府扶持和资本市场融资来展开,以政府为主,资本市场为辅。但单独比较财政方面的支持作用时,广州市的科技财政投入力度居于中等水平,这一实际情况与其他一线发达城市的地位有些差距,在这一方面广州的发展水平明显不足。在资本市场的某些方面也存在与其他发达城市地位不符的情况。因此,广州市的科技金融可以用"总体较好,局部不足"来形容。

二 对策建议

上述针对11个城市的分析表明,各城市的科技金融发展水平相差较大,多数城市的科技金融水平较低。为了进一步推进创新型国家建设,应进一步采取措施,促进各城市科技金融的发展,推进各地区科技创新水平的提升。

(一) 加强政府引导与扶持

对于科技金融发展水平较低的城市,如天津、重庆、南京、武汉、青岛等,首先要加强政府的引导与扶持,相关政府部门应重视科技与金融的结合与发展。充分发挥政府科技专项资金投入的杠杆拉动作用,降低资金扶持门槛,鼓励中小微企业加入科技创新的行列,引导非高新技术企业转型为高新技术企业。通过制定相应的科学技术奖励政策,激励科技公司和科研机构的创新热情。同时,国家也要不断完善相应的法律体系,充分发挥立法指引金融、支持科技创新的作用,为建设创新型国家提供有力保障。

(二) 搭建有效网络平台

对于广州、杭州等科技金融处于中等水平且经济较活跃的城市而言，仅仅依靠政府的引导与扶持并不能解决当前的问题，有效的互联网支持，会大大提高这类城市的科技金融发展水平。这类城市需要借助互联网交易平台，实现城市内部或城市之间的信息技术交流活动。基于信息技术、互联网、移动互联技术的渗透发展，通过运用大数据分析和数据挖掘，加强科技金融服务与社交网络的结合，帮助企业和个人完成资本市场投融资活动，降低传统金融交易成本，提升交易效率，促进城市科技金融快速发展。

（三）强化科技金融风险监控

由于科技产业的创新性较强，更新换代的速度较快，因此不论科技金融发展水平的高低，都需要进行适当的风险监控，才能使得科技金融良性发展。金融的风险监控需要政府和风险机构的共同努力。在具体的实施方案中，政府把各城市的商业银行、保险、担保等独立第三方机构联合起来，定期对各城市的金融状况进行风险评估；其次，政府根据下属部门的风险评估报告制定相应的金融政策和法律法规，对合法经营的金融机构和企业予以支持和奖励，对违法操作的机构和企业予以适当惩罚。加强金融风险控制，保障科技型融资的安全性，不仅是每个机构或企业的要求，还是促进我国科技金融健康发展的选择。

第五章　广州市航运金融发展评估

航运金融通常是指航运企业运作过程中伴随融资、保险、货币保管、兑换、结算、融通等经济活动而产生的一系列与此相关的业务的总称。航运金融主要包括船舶融资、航运保险、资金结算、航运价格衍生品四个方面。航运业是资本密集型产业，所需投资额巨大，回收期长，产业风险性高，这些特点决定了航运企业很难依靠自身力量进行投资活动。发展航运金融可以有效解决航运企业资金不足和风险高等问题，促进航运产业发展。广州市金融业发展"十二五"规划和"十三五"规划当中，均对航运金融的发展提出了具体目标和要求。其中"十三五"规划更是将航运金融作为"金融支持三大枢纽建设"之首，从航运金融机构、航运金融产品、航运融资渠道等方面均提出了具体的目标与要求。

第一节　广州市航运金融发展概况

根据《新华—波罗的海国际航运中心发展指数报告（2016）》，广州已经跻身国际航运中心行列，同时我国被纳入国际航运中心的城市还有香港、上海、深圳、厦门等港口城市。随着航运中心发展方式不断转型升级，航运金融逐步成为国际航运中心发展的重要驱动力。2011年广州航运交易所挂牌成立，广州市政府常务会议将广州航运交易所作为发起单位，为航运企业搭建融资平台，拓展航运企业的融资渠道，完善海运金融体系；2015年广州提出设立航运保险公司以及100家以上金融机构的建议，为航运业提供强大的金融支撑；2016年6月，广州市长提出了设立航运专项资金，对航运产业提供资金扶持。通过以上几项措施可以看出，近几年广州市政府对航运金融的重视程度日益提高，逐渐形成政府带头、企业驱动的航运金融发展体系。

一 促进航运金融发展的相关政策分析

"十一五"期间的2009年，广州港务局出台了《支持港航企业应对国际金融危机的若干措施》，以扶持港航企业应对金融危机（见表5-1）。在随后的几年内，广州市政府陆续发布关于促进航运金融发展的相关文件，这些文件涵盖了政府对航运企业的资金扶持政策，并针对航运金融作为航运服务业的关键要素提出了发展的具体政策。通过政策分析可知，广州市政府对航运金融的发展越来越重视，推动航运金融发展相关政策从方向引导到逐步细化，为航运金融发展规划出一条明晰的道路。

表5-1　　　　　　　广州促进航运金融发展相关政策

颁布日期	文件名称	发布部门	主要内容
2009年	《支持港航企业应对国际金融危机的若干措施》	广州港务局	积极帮扶企业应对金融危机
2015年11月	《建设广州国际航运中心三年行动计划（2015—2017年）》	广州市政府穗府〔2015〕23号	加快现代航运物流和服务业发展，促进航运金融保险、法律服务创新发展
2016年11月	《广州市金融业发展第十三个五年规划（2016—2020年）》	广州市政府办公厅穗府办〔2016〕23号	南沙要重点发展跨境金融、航运金融、融资租赁等
2017年8月	《广州黄埔区、广州开发区促进现代航运服务业发展办法》	广州黄埔区、广州开发区	着力引入一些大型船公司、物流公司、国际船代货代及配套的信息服务、航运金融、船舶代理等服务企业

续表

颁布日期	文件名称	发布部门	主要内容
2017年9月	《关于促进广州国际航运中心建设的决定》	广州市人大常委会	引进和推动设立航运金融机构，支持在穗金融机构依法创新航运金融业务
2017年9月	《关于修订建设广州国际航运中心集装箱运输扶持资金使用管理办法的通知》	广州国际航运中心领导小组办公室 穗建国航办〔2017〕4号	加大对建设国际航运中心的资金支持

港航企业是资金集聚型企业，企业融资是其正常运转必不可少的条件。目前我国航运企业的融资渠道不多，主要为政府资金和资本市场融资，此外参加航运保险也是港航企业规避风险的主要金融手段。政府资金支持包括政府对航运企业的财政支出、资金奖励、资金补助等；资本市场融资包括航运企业在债券市场、股票市场、融资租赁市场等进行融资；航运保险则主要是指为港航企业提供的规避各类风险的保险，包括船舶险、船员意外险、货运险等。

二 政府对航运业的资金扶持

政府对航运业的资金支持，主要体现在两个方面：一是通过各种政府性基金对航运业的发展提供支持；二是以奖励与补助的形式为航运业发展提供支持。

（一）政府性基金对航运业的扶持

近年来，随着广州航运产业的发展，为加强广州航运中心的建设，广州加强了航运业财政资金扶持力度，安排大量资金用于港口建设。表5-2显示了2014—2016年广州政府性基金对航运业的支持情况。

表 5-2　　　　　　广州政府性基金对航运业支出情况　　　　　单位：万元

年度	港口建设费及对应专项债务收入安排的支出	其中			
		港口基础设施	航道建设和维护	航运保障系统建设	其他港口建设费安排的支出
2014	6700.00	2700.00	—	—	4000.00
2015	5815.79	2876.67	2522.55	104.32	312.25
2016	4605.15	—	4605.15	—	—

资料来源：广州港务局。

表 5-2 数据表明，广州财政每年均划拨一定数额的资金用于港口基础设施建设及航道建设和维护，有力地保障了广州港口的正常运行，促进了广州航运业的发展。同时，随着港口基础设施的逐步完善，政府性基金对港口建设支出呈逐年递减趋势。

（二）政府对航运业的资金奖励与补助

1. 政府对航运业的奖励资金

除了前面提到的政府直接提供的促进港航企业发展的资金，还通过一些政策法规，以奖励或资金补助的形式，促进航运企业发展。表 5-1 的相关政策当中也包含着相应的激励内容。如《广州黄埔区、广州开发区促进现代航运服务业发展办法》当中规定，对新引进航运服务企业，单个扶持奖励最高可达 2500 万元。另外，为加强广州国际航运中心建设，广州国际航运中心领导小组办公室 2017 年 9 月印发了《关于修订建设广州国际航运中心集装箱运输扶持资金使用管理办法的通知》（穗建国航办〔2017〕4 号），该文件提出对南沙港区新增外贸班轮航线、南沙港区外贸班轮箱量增长、南沙港区内贸班轮箱量增长、进出口企业从南沙港区完成箱量、广州港辖区铁水联运完成箱量等给予扶持奖励。表 5-3 显示了 2016 年度建设广州国际航运中心扶持资金奖励的发放情况。

表 5-3　　2016 年度建设广州国际航运中心扶持资金奖励情况　　单位：万元

序号	奖励项目	奖励范围	奖励金额
1	新开发航线扶持奖励	NSA1、MXS、PSW1、JPX、MEX1、TP6、TP9	1000
2	外贸班轮箱量增长奖励	13 家公司	1000
3	内贸班轮箱量增长奖励	3 家公司	500
4	进出口企业从南沙港区完成箱量奖励	33 家公司	1648
5	广州港辖区铁水联运完成箱量奖励	3 家公司	421
6	国际货运代理企业完成箱量奖励	10 家公司	500
	合计		5069

资料来源：广州港务局。

2. 政府对航运船舶旧船改造的补助资金

除了资金奖励扶持，资金补助也是财政资金支持航运企业的一种重要方式。根据《财政部交通运输部关于印发〈船舶报废拆解和船型标准化补助资金管理办法〉的通知》（财建〔2015〕977 号）及《财政部关于〈船舶报废拆解和船型标准化补助资金管理办法〉的补充通知》（财建〔2016〕418 号）的文件要求，广州市政府对航运企业的资金扶持力度逐渐加大，并且财政支持方式也不断创新。2016 年，广州发放了第一批船舶拆解改造资金补助，用于为船舶加装污水处理装置、单壳油船改双壳、内河老旧货船拆解等，共给 20 艘船发放 1201.63 万元的船舶改造资金。

三　航运保险

航运市场有较大的风险性，因此航运保险在航运市场当中发挥着不可替代的作用，在为航运企业降低运营风险的同时提供融资服务。在一些航运市场较发达的城市，航运保险已经形成了一定的规模，并具有较强的示范效应。本部分先将上海及武汉航运保险发展状况予以简单介绍，然后再分析广州航运保险发展情况。

(一) 上海航运保险市场发展情况

2013年，上海航运保险协会正式成立，该协会是经中国保监会上海监管局、上海市社团管理局批准，由全国各大保险公司牵头成立的非营利性专业社会团体法人，其中中国人民财产保险股份有限公司、中国太平洋财产保险股份有限公司、中国财产再保险有限责任公司、中国平安财产保险股份有限公司等12家保险公司、经纪公司为主发起人，现有会员45家，主要会员名称如表5-4所示。

表5-4　　　　　　　上海航运保险协会会员单位

序号	会员名称	备注
1	中国人民财产保险股份有限公司	会长单位
2	中国太平洋财产保险股份有限公司	副会长单位
3	中国财产再保险有限责任公司	副会长单位
4	中国平安财产保险股份有限公司	副会长单位
5	安盛天平财产保险股份有限公司	会员单位
6	东海航运保险股份有限公司	会员单位
7	亚太财产保险有限公司	会员单位
8	华安财产保险股份有限公司	会员单位
9	三井住友海上火灾保险（中国）有限公司	会员单位
10	华泰财产保险有限公司	会员单位
11	天安财产保险股份有限公司	会员单位
12	上海华一保险经纪有限公司	会员单位
13	瑞再企商保险有限公司	会员单位
14	中银保险	会员单位
15	中国人寿财产保险股份有限公司航运保险运营中心	会员单位
16	北京中天保险经纪有限公司	会员单位
17	德国通用再保险股份公司上海分公司	会员单位
18	领航国际保险经纪（北京）有限公司	会员单位
19	上海意简保险公估有限公司	会员单位
20	日本财产保险（中国）有限公司	会员单位
21	东京海上日动火灾保险（中国）有限公司	会员单位
22	中国大地财产保险股份有限公司	会员单位

续表

序号	会员名称	备注
23	劳合社保险（中国）有限公司	会员单位
24	大众保险股份有限公司	会员单位

注：资料来源于上海航运保险协会网站（http://www.sh-imi.org）。本表仅列出了部分保险公司会员单位。

从表5-4可以看出，加入该协会的主要是财产保险公司和航运保险公司，而财产险恰是港航企业面临的最大风险。该平台集中众多财险公司，充分迎合港航企业的需求，为港航企业提供了较为全面的保险服务，该协会是我国现今最完善的航运保险服务平台。

2016年，上海航运保险保费收入达到35.61亿元，赔付支出为22.80亿元。无论是保费收入还是赔付支出，远洋船舶险均占比最大，分别为42.55%和53.74%；国内货运险、海事责任险、船建险占比也较高（见表5-5）。

表5-5　　2016年上海航运保险保费收入与赔付情况　　单位：亿元，%

序号	项目	保费收入		赔付支出	
		金额	比重	金额	比重
1	远洋船舶险	15.15	42.55	12.25	53.74
2	沿海内河船舶险	0.78	2.19	0.75	3.29
3	船建险	1.62	4.55	2.03	8.90
4	进口货运险	2.40	6.75	1.11	4.88
5	出口货运险	1.98	5.57	1.02	4.47
6	国内货运险	4.75	13.35	3.64	15.97
7	海事责任险	8.90	25.01	1.98	8.70
	合计	35.61	100.00	22.80	100.00

（二）武汉航运保险市场发展情况

武汉是中部地区的中心城市，是长江经济带的核心城市，也是长江中游的一个重要的航运中心，航运业发达。为促进航运业发展，加快武汉中部地区航运中心的建设，武汉于2016年成立武汉航运交易所，这是继上海、重庆、广州后，成立的全国第四个航运交易所。武汉航运交易所立足长江中游、辐射长江流域和长江经济带区域，同时聚集了激发航运市场活力的金融保险要素。该平台合作单位有4家银行和1家保险公司（见表5-6），虽然相比于上海，武汉航运交易所合作保险单位较少，但是其提供的航运保险类目涵盖了集装箱运输保险、散装货物运输保险、船舶保险、船员保险、船东保障和赔偿责任保险、污染责任保险等，并能够根据客户情况提供标准化保单或个性化保单（见表5-7）。

表5-6　　　　　　　　武汉航运交易所合作单位　　　　　　　单位：家

合作单位类别	保险公司和经纪公司	数量
保险公司	中国太平洋保险股份有限公司湖北分公司	1
银行等其他金融机构	上海浦东发展银行股份有限公司武汉分行 汉口银行 中国民生银行股份有限公司武汉分行 武汉农村商业银行	4

表5-7　　　　　　　　武汉航运交易所提供的保险产品

序号	保险产品	产品子项目
1	集装箱运输保险	国内集装箱运输保险 进出口海洋集装箱运输保险
2	散装货物运输保险	国内散装货物运输保险 进出口海洋散装货物运输保险
3	船舶保险	散货船、集装箱船保险 油船、化学品船舶保险
4	船员保险	沿海、内河（江、河）船员保险 远洋船员保险
5	船东保障和赔偿责任保险	沿海内河船东保障和赔偿责任保险 船东保障和赔偿责任保险（远洋）
6	污染责任保险	沿海、内河（江、河）船舶污染责任保险

(三) 广州航运保险市场

1. 航运保险市场的服务机构

在广州的航运保险市场，广州航运交易所是一个重要的中介服务机构。广州航运交易所于 2011 年 9 月 8 日挂牌成立，是经广州市政府批准的事业法人单位，隶属广州港务局。广州航运交易所为航运企业融资提供了良好的中介平台，为港航企业或船东提供专业的商业保险方案和多种融资方式。目前，与该平台合作的金融机构主要有以下几家（见表 5 - 8）。

表 5 - 8　　　　　　　广州航运交易所合作的金融机构

序号	保险公司和经纪公司	银行等其他金融机构
1	中国人民保险集团股份公司	中国银行
2	中国平安保险公司	广州农商银行
3	中银保险有限公司	交通银行
4	北京中汇国际保险经纪有限公司	广州越秀融资租赁有限公司
5	深圳海宁保险经纪有限公司	—

与广州航运交易所合作的保险公司和经纪公司已有 5 家，通过广州航运交易所这一平台为港航企业或船东提供相应的船舶保险、货物保险、信用保险或其他商业保险方案。与广州航运交易所合作的船运融资业务合作公司共有 4 家，这些银行类金融机构通过该平台为港航企业提供多种融资服务，进一步拓展了航运企业的融资渠道和融资方式。但与上海相比，广州航运交易所保险合作机构数量较少，保险供给力量比较薄弱。

2. 广州航运保险发展情况

船舶险是港航企业或船东个人分散风险的一种重要方式，是港航企业在资本市场获得长期融资的一种有效方式。表 5 - 9 反映了 2009—2016 年广州船舶险保费收入和赔款支出情况。

表 5-9　　　　　广州船舶险保费收入和赔付支出　　　　单位：万元

年份	保费收入	赔付支出
2009	40620	22564
2010	43263	19006
2011	29673	25575
2012	17860	18509
2013	14449	10564
2014	18498	10836
2015	20421	9799
2016	18584	9334

资料来源：《广州统计年鉴》。

从数据情况看，2009年以来广州船舶险保费收入和赔付支出均呈波动下降趋势，保费收入由每年超过4亿元下降到不足2亿元；赔付支出则由超过2亿元下降到不足1亿元。

四　资本市场融资

以证券市场为代表的资本市场是企业融资的一条重要途径；同时证券交易所的严格监管，能够促进上市公司规范化经营与管理。交易所上市公司的数量也在一定程度上反映区域或行业的发展状况。港航类企业是资金聚集性产业，需要雄厚的资金支持，且涉及港口航运基础设施，因此该类企业一般是国家参与控制的。

目前，我国港航类上市公司数量较少，截至2016年年底，广州仅有2002年4月上市的中远海特1家，融资额为9.61亿元；2017年3月底，广州港以实际募集资本16亿元，发行量达6.99亿股完成上市（见表5-10）。

表 5-10　　　　　广州港航类上市公司　　　　　　单位：亿元

序号	股票代码	股票名称	上市时间	融资额
1	600428	中远海特	2002年4月8日	9.61
2	601228	广州港	2017年3月29日	16.00

第二节　广州市航运金融发展的比较分析

一　比较基准城市的选取

航运金融一般可以分为船舶融资、船运保险、资金结算和航运价格衍生产品四大类型。国际上航运金融已经是金融市场的一个重要组成部分，特别是发达国家，航运金融经过一百多年的发展，其运作机制及发展规模已经日趋成熟。

我国具有得天独厚的发展航运产业的地理条件，总海岸线长达3.2万千米，其中大陆海岸线长达1.8万千米，因此我国东部沿海地区有许多优良的海湾和港口城市。表5-11显示，我国主要港口城市有32个，苏浙沪沿海及粤桂沿海比较密集，分别有6个港口；港澳台沿海有5个港口；东北沿海、华北沿海分别有4个港口；山东沿海有3个港口；福建沿海及海南沿海各有2个港口。

表5-11　　　　　　　　　　我国主要港口城市分布情况

地区	港口数量（个）	港口名称
东北沿海	4	丹东港、大连港、营口港、锦州港
华北沿海	4	天津港、秦皇岛港、唐山港、黄骅港
山东沿海	3	烟台港、威海港、青岛港
苏浙沪沿海	6	连云港、张家港、镇江港、南京港、上海港、宁波—舟山港
福建沿海	2	福州港、厦门港
粤桂沿海	6	汕头港、深圳港、广州港、中山港、珠海港、湛江港
海南沿海	2	海口港、三亚港
港澳台沿海	5	高雄港、台中港、基隆港、香港港、澳门港
合计	32	—

表5-11仅列出了主要的外海港口，我国另外还有诸多的内河港口，较重要的有苏州港、南通港、南京港、重庆港等。

航运业是一个技术和资本高度集聚的产业，因此航运金融的发展是我国航运业发展的强大支撑基础，航运业与金融的结合是航运业发展的必然趋势。目前，我国大部分港口城市都对航运产业基础设施建设提供一定的财政支持，我国的保险机构可提供较为全面的航运保险业务，大型航运企业在资本市场也具有一定的融资能力和融资规模。本部分对于广州航运金融发展水平的分析主要从财政支持、船运保险、资本市场融资三个方面进行评估分析，选取了上海、天津、广州、深圳、宁波、大连、杭州、南京、重庆、青岛10个重要港口城市进行比较分析。

二 财政航运投入

政府对航运业的支持主要通过财政拨款的形式，给予当地港口设施建设、航道建设维护支持，政府性基金支持是我国政府对港航企业主要的财政支持形式。表5-12是我国10个具有代表性的港口城市政府性基金对港口建设的支持情况。

表5-12　　　政府性基金港口建设费用支出情况　　　单位：万元

城市	2014年	2015年	2016年
广州	6700	5816	15695
上海	38000	33000	91000
重庆	20110	18440	6720
杭州	—	7260	8000
大连	—	—	10500
南京	—	5000	4000
宁波	18710	12284	32126
天津	73070	82177	40500
深圳	—	9662	45230
青岛	—	—	28788

资料来源：各地方财政局；2015年南京港口建设费用支出及2016年杭州、大连、南京港口建设费用支出都是财政预算数据，2016年深圳的数据是其调整后的港口建设费用支出预算，其他是财政决算数据。

结合2014—2016年数据来看，上海和天津政府性基金支出水平均较高，且 2014 年和 2015 年天津的支出水平远高于上海；比较而言，广州政府性基金的投入水平均不算高。从 2014 年和 2015 年有数据资料的城市比较来看，广州均处于最低水平。以 2016 年数据看，上海政府性基金的支出水平较高；广州政府性基金支出低于上海、深圳、天津、宁波、青岛 5 个城市，并且与上海的差距较大，仅达到上海的 17.24%；广州的支出水平与大连、杭州、重庆、南京相比略占优势。港口建设支出费用与大规模基础设施有关，具有较强的周期性。广州连续三年较低的港口建设费用，可能会在一定程度上制约广州港口的未来发展。

三 航运保险

航运保险发展水平是衡量航运发展水平的重要指标，目前我国多个港口城市已经成立了航运交易所，并且与多家保险公司合作为港航企业提供多种航运保险服务。受数据资料限制，本部分就上海、广州、深圳、重庆、杭州、大连 6 个城市 2015 年船舶险发展情况进行比较分析。

由表 5-13 可以看出，上海的船舶险保费收入和船舶险赔付支出较为突出，高于其他几个城市的总和。2015 年广州的船舶险保费收入为 20421 万元，船舶险赔付支出为 9799 万元，其船舶险保费收支高于深圳、重庆、杭州 3 个城市，与上海的航运保险业相比还有很大的发展空间。

表 5-13　　　　2015 年各城市船舶险保费收入和赔付支出　　　　单位：万元

城市	保费收入	赔付支出
广州	20421	9799
上海	349805	188459
深圳	15200	7800
重庆	9983	6139
杭州	4326	4078
大连	12100	24200
全国	551000	—

资料来源：各城市统计年鉴。

四 资本市场融资

1993年出现了我国最早一批港航类上市公司，这些公司分别位于珠海、深圳、武汉3个城市。到1997年，上海、天津、宁波也相继产生了港航类上市公司。直到2002年广州才上市了第一家港航类公司——中远海特，该公司的上市标志着广州港航类企业开始在资本市场进行融资，开辟了广州航运业新的融资渠道。2010年，唐山和大连也拥有了港航类上市公司。2017年3月底，广州港以实际募集资本16亿元，发行量达6.99亿股完成上市。目前，包括港航企业及港口在内的港航类上市公司有32家（见表5-14），分属于我国22个城市。

表 5-14　　　　　　　　我国港航类上市公司

城市	上市公司数量（家）	上市公司名称	总实际募集资本（亿元）	2016年年末总股本（亿股）
大连	1	大连港	57.00	128.95
广州	2	中远海特、广州港	25.61	76.42
南京	1	南京港	2.86	2.46
宁波	2	宁波海运、宁波港	76.64	142.04
上海	6	招商轮船、中远海控、览海投资、中远海发、上港集团、中远海能	449.24	552.77
深圳	3	深赤湾A、中集集团、盐田港	9.09	55.66
天津	2	天津港、天海投资	0.80	45.74
武汉	1	长航凤凰	1.94	10.12
重庆	1	重庆港九	5.31	6.93
其他	13	—	85.26	253.22
合计	32	—	713.75	1274.31

表 5-14 显示，我国港航类上市公司数量上海最多，达 6 家；其次是深圳，拥有 3 家；广州、宁波、天津分别有 2 家港航类上市公司，其他城市则分别仅有 1 家港航类上市公司。从港航类上市公司数量来看，广州的上市公司数量仅低于上海、深圳两个城市，与宁波、天津两个城市齐平，占我国港航类上市公司总数的 6.25%，属于港航类上市公司数量较多的城市。

从实际募集资本量看，上海的实际募集资本量非常突出，高于其他城市，居第一位；宁波、大连的实际募集资本量次之，分别是 76.64 亿元和 57.00 亿元；广州的实际募集资本为 25.61 亿元，与宁波、大连的差距较大。天津的港航类上市公司实际募集资本量最低，与其他港口城市差距都比较大。从港航类上市公司实际募集资本量来看，广州的募集资本低于上海、宁波、大连，居第四位，整体上看处于前列。但考虑到广州是华南地区的经济中心，具有较大的经济体量，并且广州的"十三五"规划也将航运中心作为重要的枢纽工程，因此，广州的航运金融仍有较大的潜力可以挖掘。

第三节　广州市航运金融发展的综合评估

一　广州航运金融发展的综合排名评估分析

综合以上航运金融发展概况的分析结果，得到表 5-15，该表涵盖了航运业的财政支持情况、航运保险规模、资本市场融资和港航类上市公司数量四个方面。

表 5-15　　　　我国主要城市航运金融发展概况

城市	财政支持（万元）	船舶险（万元）	资本市场融资（亿元）	港航类上市公司数量（家）
上海	91000	349805	449.24	6
深圳	45230	15200	9.09	3
天津	40500	—	0.80	2

续表

城市	财政支持（万元）	船舶险（万元）	资本市场融资（亿元）	港航类上市公司数量（家）
宁波	32126	1102	76.64	2
青岛	28788	—	0.00	0
广州	15695	20421	25.61	2
大连	10500	12100	57.00	1
杭州	8000	4326	0.00	0
重庆	6720	9983	5.31	1
南京	4000	—	2.86	1

表5-16显示，广州航运金融在财政支持方面排名第六，船舶险规模排名第二，仅次于上海，资本市场融资规模排名第四，次于上海、宁波、大连三个城市，港航类上市公司数量排名第三；上海的各项排名都是第一。由此看来，上海的航运金融发展水平在我国处于领先地位；重庆、杭州、南京三个城市各项排名都比较靠后，表明这三个城市航运金融发展水平还比较落后；宁波的财政支持、资本市场融资及港航类上市公司数量三项指标排名都比较靠前，而船舶险排名仅为第七，表明宁波的航运保险发展水平与其他航运金融指标发展水平不同步，因此，宁波需要提高航运保险的发展水平，以与航运产业规模及其他相关航运金融指标发展水平相匹配。

表5-16　　　　主要港口城市航运指标排名情况

城市	财政支持排名	船舶险排名	资本市场融资排名	港航类上市公司数量排名
广州	6	2	4	3
上海	1	1	1	1
深圳	2	3	5	2
宁波	4	7	2	3
青岛	5	—	9	9
天津	3	—	8	3
大连	7	4	3	6

续表

城市	财政支持排名	船舶险排名	资本市场融资排名	港航类上市公司数量排名
杭州	8	6	9	9
重庆	9	5	6	6
南京	10	—	7	6

二 BP 神经网络模型的构建

为了对广州航运金融综合发展水平进行较为客观的评估，本部分进一步采用 BP 神经网络分析法对广州航运金融综合发展水平进行评价。

（一）BP 神经网络模型的基本原理

BP 神经网络是一种具有三层或三层以上结构的神经网络，包括输入层、隐含层和输出层，每一层均由若干神经元（指标）构成。在利用 BP 神经网络进行分析时，往往需要利用一定的样本进行训练，以确定系统各参数的最佳取值。当一组训练样本提供给 BP 神经网络后，数据从输入层经过隐含层向后传播，最终到达输出层；然后沿着误差减小的方向，从输出层经隐含层向前修正网络的连接权值。BP 神经网络随着误差反向传播不断修正，从而不断提高对输入模式识别的正确率，是一种误差函数按梯度下降的学习方法。经过反复的学习过程，最终误差越来越小。在输出层方面，如果设定神经元（输出指标）数量为1，则能够得到被评价对象的单一得分值，可以对评价对象的发展水平进行综合评价。

（二）指标选取与数据来源

本书通过建立一个包括输入层、隐含层和输出层的三层神经网络模型，对所选择的样本城市航运金融发展状况进行评价。

1. 指标选取

航运金融的发展是建立在航运业和金融业发展基础之上的，当航运业发展规模足够大时对融资需求也会随之增强，从而寻求与金融业的结合，促进航运金融的产生和发展。因此，航运金融的竞争力不仅表现为航运金融的发展水平，也在很大程度上取决于航运业和金融业的发展规模。鉴于此，本书从航运金融、航运业、金融业三个层面选取适当的指标建立航运金融竞争力评价指标体系，如表5-17所示。

表5-17　　　　　航运金融竞争力评价指标体系

指标层	指标名称	指标代码
航运金融	政府性基金港口建设支出（万元）	X1
	船舶险保费收入（万元）	X2
	船舶险支出（万元）	X3
	港航企业资本市场融资（亿元）	X4
航运业	港口货物吞吐量（万吨）	X5
	水路货物运输量（万吨）	X6
金融业	金融机构年末存款余额（亿元）	X7
	金融机构年末贷款余额（亿元）	X8
	保费收入（亿元）	X9
	保费支出（亿元）	X10

财政对航运业的支持是航运业的重要融资渠道，本书选取政府性基金港口建设支出指标代表港航企业从政府部门获得的融资；船舶险保费收入和船舶险支出代表航运保险的发展水平；各城市港航企业资本市场融资代表航运产业在资本市场上的融资规模。以上四项指标可直接反映航运金融的发展水平。航运业发展水平选取了港口货物吞吐量和水路货物运输量作为衡量标准。金融业发展规模则选取了金融机构年末存款和贷款余额、保费收入和保费支出四项指标作为判断标准。该指标体系与航运金融发展水平具有很强的相关性，可全面客观地评估我国城市金融竞争力。

2. 数据来源

本书选取的数据主要来源于各地方统计年鉴、地方财政局及相关航运网站，对于某些缺失的数据进行了合理估算。根据中国保险统计信息系统，船舶险包括远洋船舶险，船舶建造险，沿海、内河船舶险，集装箱保险，其他船舶险五方面，其中前三种保险是船舶险的主体部分，因此本书根据上海航运保险协会公布的远洋船舶险，船舶建造险，沿海、内河船舶险计算出上海的船舶险收支。宁波市 2015 年的船舶险保费收入是根据官方公布的其占全国的百分比计算得到的。

由于各指标具有不同的量纲，且数量级差距很大，为了避免较小数据的影响被掩盖，需要对样本数据进行归一化处理。一般数据的归一化范围是 [0, 1]，但是网络训练中激活函数在接近 0 和 1 的时候，变化速度非常慢，因此为了提高网络的训练速率，本书使用 mapminmax 函数对输入矢量和目标矢量进行归一化，使得数据均匀地分布在 [0.1, 0.9] 范围内。

（三）BP 神经网络评价过程

本书选取了 2011—2014 年我国若干港口城市的航运金融数据作为建立 BP 神经网络的输入矢量；采用德尔菲法，经过三轮信息反馈，得到了专家对每个样本航运金融竞争力的评分（见表 5-18），以此作为建立 BP 神经网络的目标矢量。利用样本数据进行多次学习训练，建立评价航运金融竞争力的映射关系，依此映射关系对 2015 年我国主要港口城市的航运金融竞争力进行评估。

表 5-18　　　　　　　仿真结果与专家评分结果误差分析

区域	仿真得分	专家评分	仿真等级评价	专家等级评价
上海	0.91	0.98	很强	很强
广州	0.54	0.59	较强	较强
深圳	0.30	0.54	一般	较强
大连	0.34	0.29	一般	一般
宁波	0.47	0.42	一般	一般
重庆	0.15	0.13	一般	一般

1. 参数设定

本书利用 MatlabR2014a 软件中神经网络工具箱函数编程构建 BP 神经网络预测模型，利用样本数据进行训练和仿真，从而根据仿真结果评价 2015 年我国港口城市的航运金融竞争力水平。网络训练函数为 trainlm，网络性能函数为 mse，网络最大训练次数 epochs 为 1000 次，初始的权值和阈值为系统默认，根据以上航运金融竞争力评价指标体系和

BP 神经网络的理论基础，选取了 10 个指标值作为输入层向量，因此输入层为 10；本书需要评估城市航运金融竞争力得分情况，因此输出层为 1；隐含层神经元个数则参照相应的确定最佳隐含层神经元个数的公式，结合不同节点计算得到隐含层最佳神经元个数为 3，该网络通过 11 次重复学习后达到期望误差从而完成学习。

2. 仿真训练结果评价

为了直观反映我国港口城市的航运金融竞争力水平，对航运金融竞争力结果等级用评分量化处理，[0.8, 1] 表示该城市航运金融竞争力很强，[0.5, 0.8] 表示竞争力较强，评分低于 0.5 表示竞争力一般。将仿真评价结果与专家评分结果相结合，结果如表 5-18 所示。

通过上述评价结果可以看出，6 个城市的航运金融发展水平存在较大的差距。具体而言，根据仿真得分并结合专家评分情况，上述城市的航运金融发展水平大体可分成四个层次。

（1）第一层次城市：航运金融竞争力很高，只有上海 1 个城市。无论仿真得分还是专家评分，上海的得分均在 0.9 以上，处于航运金融竞争力很强区间。上海是我国的经济与金融中心，港口航运非常发达，拥有全国最发达的航运市场与金融市场，拥有长三角广阔的经济腹地，造就了上海航运金融在国内的绝对领先地位。

（2）第二层次城市：航运金融竞争力处于较高水平，包括广州和深圳两个城市。其中广州在仿真得分和专家评分方面均处于航运金融竞争力较强区间，而深圳的仿真得分一般但专家评分较高。这两个城市同位于珠三角地区，经济基础较雄厚，港口航运发达；同时珠三角发达的制造业基础及毗邻港澳的区位优势，更助推两个城市的航运金融的发展。

（3）第三层次城市：航运金融竞争力处于一般水平，包括大连和宁波两个城市。这两个城市的区域经济较发达，其中大连市拥有东北三省广阔的经济腹地，是东北地区最重要的综合性外贸口岸。宁波舟山港则自 2013 年起货物吞吐量达到世界第一位，长三角的广阔腹地也为宁波舟山港的发展提供了较强的支持。这两个城市的港口吞吐量均较高，但与上海、广州、深圳相比经济体量仍偏小，特别是金融业发展相对落后，使得航运金融的发展也落后于上述 3 个城市。

（4）第四层次城市：航运金融发展处于较低水平，包括重庆 1 个城市。无论是仿真得分还是专家评分，重庆的得分均不高，明显低于其余 5 个城市。重庆是我国西部地区的中心城市之一，也是长江中上游重要的港口城市。受地理位置的限制，重庆港口的航运业务主要以内河航运为主，因此难以与东部沿海港口航运对比，因此航运金融竞争力也较弱。

第四节　促进广州市航运金融发展的政策建议

根据前面的分析可知，上述 6 个城市的航运金融发展水平存在较大的不平衡。上海航运金融发展水平非常突出，与其他城市差距较大；广州与深圳的航运金融竞争力处于较强水平；大连和宁波的航运金融竞争力一般；重庆航运金融竞争力较弱。航运金融是港口城市金融发展的一个重要增长点，应采取多种措施促进航运金融的均衡与健康发展。

一　因地制宜，促进航运金融均衡发展

各个港口城市具有不同的经济体量与金融发展水平，各地应根据自身情况发展相适应的航运金融业态。上海航运金融在我国处于遥遥领先的地位，但与伦敦等航运金融较发达城市相比仍较落后，因此上海今后的发展应向发达国家学习，提升上海航运金融的国际竞争力。广州和深圳的航运金融与上海还存在较大差距，应利用各自坚实的航运业和金融业基础，缩小与上海的差距。此外，优化宁波、大连、重庆的资源配置，充分利用其自然禀赋条件，保持三个城市航运金融竞争力逐步增强的态势，缩小与先进城市的差距，从而提升我国金融竞争力的整体水平。

二 在金融业大发展的背景下，促进航运金融产品的创新

关于航运金融方面的数据公布非常少，该现象反映出我国航运金融产品不足，航运金融体系发展很不完善，很多银行在船舶融资、航运保险业务方面都处于起步阶段，且航运金融产品创新能力低下。针对该情况，我国需要培养引进航运金融人才，提高我国金融机构的创新能力，开发多种适合我国航运业的航运金融产品，为航运企业的健康发展提供安全的金融屏障。

三 制定激励政策，吸引知名船东公司注册

一般情况下知名航运企业的融资、保险等决策都是交由总部办理的，船东公司的注册地就是航运金融发展的汇聚之处，因此制定相应的激励政策吸引知名船东公司注册是发展该地区航运金融的重要途径之一。政府可根据自身情况出台相应的吸引航运公司在该地注册的优惠政策。例如，制定资金奖励政策，给予在该地注册的航运企业相应的资金补贴；降低航运企业的税率或税收起征点，减轻航运企业的税收负担；为注册的航运企业提供相应的便捷服务，以满足航运企业的各种业务需求。

第六章　广州市航空金融发展评估

《广州市"十三五"规划》指出，要着力打造广州国际航空枢纽，大力发展临空经济和航空产业。2016 年，广州市政府印发的《广州市金融业发展第十三个五年规划（2016—2020 年）》和《广州市构建现代金融服务体系三年行动计划（2016—2018 年）》均明确指出，要大力发展航空金融，建立和完善航空业政策性金融支持、银行业信贷支持以及企业自筹资金支持体系；要推动空港经济区金融发展建设，支持银行业金融机构在空港经济区设立分支机构，扩大金融经济圈；要促进飞机租赁行业的重点发展，推进国内外飞机租赁贸易建设。

本章首先在对广州支持航空发展的相关金融政策进行剖析的基础上，就广州航空金融发展状况进行描述性分析；其次通过选择若干航空金融发展状况较好的城市，与广州对标进行比较分析；最后基于 BP 神经网络模型对广州航空金融发展状况进行综合评判。

第一节　广州市航空金融发展概况

一　有关航空的金融政策

随着广州国际航空枢纽建设的推进，金融作为支持航空枢纽建设的重要手段，也受到政府的高度重视。2010 年 7 月，广州白云机场综合保税区获国务院正式批准设立广州空港综合保税区，为广州航空金融的发展进一步助力。广州市发展改革委提交《关于创新重点领域投融资机制鼓励社会投资的实施意见》，明确了把航空业作为创新重点投资领域发展项目，积极发展金融服务下的航空特色经济。广州还专门出台了多份政策文件，以多种形式鼓励航空业的发展。2015年，广州发布《广州市人民政府办公厅关于进一步加快民航业发展的实施意见》，提出研究设立航空产业发展基金，助推航空业发展，并落实出台对南航新开国际客货运航线、白云机场国际货运的补贴政策。

广州市"十三五"规划当中明确指出，要大力实施构建现代金融服务体系行动计划，打造"一城两区多点"的金融空间布局。大力发展航运航空金融，设立航运产业基金和航空产业基金，探索建设离岸航运金融服务平台，为注册在海外的航运企业提供离岸、在岸一体化金融服务。

《广州市金融业发展第十三个五年规划（2016—2020年）》指出，金融要支持广州国际航空枢纽建设，要大力发展航空金融，争取国家支持，建立和完善航空工业产品出口融资体系；支持设立航空产业基金、支持航空企业上市融资等。该文件也指出，要推动金融支持空港经济区建设，并特别指出要重点发展飞机租赁业。支持白云区依托广州白云国际机场，大力发展航空金融。建设广州国际航空金融港，重点引入飞机租赁、航空集团财务公司、金融租赁、航空产业基金、本外币兑换特许机构、消费金融公司、商业保理、股权投资等机构。

二 财政拨款

为了支持广州交通运输业发展，近年来广州财政安排了大量用于交通运输业的财政支出。由表6-1可以看出，2010—2014年，广州用于交通运输业的财政支出比较稳定，除2010年为40.64亿元外，其余年份基本在50亿—60亿元波动。2015—2016年，交通运输业支出有了较大幅度增加，上升到90亿元左右，但2016年较2015年略低。就航空运输方面的支出看，用于民用航空运输方面的财政支出额度也并不高，2014—2016年民用航空运输财政支出占交通运输业财政支出比重均不足2%，更多的财政支出投入公路、铁路及其他交通运输支出方面。

表 6-1　　2010—2016 年广州市交通运输业财政支出数据　　单位：亿元，%

	2010 年	2011 年	2012 年	2013 年	2014 年	2015 年	2016 年
交通运输业财政支出	40.64	58.26	59.69	57.55	55.35	93.39	87.25
民用航空运输财政支出	—	—	—	—	0.41	1.69	1.68
民用航空运输财政支出所占比重	—	—	—	—	0.74	1.81	1.93

资料来源：广州市政府财政收支预决算表。

就广州市交通运输委员会的具体情况看，与表 6-1 所描述的情况有所不同。表 6-2 显示了 2010—2016 年广州市交通运输委员会在民用航空运输领域的财政支出情况。2010—2016 年广州市交通运输委员会一般公共预算支出由 1.95 亿元上升到 53.00 亿元，大体呈波动上升趋势；其中交通运输支出也基本呈现相同的趋势。在交通运输支出当中，2016 年用于民用航空运输支出的资金仅为 1.26 亿元，所占比重为 2.5%，大量支出用于其他交通运输方式支出。

表 6-2　　2010—2016 年广州市交通运输委员会财政支出　　单位：亿元

年份	一般公共预算支出	交通运输支出	民用航空运输支出
2010	1.95	1.27	—
2011	8.98	7.44	—
2012	10.65	8.35	—
2013	12.46	8.73	—
2014	23.86	16.67	—
2015	15.85	13.97	—
2016	53.00	49.89	1.26

资料来源：广州市交通运输委员会财政收支预决算表。

三　固定资产投资

固定资产投资是航空运输业得以发展的重要基础。固定资产投资是建造和购置固定资产的经济活动，在本章中主要指的是机场、空港等与航空业发展相关的场所的建造和飞机等航空运输工具的购置活动。由表6-3可知，2010—2016年，广州市交通运输、仓储和邮政业固定资产投资由471.28亿元增长到807.05亿元。整体上看，道路运输业固定资产投资占据了最大比重；航空运输业固定资产投资仅次于道路运输业。从发展趋势上来看，近年来航空运输业固定资产投资比较平衡，波动不大（见图6-1）。

表6-3　广州市交通运输、仓储和邮政业固定资产投资　　单位：亿元

年份	交通运输、仓储和邮政业	其中				
		道路运输业	航空运输业	水上运输业	铁路运输业	其他
2010	471.28	260.07	116.66	39.26	30.00	25.29
2011	448.24	147.74	203.81	36.00	34.14	26.56
2012	498.43	220.96	175.94	36.63	17.88	47.02
2013	653.29	283.17	244.88	47.72	10.59	66.93
2014	694.63	375.06	181.07	67.89	37.90	32.72
2015	671.57	347.24	181.15	51.30	38.69	53.19
2016	807.05	333.60	203.07	109.49	134.47	26.42

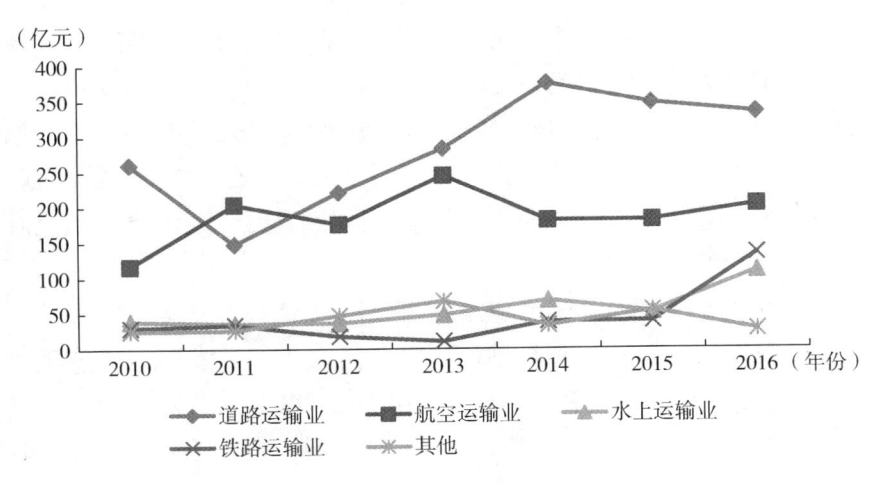

图6-1　广州市交通运输、仓储和邮政业固定资产投资

四 空港经济区与综合保税区的发展

(一) 空港经济区的发展

广州空港经济区位于广州市北部,全国三大枢纽机场——白云国际机场(以下简称白云机场)坐落其中。广州空港经济区东起流溪河、西至106国道—镜湖大道、南起北二环高速、北至花都大道的区域,加上白云机场综合保税区北区和南区范围,总面积为116.069平方千米。空港经济区充分依托白云国际机场、广州北站、大田铁路集装箱中心站"三港",打造全球综合航空枢纽,辐射带动珠三角、华南地区的经济发展和产业提升。广州空港经济区力图打造成为全球综合航空枢纽,亚洲物流集散中心之一、中国重要的临空经济中心、航空经济示范区,以及华南地区重要的发展引擎和增长极。

2016年10月28日,广州空港经济区管理委员会发布《广州空港经济区招商引资工作相关政策》,旨在鼓励优质产业项目进驻空港经济区。目前,不少项目已经落户。广州飞机维修工程有限公司(GAMECO)是一家专业从事飞机与飞机附件维修维护业务的企业,为国内外近百家客户提供各种型号的飞机维修工程服务。目前,GAMECO正积极推进三期机库和飞机附件维修基地项目前期工作,其中三期机库占地94亩,预计投资约10亿元;飞机附件维修基地项目占地75亩,预计总投资约8亿元。新科宇航是全球最大的机身维修企业,项目计划用地480亩,建设8个机库,预计投资25亿元。另外,还有联邦快递亚太转运中心、中国南方航空公司等也陆续落户空港经济区,为广州航空金融发展提供重要支持。

截至2016年年底,广州空港经济区已经吸引入驻了多家大型企业,包括中国南方航空公司、中国国际航空公司、广州飞机维修工程有限公司等航空运输类企业,EMS、DHL、联邦物流、顺丰速运、菜鸟网络等物流公司,以及鸿利光电、国光电器、好丽友、GAMC等制造业企业。

(二) 白云机场综合保税区

白云机场综合保税区位于广州空港经济区内,总规划面积7.385平方千米，2010年7月3日获国务院正式批准设立，是全国批复面积最大的空港型综合保税区，也是全国少有的包含机场口岸操作区，并实现"区港一体化"运作的综合保税区之一。

白云机场综合保税区涉及生产加工、出口集拼、进口分拨、国际中转集拼、出口复进口、保税展贸、检测维修、融资租赁、跨境电商和B2C直购进口等业务模式。以飞机租赁为例，在白云机场综合保税区注册的融资租赁企业及其项目公司根据承租人的具体要求，从国内外供货商处购入飞机，并租给承租人使用，承租人分期向出租人支付租金（见图6-2）。而各类融资租赁公司可在白云机场综合保税区设立项目公司（SPV），项目公司无注册资本金限制；可按租期分期缴纳关税和进口环节增值税；购买的进口货物享受出口退税；区内企业之间的货物交易免征增值税；向境外企业提供租赁服务免征增值税。这样一来，金融服务企业将不断增多，业务模式不断壮大，发展以白云机场为中心的航空金融指日可待。

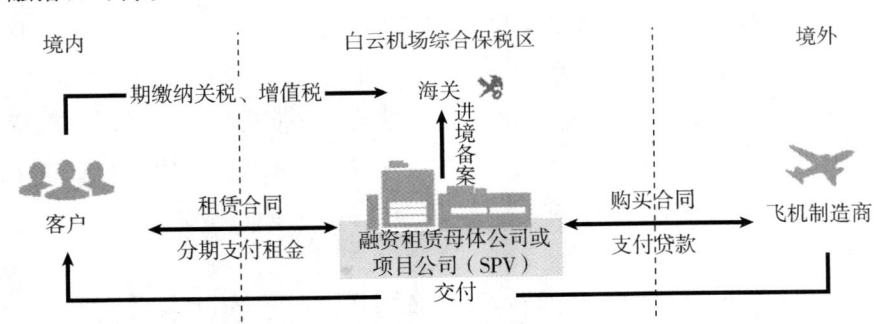

图6-2 飞机租赁业务模式

五 资本市场融资

股权融资是企业重要的融资手段之一，具有融资成本低、期限长等特点，因此成为许多企业融资的首选手段。截至2016年年底，沪深A股上市机场航运板块股票有11只，表6-4列举了各城市机场航运类股票的融资情况。

表6-4　　　各城市沪深A股机场航运类股票融资情况　　　单位：亿元

城市	证券简称	代码	总募资规模
北京	中国国航	601111	45.89
上海	东方航空	600115	52.34
上海	上海机场	600009	52.34
上海	春秋航空	601021	52.34
上海	吉祥航空	603885	52.34
广州	白云机场	600004	50.52
广州	南方航空	600029	50.52
深圳	深圳机场	000089	12.50
深圳	中信海直	000099	12.50
厦门	厦门空港	600897	2.38
海口	海南航空	600221	9.43

沪深A股共有6个城市11家机场航运类上市公司，其中上海最多，有4家，首次共融资额52.34亿元；广州共有2家，分别是白云机场和南方航空，首次融资额为50.52亿元；北京有1家，首次融资额为45.89亿元。可见，就城市整体看，广州无论是上市公司数量还是融资额均仅次于上海，这为广州航空业的建设提供了动力，也有力地促进了广州航空金融的发展。

第二节　广州市航空金融发展状况的比较分析

作为建设国际航运中心的重要一环，以广州白云机场为依托，加快广州国际航空枢纽建设。航空金融作为促进航空枢纽建设的重要手段，在提升广州金融市场综合服务方面起到了重要的支撑作用。前文已经对广州的航空金融发展进行了简单概括，分析了广州航空金融的政府财政支持和市场融资情况；这一部分主要通过广州与其他城市的综合比对，发现广州与其他城市之间在航空方面的差异，以此对各城市的航空业发展做出合理的评价。

一 比较基准城市的选取

据中国民用航空局资料，2016年我国境内民用航空（颁证）机场共有218个（不含香港、澳门和台湾地区，以下简称境内机场），其中定期航班通航机场216个，定期航班通航城市214个。2016年境内机场全年旅客吞吐量首次突破10亿人次，完成101635.7万人次，比上年增长11.1%；其中国内航线完成91401.7万人次，比上年增长10.3%，国际航线首次突破1亿人次，完成10234.0万人次，比上年增长19.3%。货物运输方面，完成货邮吞吐量1510.4万吨，比上年增长7.2%。其中国内航线完成974.0万吨，比上年增长6.1%，国际航线完成536.4万吨，比上年增长9.1%。2016年客货吞吐量排名前30位的机场情况见表6-5。

表6-5　　2016年民用航空机场客货吞吐量排名

序号	城市/机场	序号	城市/机场
1	北京/首都	16	青岛/流亭
2	上海/浦东	17	乌鲁木齐/地窝堡
3	广州/白云	18	海口/美兰
4	成都/双流	19	三亚/凤凰
5	昆明/长水	20	天津/滨海
6	深圳/宝安	21	哈尔滨/太平
7	上海/虹桥	22	大连/周水子
8	西安/咸阳	23	贵阳/龙洞堡
9	重庆/江北	24	沈阳/桃仙
10	杭州/萧山	25	济南/遥墙
11	厦门/高崎	26	福州/长乐
12	南京/禄口	27	南宁/吴圩
13	长沙/黄花	28	兰州/中川
14	武汉/天河	29	太原/武宿
15	郑州/新郑	30	长春/龙嘉

考虑到不同机场所处地理位置不同，所依据的城市腹地经济差距巨

大，各机场所在城市航空业的发展也差距明显，各城市的航空金融发展程度也参差不齐，笼统地将所有城市进行比较将缺乏可比性与说服力。因此，本部分分析时，综合考虑机场吞吐量、城市经济实力、腹地经济发展状况等，以年旅客吞吐量在1000万人次以上、货邮吞吐量在10万吨以上和航班起降架次在10万架次以上为选择标准，共选择了22个城市，具体见表6-6。

表6-6　　　　　　　　2016年主要城市机场吞吐量

序号	城市	旅客吞吐量（万人次）	货邮吞吐量（万吨）	起降架次（万架次）
1	北京	9997.98	196.98	64.56
2	上海	10646.25	386.92	74.19
3	广州	5973.21	165.22	43.52
4	昆明	4198.03	38.29	32.59
5	成都	4603.90	61.16	31.94
6	深圳	4197.51	112.60	31.86
7	西安	3699.45	23.38	29.10
8	重庆	3588.88	36.11	27.68
9	杭州	3159.50	48.80	25.10
10	南京	2235.80	34.13	18.80
11	厦门	2273.76	32.84	18.35
12	郑州	2076.32	45.67	17.81
13	武汉	2077.16	17.53	17.57
14	青岛	2050.50	23.07	16.85
15	长沙	2129.67	13.03	16.79
16	乌鲁木齐	2020.08	15.75	16.23
17	天津	1687.19	23.71	14.38
18	海口	1880.38	14.88	13.55
19	大连	1525.82	14.90	12.77
20	哈尔滨	1626.71	12.48	12.23
21	沈阳	1496.72	15.58	11.52
22	济南	1161.69	10.00	10.02

注：上海的数据包括浦东和虹桥两个机场；北京的数据包括首都和南苑两个机场。

二 航空吞吐量

表6-6反映了22个主要城市机场吞吐量情况。这22个城市基本涵盖了我国经济最发达的地带，吞吐量占据了全国较大的比重。通过航空吞吐量，可以在一定程度上反映航空金融的发展状况。比如，航空业具有高价值、高风险的特点，在航空运输过程中一般都会购买航空保险。航空保险是指在进行航空运输或其他航空业务的过程中，对相关公司或个人赔付飞行事故造成的经济损失的保险业务。航空保险的种类很多，大致分为以下几类：机身险、航空运输险、航空伤害险、航空责任险等。在进行航空货物运输时，大多会购买航空运输险；在进行航空旅客运输时，一般会购买航空伤害险。因此，大致可以通过对航空货运量和航空客运量的分析，反映航空保险的发展情况。

图6-3直观地显示了各城市的客货吞吐量情况。上海市的航空货邮吞吐量为386.92万吨，居于首位；其次是北京，为196.98万吨。广州的航空货邮吞吐量排第三位，为165.22万吨，比北京略低，仅为上海的40%多。深圳货邮吞吐量为112.60万吨，虽然低于上海、北京和广州，但明显高于其他城市。整体上看，上海、北京、广州、深圳4个城市航空货邮吞吐量明显高于其他城市，且领先优势明显。成都、杭州等其余城市货邮吞吐量较低，最高的成都仅为61.16万吨，最低的济南仅为10万吨。

从旅客吞吐量上看，2016年上海航空旅客吞吐量达到10646.25万人次（含浦东和虹桥两个机场），是唯一超过1亿人次的城市；北京航空旅客吞吐量达到9997.98万人次（含首都和南苑两个机场），这两个城市的航空旅客吞吐量明显高于其他城市。广州的旅客吞吐量为5973.21万人次，居于第三位；成都（4603.90万人次）、昆明（4198.03万人次）、深圳（4197.51万人次）均超过了4000万人次；其余城市旅客吞吐量均在4000万人次以下，济南仅为1161.69万人次。

将航空货运和客运情况综合对比后，不难发现，上海和北京的航空客货运输量均较大；广州的客货运输量均排在上海和北京之后，居全国第三位。如果用航空客货运输量反映航空保险的水平，那么广州航空保

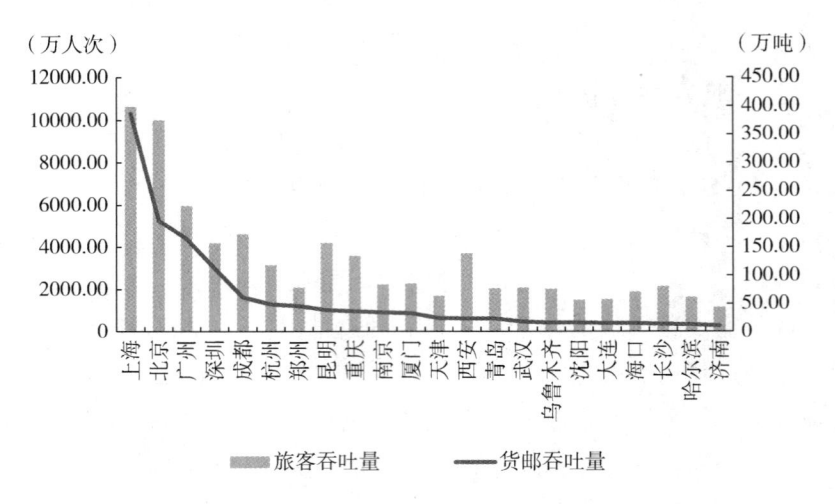

图 6－3 2016 年主要城市航空业客货吞吐量

险的发展处于相对较发达的水平,虽然与上海、北京相比存在一定的距离,但与其他城市相比,优势仍然比较明显。

三 财政投入

产业的发展离不开政府的支持,航空业在各个城市的发展程度受当地政府财政支持力度的影响。表 6－7 反映了 2016 年各城市市本级民用航空运输财政支出情况。市本级指的是市本身这一级,而不包含市的下一个行政层次。各城市航空业的财政投入主要依赖于市本级政府,而各区和县级政府投入较少。受资料限制,本处仅列出北京、上海等 10 个城市的情况。

表 6－7　2016 年基准城市市本级民用航空运输财政支出　　单位:亿元,%

城市	民用航空运输财政支出	一般公共财政支出	占比
北京	15.000	3005.100	0.4992
上海	1.700	2380.200	0.0714
广州	1.640	1520.110	0.1077
深圳	1.840	2243.550	0.0821

续表

城市	民用航空运输财政支出	一般公共财政支出	占比
天津	5.620	1239.410	0.4531
南京	0.003	340.560	0.0009
武汉	9.380	707.200	1.3262
长沙	0.990	354.420	0.2785
青岛	0.540	521.710	0.1029
重庆	17.220	1124.680	1.5311

从表6-7可知，从重庆和北京的民用航空运输财政支出额分别居第一、第二位，均达到或超过15亿元。其次为武汉和天津两个城市，民用航空运输财政支出为9.380亿元和5.620亿元。相比较而言，深圳、上海和广州的民用航空运输财政支出较少，均不到2亿元。尽管这三个城市是我国交通运输的重要枢纽，但各城市政府对其重视力度并不相同，因此财政投入也较少。再次，长沙和青岛两个城市的民用航空运输财政支出分别为0.990亿元和0.540亿元，与自身的经济发展水平相比，这两个城市在航空运输方面的财政支出较大。最后，南京的民用航空运输财政支出仅为30万元。从民用航空运输财政支出在一般公共财政支出中所占比重来看，重庆和武汉的比重最大，在1%以上；北京、天津和长沙的比重分别为0.4992%、0.4531%和0.2785%，尽管长沙的民用航空运输财政支出额不大，但在长沙的一般公共财政支出总额中所占比重较大。广州、青岛、深圳和上海的比重在0.1%左右，与该城市的一般公共财政支出相比，用于民用航空运输方面的资金确实较少，政府支持力度不大。南京的比重很小，整体财政支出也较少。

四 资本市场融资

（一）上市融资情况

截至2016年年底，沪深A股共有11家机场航运类上市公司，其中有4家来自上海，分别为东方航空、上海机场、春秋航空和吉祥航空；

2家来自广州,分别为白云机场和南方航空;2家来自深圳,分别为深圳机场和中信海直;中国国航、海南航空和厦门空港所属城市为北京、海口和厦门。尽管海口的海南航空不属于之前所列的11个样本城市,但考虑到机场航运类上市公司较少,为了比较方便,此处也将它放到一起进行分析。厦门空港在1996年就已经上市,是11家机场航空公司中上市最早的一个;春秋航空和吉祥航空上市时间较晚,均在2015年上市;广州的白云机场和南方航空均在2003年上市。

由表6-8可知,各个城市的机场航空公司募集资金规模大小不一。上海4家机场航空公司的实际募资额为52.34亿元,广州的白云机场和南方航空实际募资额分别为23.52亿元和27.00亿元,合计募集资金50.52亿元。尽管上海已有4家机场航空公司上市,但广州的2家机场航空公司的实际募资额仅比上海少1.82亿元,这说明广州航空业的发展集资规模较大。值得注意的是,北京的中国国航实际募资额为45.89亿元,相比其他公司,它是已上市的11家机场航空公司中募资规模最大的一个。因此,北京、上海、广州的航空业利用资本市场融资方面发展良好。

表6-8　　　　　　　上市机场航空公司募资情况　　　　　　单位:亿元

所属城市	名称	上市时间	实际募资	合计
北京	中国国航	2006年8月18日	45.89	45.89
上海	东方航空	1997年11月5日	7.35	52.34
	上海机场	1998年2月18日	19.23	
	春秋航空	2015年1月21日	18.16	
	吉祥航空	2015年5月27日	7.60	
广州	白云机场	2003年4月28日	23.52	50.52
	南方航空	2003年7月25日	27.00	
深圳	深圳机场	1998年4月20日	6.38	12.50
	中信海直	2000年7月31日	6.12	
海口	海南航空	1999年11月25日	9.43	9.43
厦门	厦门空港	1996年5月31日	2.38	2.38

(二)股本结构

总股本一般专指A股总股本。总股本虽然并不是直接的融资额,但代表了企业的注册资本情况。截至 2016 年年末,海南航空总股本为 168.06 万股,居于首位;其次是上海的东方航空和北京的中国国航,其总股本分别为 144.68 亿股和 130.85 亿股;广州的南方航空总股本为 98.18 亿股,相对于海口、上海和北京的机场航空公司来说总股本较少,但高于深圳和厦门,如表 6-9 所示。

表 6-9　　　　2016 年年末上市机场航空公司总股本　　　　单位:亿股

所属城市	名称	总股本	城市合计
上海	东方航空	144.68	184.80
	上海机场	19.27	
	春秋航空	8.01	
	吉祥航空	12.84	
广州	白云机场	11.50	109.68
	南方航空	98.18	
深圳	深圳机场	20.51	26.57
	中信海直	6.06	
北京	中国国航	130.85	130.85
海口	海南航空	168.06	168.06
厦门	厦门空港	2.98	2.98

如果用总股本来表示某个城市航空业的发展规模,那么上海、海口、北京、广州 4 个城市机场航空公司总股本较高,深圳、厦门较低。整体上看,广州机场航空公司总股本处于中游水平。

第三节　广州市航空金融发展状况的综合评估

本章前面部分就广州及部分主要城市航空业及航空金融发展的基本情况进行了描述性分析。本部分采用熵值法,就若干选定的重点城市航空金融状况进行对比分析,以更好地反映广州航空金融发展状况。

一 熵值法基本理论

考虑到航空金融数据的可得性较低，涉及范围较小，本部分采用熵值法对广州航空金融发展状况进行综合评估。熵最初来源于物理学中的热力学概念，主要反映系统的混乱程度，现已广泛应用于可持续发展评价及社会经济等研究领域。熵值法是一种客观赋权法，其根据各项指标观测值所提供的信息的大小来确定指标权重。数据的离散程度越大，信息熵越小，其提供的信息量越大，该指标对综合评价的影响越大，其权重也应越大；反之，各指标值差异越小，信息熵就越大，其提供的信息量则越小，该指标对评价结果的影响也越小，其权重亦应越小。因此，可根据各项指标的变异程度，利用信息熵这个工具，计算出各个指标的权重，为广州航空金融发展状况的多指标综合评价提供依据。

熵值法计算步骤主要有四步，下面对熵值法进行简单说明。

第一步，对原始数据 X_{ij} 进行标准化处理：

$$x_{ij} = \frac{X_{ij} - \min X_j}{\max X_j - \min X_j}$$

第二步，计算第 i 个城市第 j 项指标的比重：

$$Y_{ij} = \frac{x_{ij}}{\sum_{i=1}^{n} x_{ij}}$$

第三步，计算指标信息熵和信息冗余度：

$$e_j = -k \sum_{i=1}^{n} (Y_{ij} \ln Y_{ij})$$

$$d_j = 1 - e_j$$

第四步，计算指标权重和指标评价得分：

$$W_j = \frac{d_j}{\sum_{i=1}^{n} d_j}$$

$$F_{ij} = W_j \times x_{ij}$$

在上述公式当中，各符号代表意义如表 6-10 所示。

表6-10　熵值法中各符号所代表的意义

符号	代表意义
i	i代表第i个评价城市
j	j代表第j个评价指标
X_{ij}	代表第i个城市的第j个指标值
Y_{ij}	标准化后的第i个城市的第j个指标值
e_j	第j个指标的信息熵
d_j	第i个指标的信息冗余度
W_j	第j个指标的权重
F_{ij}	第i个城市第j个指标的评价得分
k	k=1/lnn

二　熵值法的综合评价

（一）各城市航空金融发展的相关指标

鉴于数据的可得性，本部分选择北京、上海、广州、深圳、南京、武汉、青岛、重庆8个城市进行对比分析（见表6-11）。

表6-11　主要城市航空金融发展情况

城市	航空业财政支出（亿元）	资本市场融资额（亿元）	货运量（万吨）	客运量（万人次）
北京	15.000	45.89	158.20	7171.40
上海	1.700	52.34	370.88	5000.27
广州	1.640	50.52	116.37	7044.78
深圳	1.840	12.50	77.11	3930.38
南京	0.003	0.00	7.01	881.58
武汉	9.380	0.00	10.89	1163.55
青岛	0.540	0.00	20.80	1820.20
重庆	17.220	0.00	12.18	1881.96

（二）广州航空金融发展水平的评价过程及结果

为了能将各个城市的航空金融发展状况量化对比，本节采用熵值法进行分析。其中，航空业财政支出为 2016 年各城市市本级民用航空运输财政支出；资本市场融资额来自同花顺网站；货运量和客运量来自 2015 年各城市统计年鉴。首先对数据进行标准化处理，如表 6-12 所示。

表 6-12　　　　　　　　　　数据标准化

城市	航空业财政支出	资本市场融资额	货运量	客运量
北京	0.8711	0.8768	0.4155	1.0000
上海	0.0986	1.0000	1.0000	0.6548
广州	0.0951	0.9652	0.3005	0.9799
深圳	0.1067	0.2388	0.1927	0.4847
南京	0.0000	0.0000	0.0000	0.0000
武汉	0.5446	0.0000	0.0107	0.0448
青岛	0.0312	0.0000	0.0379	0.1492
重庆	1.0000	0.0000	0.0142	0.1590

其次，通过计算各指标值的比重，求得指标信息熵（见表 6-13）。

表 6-13　　　　　　　　指标信息熵、冗余度及权重

指标	航空业财政支出	资本市场融资额	货运量	客运量
信息熵	0.7048	0.6178	0.6378	0.7875
冗余度	0.2952	0.3822	0.3622	0.2125
权重	0.2313	0.2995	0.2839	0.1665

再次，计算单指标评价得分（见表 6-14）。

表 6-14　　　　　　　　　　单指标评价得分

城市	航空业财政支出	资本市场融资额	货运量	客运量
北京	0.2015	0.2626	0.1179	0.1665
上海	0.0228	0.2995	0.2839	0.1090
广州	0.0220	0.2891	0.0853	0.1632
深圳	0.0247	0.0715	0.0547	0.0807

续表

城市	航空业财政支出	资本市场融资额	货运量	客运量
南京	0.0000	0.0000	0.0000	0.0000
武汉	0.1260	0.0000	0.0030	0.0075
青岛	0.0072	0.0000	0.0108	0.0248
重庆	0.2313	0.0000	0.0040	0.0265

最后，计算各城市航空金融的综合得分，如表6-15所示。

表6-15　　　　　　各城市航空金融综合得分及排名

城市	综合得分	排名
北京	0.7485	1
上海	0.7152	2
广州	0.5596	3
重庆	0.2618	4
深圳	0.2316	5
武汉	0.1365	6
青岛	0.0428	7
南京	0.0000	8

通过上述评价结果可以看出，8个城市的航空金融发展水平存在较大的差距。综合得分由高到低的排列顺序为北京、上海、广州、重庆、深圳、武汉、青岛和南京。具体而言，根据熵值法综合得分，上述城市的航空金融发展水平大体可分成三个层次：

第一层次：综合得分在0.7及以上，包括上海和北京两个城市。上海和北京为我国重要的交通枢纽城市，在各项指标方面具有较强的优势，特别是在资本市场融资额、货运量和客运量方面优势明显。因此，航空金融整体水平居于领先地位。

第二层次：综合得分在0.3—0.7分，仅有广州1个城市。广州的航空金融发展较好，得分为0.56，航空金融水平高于大多数城市，但与上海和北京仍存在较大差距。广州在资本市场融资额、货运量和客运量方面虽然比不过北京和上海，但明显好于其他城市。

第三层次：综合得分在 0.3 以下，包括重庆、深圳、武汉、青岛和南京 5 个城市。其中重庆和深圳得分略高，在 0.2—0.3；武汉和青岛则略低，低于 0.2；而南京的得分则为 0。相比前两个层次，第三层次所包含的城市较多，说明我国航空金融发展处于较低水平的城市占绝大多数，航空金融发展较缓慢，需进一步提升。

第四节　促进广州市航空金融发展的政策建议

一　相关结论

航空金融作为广州产业金融发展的三大枢纽之一，其在提升广州金融市场综合服务方面起到了重要的支撑作用。广州航空金融的整体实力较强，政府、资本市场和社会环境均对其发展起到了一定作用，但在航空金融发展不同层面仍存在一些细节上的不足；另外，在与其他经济发展实力相当或发展速度较快的城市比较时，广州航空金融的各方面发展很不平衡，会导致广州航空金融水平在一定程度上的波动，影响广州航空业的进步，进而影响广州金融竞争力的综合水平。因此，继续强化广州航空金融的发展很有必要。

二　对策建议

（一）建设航空金融政策环境

通过前文的分析，我们已经了解到市场融资对航空金融的影响很大，但一味地投融资并不能解决广州航空金融发展中的问题，这时就需要政府给予一定的政策支持来扶助市场的发展。我们可以在财政支持政策、鼓励机场金融市场创新、加强航空金融研究等几个方面加大扶持力度，推动航空金融发展。例如，对银行贷款业务营业税采取减税政策，降低对航空产业区的银行贷款征收的营业税。发展航空产业投资基金，吸收国内富余资金有效投入机场业，并通过设计合理的基金管理结构，真正实现机场所有人和经营人的分离，依托资本市场的财富效应满足机场市场的成长性需求，以此增强我国在国际航空业的竞争力。吸引和培育一批具有国际影响力的机场航空集团公司，一方面加快提高本土机场航空公司的综合实力和国际竞争力，使其成为具有国际水准的全球企业；另一方面，要进一步加大政府对机场航空公司的扶持力度，做大航空金融的市场规模。

（二）拓展航线布局，加强周边建设

广州的航空金融发展主要以白云机场和南方航空公司为根本，因此拓展航空公司的航线网络，加强机场周边的金融建设至关重要。鼓励国内的航空公司拓展自身的航线网络，与广州南方航空公司建立航线往来，形成以广州为中心的更加全面的放射状航线布局；广州也要积极地吸纳国外航空公司的进驻，以广州为门户，增加国内与国际的沟通，发展国际航线网络，使其逐渐形成由国内其他城市中转广州，再由广州连接国际的航线布局思路。此外，设计有针对性的中转产品也是一个非常重要的部分，并开展与航空公司的联合营销，共同推进中枢航线网络建设。

在发展航空金融的过程中，加强航空业建设只是一个方面，而金融才是起到主要作用的因素，广州空港经济区的建设就是一个很好的例子。以空港为核心，建立航空维修、租赁、商贸、服务等一系列功能区域，目的是推动航空经济的发展，增加航空业投资规模，帮助航空企业资本市场融资，促进航空金融建设，使得广州成为功能互补、协同发展的世界级空港大都市。

第七章 广州市商贸金融发展评估

从广义的角度看,商贸金融可以定义为伴随一切商业贸易活动而产生的相关金融业务。广州有着两千多年的历史,是中国最大、历史最悠久的对外通商口岸,海上丝绸之路的起点之一,有"千年商都"之称,商贸金融是广州内外贸易发展过程中必不可少的要素。

第一节 广州市商贸金融发展概况

一 广州有关商贸的金融政策

商贸金融的发展离不开政府的推动和支持,与其他产业金融一样,政府在商贸金融发展的初始阶段起引导作用,搭建融资平台,颁布商贸企业融资相关政策,在促进商贸金融的发展中扮演着重要角色。广州为满足商贸企业的融资需求也颁布了相应的政策(见表7-1),为商贸企业的融资提供了便利,同时,这些政策也是促进商贸金融发展的重要举措。从2013年开始,《广州市金融业发展第十二个五年规划》中首次提出大力发展商贸金融,提高金融创新能力,在贸易融资、风险管理等环节为商贸企业提供金融保险支持,该项政策引导了广州商贸金融的初步发展。随后,在《广州市金融业发展第十三个五年规划(2016—2020年)》里更加详细地阐释了发展商贸金融的目标和举措,提出大力推广供应链金融、商圈融资等金融创新产品和服务,为便利进出口贸易的进行,支持金融机构设立境外网点。2017年,广州市商务委和广州市金融局相继出版了《商贸企业融资需求汇编》和《金融机构融资产品汇编》,这两份汇编资料分析了商贸企业的融资需求和金融机构的优质融资产品,为商贸企业融资提供了重要参考信息。

表 7-1　　　　　　　　　广州商贸金融相关政策

时间	单位	政策文件	相关内容
2017 年 9 月	广州市商务委	《商贸企业融资需求汇编》	搜集了商贸企业的融资需求,为金融机构向商贸企业提供融资服务创造了良好的条件
2017 年 9 月	广州市金融局	《金融机构融资产品汇编》	收集了 40 多家在穗银行、保险等金融机构以及小额贷款公司、融资担保公司等类金融机构的优质融资产品,为商贸企业融资提供清晰的指南
2016 年 12 月	广州市政府	《广州市金融业发展第十三个五年规划(2016—2020 年)》	大力发展商贸金融,支持银保合作,大力推广供应链金融、商圈融资等金融创新产品和服务;支持金融机构设立境外网点和拓展境外业务
2013 年 6 月	广州市政府	《广州市金融业发展第十二个五年规划》	大力开展金融创新,巩固和提升广州作为千年商都的地位,在资信调查、商账追收、贸易融资、风险管理等环节为商贸企业提供金融保险支持

广州贸易发展与金融的结合主要从两个层面展开:一是外资对商贸产业的支持,众多外商投资企业通过在广州设立独资或合资企业的形式,促进了广州商贸业发展;二是资本市场融资,即商贸企业通过在债券市场、股票市场、保险市场等进行融资,促进商贸业发展。

二　商贸金融产品和金融机构

围绕建设国际商贸中心的战略目标,广州大力推进商贸业发展,促进"传统商都"向"现代商都"转型。《广州商贸业发展报告（2017）》①蓝皮书指出，2016年广州商贸业总体规模持续扩大，实现社会消费品零售总额8706.5亿元，连续29年稳居全国各大城市第三位，同比增长9.0%，增速在京、津、沪、穗、深五大城市中居首位；批发零售业商品销售总额为55972.8亿元，同比增长10.0%，增速在京、津、沪、穗、深五大城市中排名第一；电子商务、跨境电商、服务贸易等业态保持快速发展，跨境电商业务规模全国第一，服务贸易发展居试点城市前列。2016年广州电子商务发展水平位居全国前列，广州被评为国家移动电子商务试点示范城市、中国电子商务应用示范城市、中国电子商务最具创新活力城市。全市网上商店零售额为630.33亿元，同比增长20.7%，高于全市社会消费品零售总额增速11.7个百分点；2016年1月，广州获批设立跨境电子商务综合实验区，业务规模全国第一。据海关统计，2016年广州跨境电商进出口总额为146.8亿元，增长1.2倍，占全国跨境电商进出口总额的29.4%。

同时，2016年广州物流业主要指标增速较快，与上年相比出现明显提升。广州作为第一批物流标准化试点城市工作取得显著成效，物流标准化水平进一步提升。截至2016年年底，广州14个物流标准化试点项目已全部完成并通过验收，试点企业年度物流成本占营业收入比例从试点前的59.55%下降到28.47%。目前，广州物流标准化试点工作初步形成制造、分销、零售三类龙头带动三类企业创新推广模式，试点经验在全国范围得到宣传与推广。

商贸企业普遍存在规模较小、融资渠道狭窄、单项融资额较低的问题。为了解决商贸企业融资难的问题，各家银行也不断进行业务创新，如中国进出口银行发挥政策性银行优势，开展进出口信贷、境外投资贷款；中国银行推出了融易贷、订单融资、汇出汇款融资等；广州银行推出知易贷，开拓跨境金融服务和供应链金融服务，帮助广州企业"走出去"等。2017年9月，广州市商务委、中国人民银行广州分行营业管

---

① 张跃国、陈杰、荀振英主编：《广州商贸业发展报告（2017）》，社会科学文献出版社2017年版。

理部、广州市金融局共同举办"广州市2017年商贸金融对接会",搭建政、企、融三方对接平台和机制,缓解商贸企业融资困难。金融机构在会议现场就与13家商贸企业签约,签约金额从100万元到15亿元不等,融资总金额高达40亿元,解决部分企业燃眉之急。

广州金融业还通过创新发展中小额贷款公司,积极支持中小企业的发展。广州小额贷款公司主要集中于广州民间金融街。广州民间金融街成立于2012年6月,是全国首条集资金借贷、财富管理、支付结算、信息发布为一体的民间金融街,旨在通过聚集一批小额贷款公司、融资担保公司、典当行等民间融资机构,银行、证券、保险等各类金融机构小微业务专营部门,以及律师事务所、会计师事务所等中介服务机构,推动形成多样化的小微金融服务体系,探索形成民间融资"广州价格",为广东以至全国缓解小微企业"融资难"问题、引导民间金融规范发展创造经验、提供示范。经过几年的发展,广州民间金融街与省内外其他金融集聚区功能互补、错位发展,着重突出民间金融"聚集、服务、定价"三大功能。

截至2016年年底,广州市共有证券公司总部3家,证券分支机构275家,期货公司6家,期货分支机构51家,证券投资咨询机构6家;还有小额贷款公司96家,融资性担保公司42家,商业保理公司11家,融资租赁公司292家,典当公司79家。这些金融机构形成了广州多层次金融体系,同时,从融资、保险、结算等多方面满足商贸业的金融业务需求,为商贸业的发展提供了良好的金融支撑体系。

三 商贸业外商直接投资

广州作为千年商都,商贸业发达,批发零售业也一直是吸引外商投资的重点领域。表7-2和图7-1包括了2004—2016年外商对广州批发零售业的直接投资情况。可以看出,2004—2016年广州批发零售业外商直接投资企业数量从15家增加到1061家。在2010年之后,伴随着产业结构的调整和产业链条上环节的攀升,市场吸引外资优势也发生了相应的转变,越来越多外资企业投资中国,看重的不再只是生产要素的低价格，智力因素、产业链配套、市场空间、经济增长潜力等可能才是真正吸引他们投资中国的因素。因此，外商对批发零售业的直接投资虽然出现了波动，但是并未出现外资的"撤离潮"，外商直接投资整体趋势依然是上升的。合同外资金额增长趋势和实际使用外资额的增长趋势与企业个数的变化趋势相似，在 2010 年之后都出现了波动的增长趋势，且合同外资金额的波动幅度较大，到 2013 年该值达到了 115364 万美元，创历史新高，之后呈下降趋势。实际使用外资额整体变化则在波动中依然保持上升的态势，表明外资对批发零售业的实际投资依然是上升趋势。

表 7-2　　　　广州批发零售业外商直接投资情况　　单位：家，万美元

年份	企业数量	合同外资金额	实际使用外资额
2004	15	2439	1929
2005	36	6718	1531
2006	146	25269	11794
2007	245	31807	8530
2008	300	31479	16055
2009	380	35328	22130
2010	404	40444	23113
2011	578	100776	43883
2012	590	72145	43637
2013	649	115364	50291
2014	613	90543	32572
2015	794	89381	31722
2016	1061	62465	60203

资料来源：历年《广州统计年鉴》。

四　资本市场融资情况

资本市场是我国商贸业的重要融资场所，目前我国形成了以沪深主板、中小板、创业板、新三板为主的多层次资本市场体系，满足了不同

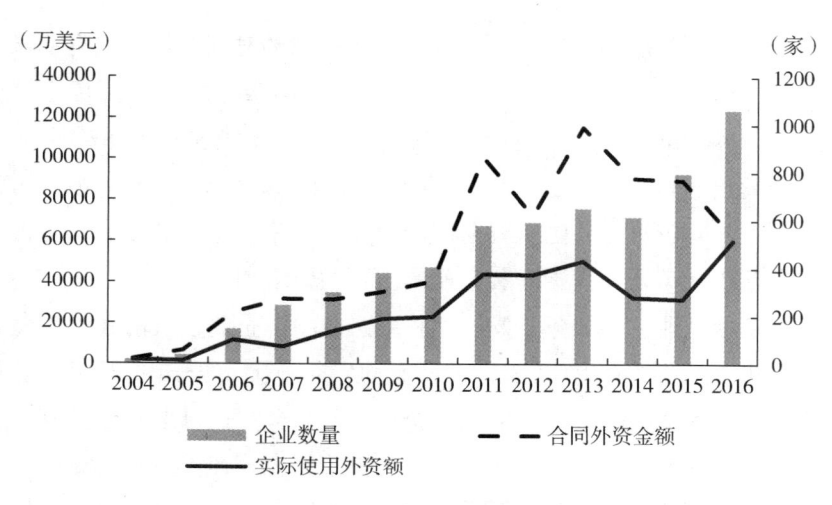

图 7-1　2004—2016 年广州批发零售业外商直接投资

类型、不同规模的企业融资需求。我国商贸企业充分利用资本市场多层次的发展优势，满足企业自身的融资需求。

（一）全国商贸企业资本市场融资情况

截至 2016 年年底，商贸类企业上市公司共 104 家，其中贸易类 33 家，零售类 71 家；沪市 66 家，深市 38 家。表 7-3 是截至 2016 年年底我国零售企业在主板、中小板、创业板市场的融资情况。

表 7-3　　　　2016 年年底商贸类企业上市情况　　　单位：家，%

板块	企业数量	占比
上海 A 股	66	63.46
深圳 A 股	21	20.19
中小板	13	12.50
创业板	4	3.85
合计	104	100.00

注：资料来源于同花顺。

在 104 家上市公司中，有 66 家在上海 A 股主板上市，占 63.46%；有 21 家在深圳 A 股上市，占 20.19%，两者合计占 83.65%。在中小板上市的有 13 家，占 12.50%；由于创业板推出的时间较短，仅有 4 家在创业板上市，占 3.85%。沪深 A 股主板市场的服务对象主要是比较成熟、在国民经济中有一定主导地位的企业。在 A 股主板上市的企业多是传统商贸零售企业，往往是当地零售业龙头企业，企业设立时间较长，上市时间较早。我国所有上市的商贸企业有 83.65% 集中在主板市场，因此主板市场是我国商贸企业的主要融资市场。

中小板企业主要服务于发展比较成熟的中小企业，目前我国商贸企业在中小板上市的共有 13 家，占所有商贸企业上市公司的 12.5%。创业板为暂时无法在主板上市的中小企业和新兴公司提供融资途径和成长空间的证券交易市场，是对主板市场的重要补充，在资本市场有着重要的位置。在创业板融资的商贸类企业有 4 家，分别是吉峰农机、英唐智控、快乐购、同益股份。由于创业板推出的时间还不长，上市的企业数量还较少；但创业板融资与主板相比门槛较低，随着时间的推移，会有越来越多的企业重视创业板融资。

近年来，受产业发展趋势的影响，商贸企业在主板上市的难度越来越大。在新产业、新业态、新商业模式的推动下，一批创新型商贸企业脱颖而出，虽然许多企业还难以达到主板上市的要求，但可抓住机遇充分利用创业板和中小板进行融资，充分发挥创业板、中小板对主板市场的补充作用。另外，新三板也是近年来我国大力发展的资本市场，符合条件的商贸企业还可以充分利用新三板市场满足自身融资需求。

（二）沪深主板融资情况

前文已经提及，截至 2016 年年底在沪深 A 股上市融资的公司共 104 家，其中零售类公司 71 家，贸易类公司 33 家。为具有可比性，本部分选择了北京、上海等 9 个与广州经济发展水平相当的重点城市，就其商贸企业上市融资情况进行对比分析。这 10 个城市拥有的贸易类上市公司共 63 家，占全部商贸类上市公司数量的 61%。表 7-4 列出了 10 个重点城市的商贸类企业在沪深 A 股的具体融资情况。

表7-4 2016年年底各城市商贸类上市公司情况　　单位：家，亿元

城市	上市公司数量	上市公司名称	募集资金	募集资金合计
北京	11	天音控股	19.52	389.76
		华联综超	16.58	
		华联股份	64.69	
		北京城乡	7.53	
		翠微股份	32.38	
		首商股份	33.17	
		王府井	107.76	
		中成股份	5.30	
		五矿发展	52.96	
		瑞茂通	45.99	
		中农立华	3.88	
上海	13	百联股份	62.71	150.81
		益民集团	6.69	
		来伊份	6.60	
		新世界	22.23	
		徐家汇	10.33	
		上海九百	4.98	
		豫园商城	8.43	
		创兴资源	1.40	
		东方创业	14.80	
		汇通能源	0.42	
		同达创业	1.58	
		上海物贸	7.22	
		兰生股份	3.42	
广州	3	广百股份	11.37	153.52
		海印股份	40.26	
		越秀金控	101.89	

续表

城市	上市公司数量	上市公司名称	募集资金	募集资金合计
深圳	10	天虹股份	19.13	233.35
		爱施德	25.26	
		农产品	37.06	
		深赛格	51.51	
		博士眼镜	1.71	
		深圳华强	31.69	
		人人乐	25.66	
		神州数码	24.14	
		英唐智控	15.37	
		同益股份	1.82	
杭州	5	物产中大	164.29	234.82
		杭州解百	24.97	
		百大集团	3.63	
		浙商中拓	11.23	
		浙江东方	30.70	
天津	3	津劝业	2.35	133.86
		海泰发展	10.12	
		天海投资	121.39	
重庆	1	重庆百货	44.38	44.38
武汉	3	鄂武商	16.30	113.59
		武汉中商	1.09	
		汉商集团	96.20	
南京	9	苏宁易购	407.28	663.54
		宏图高科	28.96	
		中央商场	3.30	
		南京新百	68.62	
		弘业股份	8.43	
		南纺股份	4.23	
		江苏舜天	4.09	
		ST 常林	53.66	
		汇鸿集团	84.97	

续表

城市	上市公司数量	上市公司名称	募集资金	募集资金合计
成都	5	红旗连锁	8.89	120.03
		富森美	9.68	
		吉峰农机	5.60	
		茂业商业	88.08	
		川化股份	7.78	

注：募集资金额为上市公司截至 2016 年年底首发、增发、配股等募集资金的总和。
资料来源：同花顺。

表 7-5 和图 7-2 显示了 10 个城市上市公司数量及募集资金情况。

表 7-5　　2016 年年底 10 个城市商贸类上市公司情况　单位：家，亿元

序号	城市	上市公司数量	募集资金合计
1	北京	11	389.76
2	上海	13	150.80
3	广州	3	153.52
4	深圳	10	233.35
5	天津	3	133.86
6	重庆	1	44.38
7	南京	9	663.54
8	杭州	5	234.82
9	武汉	3	157.97
10	成都	5	120.03

由表 7-5 和图 7-2 中可以看出，从上市公司数量上看，上海、北京、深圳和南京较多，分别为 13 家、11 家、10 家、9 家，明显高于其他城市；杭州和成都各有 5 家；广州、天津、武汉各有 3 家；重庆仅 1 家。从募集资金额上看，南京以 663.54 亿元的额度远远超过其他城市；北京（389.76 亿元）、杭州（234.82 亿元）、深圳（233.35 亿元）的募集资金额均超过了 200 亿元；武汉、广州、上海、天津、成都分列其

```
( 亿元 )                                          ( 家 )
  700                                              14
  600                                              12
  500                                              10
  400                                               8
  300                                               6
  200                                               4
  100                                               2
    0                                               0
      上海 北京 深圳 南京 杭州 成都 广州 天津 武汉 重庆
           ■ 上市公司数量    — 募集资金合计
```

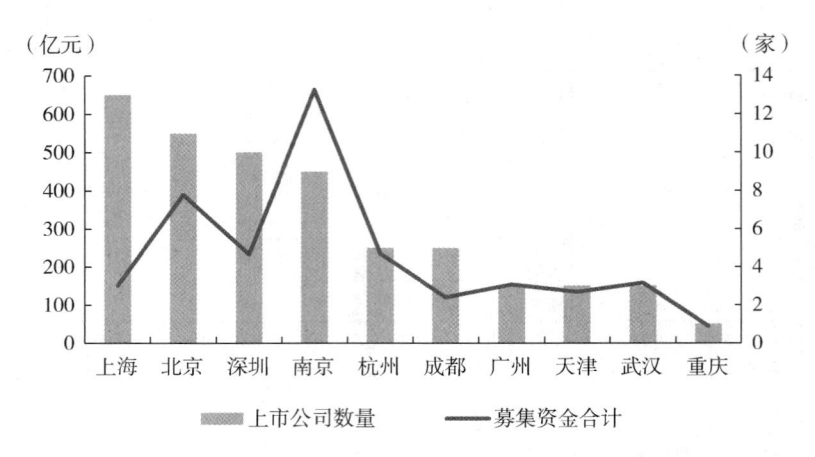

图 7-2　2016 年年底 10 个城市商贸类上市公司情况

后,募集资金额超过了 100 亿元;重庆仅有 1 家上市公司,募集资金额最低,为 44.38 亿元。

广州商贸类上市公司仅有广百股份、海印股份、越秀金控 3 家,这 3 家实际总募集资金为 153.52 亿元。整体而言,与广州的经济体量相比,特别是与广州作为"千年商都"的地位相比,广州商贸企业对资本市场的利用并不充分,无论是上市公司数量还是募集资金额,显著低于北京、深圳、南京、杭州等城市。虽然在募集资金额上与上海、成都、天津、武汉相当,但上市公司数量上并不占优势。

一般而言,在沪深 A 股上市的公司往往经营规模较大、公司运作比较规范,具有较大的行业影响力。上述数据反映出,虽然广州商贸业发达,但商贸业发展规模普遍较小,业内龙头企业较少。通过分析外商对广州商贸业投资水平和商贸业资本市场融资水平现状可知,广州商贸企业的融资规模与北京、上海、深圳等融资水平处于领先地位的城市还有很大差距,同时广州商贸金融还有很大的发展空间。

(三) 新三板融资情况

新三板市场原指中关村科技园区非上市股份有限公司进入代办股份系统进行转让试点,因挂牌企业均为高科技企业而不同于原转让系统内的退市企业及原 STAQ、NET 系统挂牌公司。截至 2016 年年底,全国共有 10163 家新三板企业,市值总和为 2.72 万亿元。广东共有 1585 家新三板企业，市值总和为 4549.86 亿元。广州有 345 家新三板企业，其中 133 家有市值数据，占 39%，市值总和为 965.55 亿元。

从行业分类看，2016 年年底全国共有批发零售业挂牌公司 459 家，其中上述 10 个城市共拥有 246 家，总股本为 119.24 亿股，分别占全部挂牌公司的 53.59% 和 52.32%（见表 7-6 和图 7-3）。从数据来看，北京、上海、深圳和广州四个城市挂牌公司数量明显较多，总股本占比也较高，反映出这四个城市商贸企业对新三板资源的利用也比较充分；杭州和南京挂牌公司的数量也超过了 10 家；天津、武汉、重庆和成都挂牌公司数量相对较少。

表 7-6　　2016 年年底新三板批发零售业挂牌公司概况

地区	公司		总股本	
	数量（家）	占比（%）	数量（亿股）	占比（%）
北京	71	15.47	31.82	13.96
上海	53	11.55	20.88	9.16
广州	29	6.32	13.34	5.85
深圳	41	8.93	20.80	9.13
天津	7	1.53	2.20	0.97
重庆	5	1.09	2.08	0.91
南京	11	2.40	16.18	7.10
杭州	12	2.61	3.82	1.68
武汉	8	1.74	3.94	1.73
成都	9	1.96	4.18	1.83
合计	246	53.59	119.24	52.32

资料来源：Wind 数据库。

在广州的新三板上市企业当中，批发零售业挂牌公司共有 29 家，总股本 13.34 亿股，明显少于北京、上海、深圳等城市。同时，广州挂牌公司虽然在数量上高于其他城市，但总股本仍小于南京，表明广州商贸企业在新三板的挂牌融资规模相对较小。

综合上述分析可以看出，虽然广州商业历史相对悠久，商业文化比

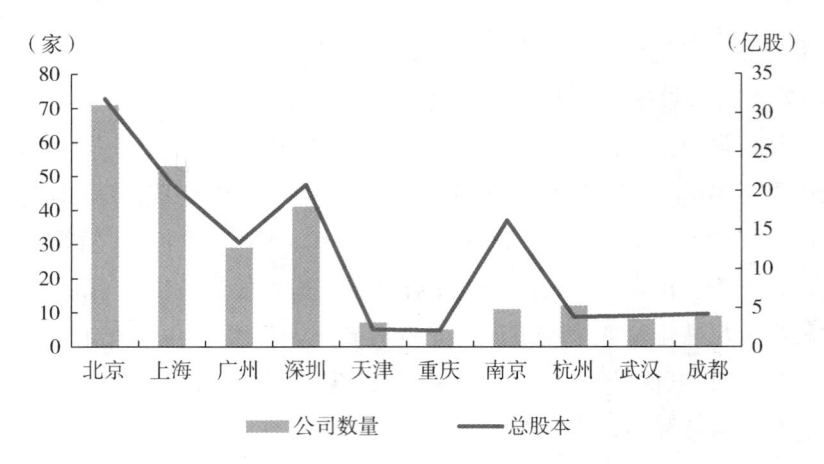

图 7-3　主要城市新三板批发零售业挂牌公司情况

较发达，但广州的商贸企业整体规模相对较小，在利用资本市场融资方面还存在较大的欠缺；在商贸业发展的过程中，广州需要着重培养龙头企业和新兴企业，从而达到商贸业对资本市场的充分利用。

第二节　广州市商贸金融发展的综合评估

广州有着两千多年的历史，是中国最大、历史最悠久的对外通商口岸，海上丝绸之路的起点之一，有"千年商都"之称。但进入到 21 世纪，随着经济运行方式发生较大变化，商业运转模式也有了较大的变革。在新的历史条件下，广州的商贸业是否还会像以前一样保持领先地位，也面临着较大的挑战。

前文已经对广州商贸金融发展概况进行了描述性分析，本部分基于相关数据资料，选取了北京、上海、广州、深圳、天津等 10 个商贸业和金融业发展水平都较高的城市，建立商贸金融综合评价指数，评估广州商贸金融发展的优势和不足，以进一步掌握广州商贸金融的发展状况。

一 指标和数据选取

商贸金融的产生是商贸企业发展到一定阶段的产物,商贸企业资金融通规模的扩大,必然促进金融业的介入并为其提供专业化的金融服务,因此商贸业的发展水平决定了商贸业对商贸金融的需求程度。而金融业的发展水平决定了金融业为商贸业提供金融服务的水平,在商贸金融发展过程中金融业扮演商贸金融产品供给的角色。需求和供给因素促进商贸金融产品的出现,进而商贸金融的发展促进相关产业的发展。因此,在评价城市商贸金融综合发展水平时,除了要考虑商贸金融本身的发展水平,更要考虑在商贸金融发展机制的内在需求动力和供给动力两方面因素,从而客观全面地评价商贸金融的发展水平和发展势头。商贸金融发展结构如图7-4所示。

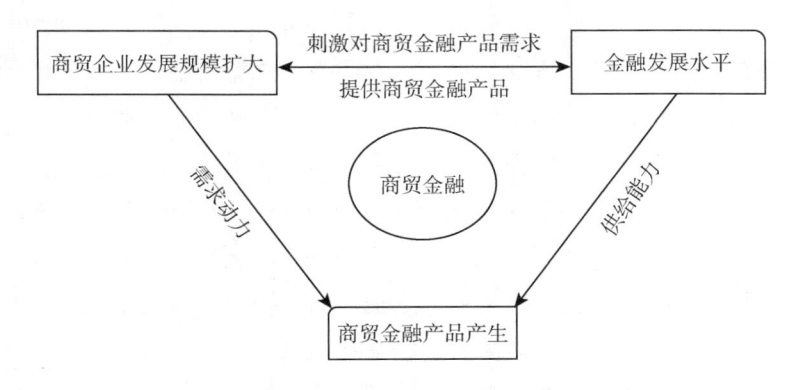

图7-4 商贸金融发展结构

通过对商贸金融发展结构的分析,本书建立了商贸金融综合发展水平评价指标体系,该指标体系涵盖了需求动力、供给能力及资本市场融资三个维度八个指标(见表7-7),以此评价广州商贸金融的综合发展水平。

表 7-7 商贸金融综合发展水平评价指标体系

维度类别	指标层	指标名称	代码
需求动力	商贸业发展水平	社会消费品零售业总额（亿元）	X1
		限额以上批发零售业负债（亿元）	X2
供给能力	金融业发展水平	金融机构年末贷款余额（亿元）	X3
		保费收入（亿元）	X4
资本市场融资	资本市场融资水平	沪深 A 股零售业上市公司数量（家）	X5
		沪深 A 股零售业实际募集资金（亿元）	X6
		新三板零售业挂牌公司数量（家）	X7
		新三板零售业挂牌公司总股本（亿股）	X8

具体来看，需求动力用商贸业发展水平表示，对应的具体指标有两个，分别是社会消费品零售业总额、限额以上批发零售业负债。其中社会消费品零售业总额代表商贸业发展规模，发展规模越大的企业对资金需求、结算、保险等业务的需求越大；负债是代表公司资产流动性的重要参考指标，而资产的流动性越强，表明该企业对资金融通服务的需求越大。因此，社会消费品零售业总额、限额以上批发零售业负债两个指标在衡量商贸金融的需求动力方面具有较高的代表性。

供给能力方面，主要考虑金融业发展水平。金融业主要涵盖了银行、保险、资本市场等方面的内容，鉴于指标的代表性和数据的可得性，该部分选择了金融机构年末贷款余额和保费收入两个指标表示金融业发展水平，并以此评价地区商贸金融的供给能力。

资本市场融资对商贸金融的发展具有重要的促进作用。当该地区商贸金融产品较全、资本市场融资水平较高时，商贸金融产品的创新就有了一定的发展基础，同时商贸金融高水平的发展对于金融机构入驻有很大的吸引力。因此，资本市场融资水平也是评价商贸金融综合发展水平最重要的指标。鉴于指标的一致性和可得性，该部分选择沪深 A 股零售业上市公司数量、沪深 A 股零售业实际募集资金、新三板零售业挂牌公司数量、新三板零售业挂牌公司总股本 4 个指标代表资本市场融资水平。本部分数据来源于各年度《中国统计年鉴》、各城市统计年鉴、Wind 数据库和同花顺财经咨询网站等。

二 各城市商贸金融发展的比较分析

表 7-8 是 2016 年北京、上海、深圳、广州等 10 个城市商贸金融发展水平各指标情况；表 7-9 是各指标的具体排名情况。根据该排名结果可知，北京在商贸发展水平、金融业发展水平及资本市场融资水平三方面都有绝对的优势，8 项指标当中共有 6 项指标排名第一，其他两项指标均排名第二，显示北京在商贸金融发展方面有远超其他城市的实力。

表 7-8　　主要城市商贸金融发展水平

指标	X1	X2	X3	X4	X5	X6	X7	X8
北京	11005.10	26627.80	56618.87	1834.25	11	389.76	71	31.82
上海	10946.57	19301.00	53985.10	1528.79	13	150.80	53	20.88
广州	8706.49	5795.83	28885.54	1166.19	3	153.52	29	13.34
深圳	5512.76	10852.20	35165.46	834.55	10	233.35	41	20.80
天津	5635.81	11508.20	27367.97	527.99	3	133.86	7	2.20
重庆	7271.35	2910.80	24785.19	600.33	1	44.38	5	2.08
南京	5088.20	4211.13	21681.28	485.80	9	663.54	11	16.18
杭州	5176.20	5769.04	25464.83	518.40	5	234.82	12	3.82
武汉	5610.59	2670.43	19386.30	430.00	3	157.97	8	3.94
成都	5742.37	1395.70	25009.00	875.36	5	120.03	9	4.18

表 7-9　　主要城市商贸金融发展水平各指标排名情况

指标	X1	X2	X3	X4	X5	X6	X7	X8
北京	1	1	1	1	2	2	1	1
上海	2	2	2	2	1	7	2	2
广州	3	5	4	3	7	6	4	5
深圳	8	4	3	5	3	4	3	3
天津	6	3	5	7	8	8	9	9
重庆	4	8	8	6	10	10	10	10
南京	10	7	9	9	4	1	6	4

续表

指标	X1	X2	X3	X4	X5	X6	X7	X8
杭州	9	6	6	8	6	3	5	8
武汉	7	9	10	10	9	5	8	7
成都	5	10	7	4	5	9	7	6

根据上海的排名信息来看，上海大部分指标位于第二，略低于北京；沪深A股零售业上市公司数量则高于北京排在第一位，但融资额较低，仅排在全部城市的第7位。广州、深圳各项指标大体相当，多位于中游水平，但明显低于北京和上海。其余城市整体上排名比较靠后，特别是重庆、南京、武汉、成都，均有1个或多个指标排在最后一位；杭州和天津虽然不及北京、上海、广州和深圳四个城市，但略高于其他城市。

三 商贸金融发展水平的综合评价

目前，国内外关于建立商贸金融综合评价指数的研究还不够充分，没有完整的商贸金融评价指标体系，本书采用 Sarma（2008）借鉴联合国开发计划署人类发展指数（HDI）的计算方法，构建了商贸金融发展指数的计算方法。

（一）商贸金融发展指数建立过程

建立该指数的过程主要遵循以下几个原则和步骤：

第一，确定维度和指标体系。根据以上对商贸金融发展的内在机制的分析，选取了包含需求动力、供给能力、资本市场融资3个维度8个指标的指标体系，具体指标见表7-7。

第二，无量纲化处理。该评价指标体系涵盖了较多的、不同种类的指标，不同的量纲代表的意义不同，这种差异是整体评价的主要影响因素，因此在建立商贸金融综合评价指数时剔除该影响因素，对数据进行无量纲化处理是极其必要的。

第三，关于指标权重的选取。构建指标评价体系时，涉及确定指标权重的问题，部分学者（Sarma，2008；Rajani，2012）采用主观赋权法，给各个指标赋予同等权重。也有学者采用客观赋权法，利用变异系数、熵值法或主成分分析法确定各指标的权重。对于商贸金融综合评价指标体系中的各项指标，孰轻孰重很难主观判断，为每个指标赋予相同权重并不科学，因此本书对于指标层内的指标权重采用变异系数法赋权。如果一项指标的变异系数较大，那么说明这个指标在衡量该对象的差异方面具有较大的解释力，则这个指标就应该被赋予较大权重。但是，需求动力、供给能力、资本市场融资三个维度之间存在相互独立又相互促进的内在关系，从提高商贸金融综合发展水平的目标导向来看，这三个维度须维持全面均衡发展的结构关系。基于此，本书赋予各维度同等权重，同时也体现了商贸金融综合水平全面、协调、均衡的发展要求。

第四，指数合成方法。关于金融指数的研究，目前多位学者（高沛星，2011；Sarma，2008）采用算术平均加权法，该方法具有反应灵敏、确证严密、简明易解等优点，因此，本书也选取该方法合成商贸金融综合评价指数。

（二）商贸金融发展指数计算过程

1. 对原始数据进行标准化处理

采取的具体公式如下：

$$d_i = \frac{A_i - m_i}{M_i - m_i} \quad (7-1)$$

式中，d_i 表示标准化后的值，A_i 表示第 i 维度中的实际值，M_i 表示第 i 维度中的最大值，m_i 则代表第 i 维度中的最小值。

2. 利用变异系数计算每个维度中指标的权重

所采取的公式如下：

$$D_i = \frac{S_i}{\overline{X}_i} \quad (7-2)$$

$$W_i = \frac{D_i}{\sum_{i=1}^{n} D_i} \quad (7-3)$$

式中，D_i 是第 i 维度中各指标的变异系数，S_i 和 $\overline{X}_i$ 分别是第 i 维度指标的标准差及均值；W_i 是第 i 维度中各指标的权重。

3. 加权平均法合成指数

本书认为三个维度的因素所占权重相同，即 1/3，因此第 i 维度因素在合成指数中的指数水平（z_i）是该维度中的所有指标加权后求和，再乘以 1/3 的权重。Z 则表示根据三个维度计算得到的商贸金融发展指数。

$$z_i = \frac{1}{3} \sum_{i=1}^{h} (d_i \times W_i) \qquad (7-4)$$

$$Z = \frac{1}{3} \sum_{i=1}^{n} z_i \qquad (7-5)$$

（三）商贸金融发展指数计算结果及分析

表 7-10 是利用变异系数计算得到的各指标在相应维度中的权重。需求动力维度中，社会消费品零售业总额指标的权重为 0.474，限额以上批发零售业负债指标的权重为 0.526。因此，在需求动力维度中，限额以上批发零售业负债指标对商贸金融综合发展水平的解释能力较大。在供给能力维度中，金融机构年末贷款余额指标与保费收入指标权重相近，都在 0.5 左右。在资本市场融资维度中，沪深 A 股零售业上市公司数量指标的权重最大，为 0.313，其他三个指标所占比重在 0.2 附近。由权重可知，沪深 A 股零售业上市公司数量指标对商贸金融综合发展水平的解释能力更大，其他三个指标对商贸金融综合发展水平的解释能力相当。

表 7-10　　　　　　　　各指标权重计算表

维度	指标名称	均值	标准差	变异系数	权重
需求动力	社会消费品零售业总额（亿元）	0.335	0.395	0.848	0.474
	限额以上批发零售业负债（亿元）	0.306	0.325	0.940	0.526
供给能力	金融机构年末贷款余额（亿元）	0.334	0.351	0.952	0.506
	保费收入（亿元）	0.321	0.345	0.931	0.494
资本市场融资	沪深 A 股零售业上市公司数量（家）	0.442	0.343	1.289	0.313
	沪深 A 股零售业实际募集资金（亿元）	0.297	0.288	1.030	0.250
	新三板零售业挂牌公司数量（家）	0.297	0.350	0.848	0.206
	新三板零售业挂牌公司总股本（亿股）	0.331	0.347	0.955	0.232

表 7-11 是各城市商贸金融发展指数。可以看出，北京商贸金融发展指数最大，达到了 0.95，无论是需求动力、供给能力及资本市场融

资水平，均排在第一位。上海紧跟其后，各项得分均排在第二位。北京和上海的商贸金融发展指数明显高于其他城市，形成第一梯队。北京商贸金融发展指数最高，且内部发展结构较为均衡，发展潜力较大。上海商贸金融发展指数的内部结构与北京相似，同时具有较高的商贸金融发展水平和较大的发展潜力。

表7-11　　　　　　　　各城市商贸金融发展指数

序号	地区	需求动力	供给能力	资本市场融资	综合得分
1	北京	1.00	1.00	0.84	0.95
2	上海	0.84	0.86	0.71	0.80
3	深圳	0.23	0.36	0.66	0.42
4	广州	0.38	0.39	0.39	0.39
5	南京	0.06	0.05	0.77	0.29
6	天津	0.25	0.14	0.29	0.23
7	成都	0.05	0.23	0.36	0.21
8	杭州	0.10	0.11	0.40	0.20
8	重庆	0.21	0.13	0.21	0.18
10	武汉	0.07	0.00	0.32	0.13

深圳和广州综合得分比较接近，均在0.4附近，但深圳得分略高于广州。比较而言，广州的分项得分比较均衡；深圳资本市场融资水平比较突出，得分为0.66，而在需求动力和供给能力方面得分较低，表明深圳的商贸金融发展指数明显偏向于资本市场融资水平，需求动力和供给能力发展程度明显滞后。

南京、天津、成都、杭州、重庆5个城市综合得分比较接近，明显低于北京、上海、深圳、广州4个城市；其中南京在资本市场融资方面的得分达到0.77，仅次于北京，显示南京在利用资本市场融资方面比较突出。在这10个城市当中，武汉的综合得分最低，仅为0.13，且供给能力得分为0，其余分项得分也不突出，表明武汉是这些城市当中商贸金融发展最弱的城市。

整体比较而言，广州的商贸金融发展水平低于北京、上海和深圳，在这 10 个城市当中处于中等偏上的水平。特别是广州的分项得分虽然比较均衡，但得分均不高，表明广州在需求动力、供给能力及资本市场融资方面均不突出。

第三节　促进广州市商贸金融发展的相关建议

一　相关结论

通过对广州商贸金融发展的描述性分析及商贸金融发展指数的构建和分析，主要得出以下三方面结论：

第一，广州关于商贸金融发展的政策较少，尤其是一些具体的措施较为匮乏。

第二，我国上市商贸企业中的 80% 在主板市场，对创业板和中小板的利用率较低，广州资本市场融资规模较小。

第三，广州商贸金融发展指数内部结构发展均衡，但需求动力、供给能力与资本市场融资水平三个方面均不突出。

第四，整体上看，广州商贸金融综合发展处于中等偏上水平，位于北京、上海、深圳三个城市之后，尤其与北京、上海的商贸金融综合发展水平差距较大。

二　促进广州商贸金融发展的对策建议

商贸业是广州的传统优势产业，加快商贸金融发展是促进商贸业发展的一条重要途径。为此，广州应做好以下几个方面的工作。

（一）加大政府支持力度，出台促进商贸金融发展的具体政策

政府对商贸金融发展的支持应从以下几点入手：首先，加大对中小型商贸企业的财政支持，颁布对商贸企业的资金鼓励政策，打破中小微企业融资难的障碍。其次，搭建商贸企业与金融机构的合作平台，建立金融产品需求方与供给方的联系纽带。

（二）完善中小板、创业板市场，推动商贸企业中的新兴企业和中小企业资本市场融资进程

资本市场融资是商贸企业发展到一定规模的必然选择，然而在企业发展初期，融资难是大部分中小企业面临的问题，因此，我国需进一步完善中小板、创业板市场，为商贸企业提供初期融资场所。广州需着重发展龙头商贸企业，扩大其在资本市场的融资规模。

（三）保持商贸金融内部结构均衡发展

与其他城市相比，广州商贸金融内部结构发展较为均衡，需求动力、供给能力与资本市场融资水平相匹配，有利于广州商贸金融的持续健康发展，因此该优点应继续保持和发扬。

（四）提高广州商贸金融综合发展水平

与其他城市相比，广州商贸金融综合发展水平还较低。针对该问题，广州应从以下几点入手：第一，利用其天然的地理优势和"千年商都"的经济地位，大力发展商贸业，推动广州批发零售等贸易业务的发展；第二，推动广州金融业发展水平，为商贸金融发展提供强大的金融基础；第三，促进金融机构入驻及商贸金融产品创新，大力推动商贸企业上市融资，从而拓展金融对商贸企业的服务空间。

第八章　广州市互联网金融发展评估

互联网金融是近年来蓬勃兴起的一个金融领域。它包括基于网络平台的金融市场体系、金融服务体系、金融组织体系、金融产品体系以及互联网金融监管体系等，并具有普惠金融、平台金融、信息金融和碎片金融等相异于传统金融的典型特征。金融业的本质就是信息数据，所有的金融产品只是不同信息数据的组合而已，这些数据并非由银行或其他金融机构生成，真正形成数据的是互联网上的每一个"节点"（互联网平台）。如不受监管制度约束，这些互联网平台就可在自行组合和分析数据后发行不同的金融产品。事实上，只要是数据流过的地方，任何金融产品都可以被"制造"，这就是互联网金融的核心内涵。

本章首先在对广州支持互联网发展的相关金融政策进行剖析的基础上，就广州互联网金融发展状况进行描述性分析；其次通过选择若干互联网金融发展状况较好的城市，与广州对标进行比较分析，就广州互联网金融发展状况进行综合评估。

第一节　互联网金融的主要发展模式

互联网金融就是互联网技术和金融功能的有机结合，依托大数据和云计算在开放的互联网平台上形成的功能化金融业态及其服务体系，是一种与金融业本身相关联的产业金融形式。互联网与金融的结合源于欧美发达国家，互联网金融是伴随着互联网技术的发展而兴盛起来的。随着20世纪90年代互联网技术的兴起与发展，欧美的金融企业开始广泛利用现代信息技术开展金融业务。进入21世纪，互联网技术进入一个新的发展阶段，云计算开始兴起，金融创新也不断涌现，大量的新型互联网金融企业逐渐出现并取得了较大的发展。

虽然互联网金融在欧美等发达国家起步较早，但由于金融环境的差异，互联网金融的兴起并没有对传统金融业务产生颠覆性影响。以互联网融资业务为例，P2P模式最早出现在英国并在美国得到了更大的发展。美国P2P市场由两大P2P平台Lending Club和Prosper主导，2013年两大平台的贷款总额为24.2亿美元，比2012年增长了177%，① 但和美国金融体系万亿美元的融资规模相比，网络贷款仍然是极小的一部分。在互联网支付领域，根据相关研究，2012年美国移动支付占整个支付体系的比例不足1%，2015年预计能够达到2%，移动支付及第三方支付确实将会弱化传统支付体系的功能，但要达到取代传统支付体系的程度估计需要很长时间。②

传统上，我国金融业以国有或国有控股银行为主，在利率未完全市场化的情况下，银行的市场压力较小，享有政府赋予的特权及相关垄断利益，倾向于为大型国有经济主体及其产业链提供融资。因此，大量中小企业、非国有市场主体长期得不到融资支持，成为一个很大的市场空白点，也为我国互联网金融创新和快速发展提供了坚实基础。因此，我国互联网金融虽然起步较晚，但发展较快，大多数人认为，互联网金融对我国金融业产生了颠覆性影响。

当前，互联网金融发展模式主要有四种：传统金融业务的互联网化、互联网支付、互联网融资及虚拟货币。下面就这四种模式进行分析。

---

① 芮晓武、刘烈宏：《中国互联网金融发展报告（2014）》，社会科学文献出版社2014年版，第6页。

② 郑联盛：《美国互联网为什么没有产生"颠覆性"？》，《证券日报》2014年1月27日第A03版。

一 传统金融业务的互联网化

传统金融业务的互联网化，主要是传统的商业银行、证券、保险、个人财富管理、资产管理等通过互联网实现新的业务形态，实际上是原有金融业务的信息化升级。金融业务信息化是美国互联网金融发展的初始和基础的动力源，也是美国互联网金融发展的最初业态。

1996 年美国安全第一网络银行开始了网上金融服务。同年 6 月，中国银行设立网站开始通过互联网提供银行服务；1999 年 9 月，招商银行率先在全国启动网上银行业务；中国工商银行于 2000 年 2 月开通网上银行；2000 年 5 月，中国银行推出了完善和成熟的网上银行体系——家居银行，家居银行由企业银行、个人银行、网上证券、网上商城、网上支付组成。至今，几乎所有的银行均已经提供了网上银行服务，通过网上银行，能够办理绝大部分银行业务。

二 互联网支付

基于互联网的金融支付体系，是以第三方支付、移动支付为基础的新型支付体系在移动终端智能化的支持下迅猛发展起来的。特别是非金融企业利用互联网积极推进业务支付的网络化，如 Facebook 的 Credits 支付系统、PayPal 的微支付系统 Digital Goods 等，极大地促进了支付体系与互联网的融合，并成为互联网金融中的"基础设施"。

1998 年 4 月 16 日，伴随鼠标轻点，招商银行员工彭千通过招商银行"一网通"网上银行支付系统，在互联网上向先科娱乐传播有限公司购买了一批价值 300 元的 VCD 光碟，由此成功完成了国内第一笔网上银行支付。国人对网上银行支付的认识和接受，就这样从招商银行抢先"触网"后悄然起步。这一交易的成功，标志着国内首家使用银行卡进行网上购物付款结算的电子支付系统正式开通，开创了国内网上银行服务的先河，中国电子商务从此掀开了崭新的一页。中国的网上支付从当年第一笔 300 元的订单，到 2007 年实现 976 亿元的网上银行支付交易额，10 年的增幅超过 3.2 亿倍。中国电子商务以银行网上支付系统的成长壮大为依托飞速发展，日新月异，正在广泛地渗透到人们生活的方方面面。

三 互联网融资

互联网融资主要包括网络存款、贷款、众筹等新兴互联网金融信用业务。网络存贷款最主要的业务就是 P2P，通过这个网络贷款平台，资金需求和供给双方在互联网上就可以完成资金融通。该业务完全脱离于传统商业银行体系，是脱媒的典型表现。世界上第一家 P2P 网络借贷公司是英国的 ZOPA（Zone of Possible Agreement），2006 年 Prosper 公司创设了美国第一家 P2P 网络借贷平台。随后，2007 年我国第一个 P2P 网贷平台在上海成立，且截至 2017 年，短短十年，迸发了大量 P2P 网贷平台。它之所以有如此大的发展前景，主要是因为 P2P 业务对借款者并没有太高的资格门槛，其面向对象多是资金临时筹措不足的小微企业和个人。由于传统金融机构在此类贷款方面的缺位，相当规模的资金需求者选择此类融资方式；由于投资的低起点、高回报等特性，吸引了社会上大量的小规模投资。

互联网信用业务的另一个典型代表就是众筹，众筹就是集中平台上众多参与者的资金，为小企业或个人进行某项活动等提供资金支持，实际上也是一个中小企业或个人的互联网融资平台。它起源于美国一家创业型众筹网站 Kickstarter，通过他人捐助资金或预购产品为中小企业进行募集资金。最初的发起者是一些创意者，比如艺术家、音乐者为了完成艺术作品会向大众发起募资，艺术家会将产品预效果展示在网上，喜欢作品的用户提供资金，产品完成赠送或以其他方式进行回报。随着众筹影响力的不断扩大，得到赞助的项目越来越多，更多的众筹平台不断成立，形式从最初的慈善化转向商业化、多领域开拓。①

---

① 刘晛：《中国互联网金融的发展问题研究》，博士学位论文，吉林大学，2016 年。

四 虚拟货币

网络虚拟货币最典型的代表就是比特币。目前，Bitcoin、Facebook 等都在提供虚拟货币，美国 Target 等连锁超市销售 Facebook 虚拟货币卡。网络虚拟货币存在与真实货币的转换可能性，将使得互联网金融与传统货币政策框架交织在一起。德国政府已认可了比特币的法律和税收地位。韩国最高法院在 2010 年的判例中认定虚拟货币等价于真实货币。

目前，我国虽然不承认比特币等虚拟货币的货币属性和合法性，但是仍有大量的比特币用户参与其中，他们通过国内 OKCoin 网、火币网、比特币交易网等交易平台进行交易。这些交易者更多的是出于投机性需求来购买比特币，将比特币看作有升值预期的金融工具，而最基本的货币属性并没有发挥出来。但我们不能否认，这类虚拟货币的产生在货币进化过程中是里程碑式的一步，但是虚拟货币能否真正实现作为货币的功能，规避投机行为的发生是我们在接下来的金融发展中应当关注的。[①]

第二节　广州市互联网金融发展概况

为加快广州金融创新服务区建设，打造国家级综合性金融创新试验基地，广州市金融工作局和广州开发区管委会发布关于《2016—2018 年加快广州金融创新服务区建设行动方案》的通知。该通知强调，鼓励广州互联网金融环境、金融平台和金融机构的发展，积极探索以大数据为核心的融资解决方案，努力使互联网金融辐射整个广州；并指出"到 2018 年，金融创新服务区'一核两翼多支点'的空间架构基本形成，集聚以科技金融、产业金融、互联网与数据金融为特色的各类金融机构超过 50 家，股权投资类机构超过 100 家，资金管理规模超过 500 亿元，成为具有区域影响力的金融服务和股权投资基地"。《广州市金融业发展第十三个五年规划（2016—2020 年）》也明确指出，要规范发展互联

---

① 邢译文：《中国互联网金融模式研究》，硕士学位论文，吉林财经大学，2016 年。

网金融，积极稳妥发展新兴金融业态，使金融与互联网的良性结合促进广州产业金融的发展。

虽然从2013年开始互联网金融热才遍布全国，但是互联网金融的发展并不是从2013年才开始，互联网金融涉及的业务领域也非常广泛，在货币、基金证券、支付、在线信贷、众筹融资领域都有创新的互联网金融业务模式在进行探索。而从当前互联网金融的发展现状看，第三方支付、基金理财和在线融资是当前发展相对明朗的领域。

一　互联网的金融政策分析

"十二五"以来，广州市政府办公厅发布了一系列有关促进互联网发展的政策。其中，《关于推进互联网金融产业发展的实施意见》提出了广州互联网金融的总体发展目标，即力争在三年内建成3—5个各具特色的互联网金融产业基地，集聚一批实力雄厚的互联网金融龙头企业，打造若干个品牌卓越的互联网金融服务平台，将广州建设成为互联网金融业态丰富、运行稳健、创新活跃、服务高效、环境优良，在全国具有重要地位和广泛影响力的互联网金融中心城市。该文件也对广州互联网金融的具体发展措施给予了相应的介绍，表明了广州市政府对互联网金融发展的支持。表8-1列举了"十二五"以来广州支持互联网发展的部分相关政策。

表8-1　"十二五"以来广州支持互联网发展的部分相关政策

序号	年份	政策文件	文件编号
1	2013	《加快电子商务发展实施方案（试行）的通知》	穗府办〔2013〕13号
2	2014	《全市电子商务与移动互联网集聚区总体规划布局的意见》	穗府办〔2014〕41号
3	2014	《广州市人民政府办公厅关于印发加快电子商务发展实施方案的通知》	穗府办〔2014〕54号
4	2015	《广州市人民政府办公厅关于推进互联网金融产业发展的实施意见》	穗府办〔2015〕3号

续表

序号	年份	政策文件	文件编号
5	2017	《加快广州跨境电子商务发展若干措施（试行）的通知》	穗府办〔2017〕36号

为了促进互联网金融的发展，广州还于2015年4月成立了互联网金融协会，致力于促进互联网金融行业互联互通、相互交融及规范有序发展。其目的是打造一个互联、互通、互助的华南互联网金融生态圈。目前协会成员有106家，共15类会员类型，具体会员情况见表8-2。

表8-2　　　　　　广州互联网金融协会会员名单

会员类别	会员名称
会长单位	广州e贷
副会长单位（12家）	广发银行、平安银行、平安财险、广州股交中心、网贷之家、翼支付、礼德财富、银悦·顺顺贷、淘淘金、广发互联小贷、民贷天下、新联在线
理事单位（22家）	万联证券、唯品会小贷公司、贷贷网、微投网、予财宝、华兴银行、网贷天眼、人人创、懒猫联银、久久投、海鳘众筹、知商金融、蓝盾技术、派派猪理财、圈圈金服、恒信易贷、分利宝、壹宝贷、小贷吧、数链科技、大唐普惠、新网银行
监事长单位	浙商银行广州分行
副监事长单位	广清中心
监事单位（3家）	南方金融创新研究院、时间戳、通付盾
会员单位（59家）	名单略
个人会员（8人）	名单略

广州互联网金融协会会员涵盖主要互联网金融业态，包括互联网支付、网络众筹、网络借贷、互联网小贷公司、互联网征信、互联网IT公司、网络仲裁等会员，以及互联网创新较好的传统银行、保险、证券、广州股交中心、行业门户网站和评级机构、上市顾问、中介机构、研究机构、律师事务所、会计师事务所、专家学者等，是国内会员类型最多的互联网金融行业协会之一，已经形成了互联、互通、互助的华南互联网金融生态圈，有效地促进了广州互联网金融业的健康、有

序、稳定发展。

二 我国互联网金融发展概况

(一) 传统金融业务的互联网化

1. 互联网银行

2015年以来，一系列互联网金融新规密集出台，不仅使互联网金融行业不断走向规范，也使提前布局互联网的银行优势凸显出来。从整体规模上看，2015年网上银行业务保持平稳发展趋势。据中国电子商务研究中心监测，2015年全年网上银行交易规模约1668.5万亿元，同比增长27.92%。自2012年起保持20%以上的较快增速，如表8-3所示。

表8-3　　2011—2015年互联网银行业务规模与同比增速

单位：万亿元，%

项目	2011年	2012年	2013年	2014年	2015年
交易规模	596.70	746.30	930.20	1304.40	1668.50
同比增速	8.59	25.07	24.64	40.23	27.91

资料来源：中国电子商务研究中心。

(1) 互联网直销银行

互联网直销银行是随着互联网发展而相应产生的银行新运行模式，这种模式的特质为采用虚拟银行卡，用户主要通过互联网、移动互联网获取服务，同时具备更低廉的贷款成本和手续费，因此能够为顾客提供比传统银行更便捷、优惠的金融服务。目前已有超过30家银行设立了直销银行，通过发挥银行的牌照优势，同时为互联网B端和C端用户提供多元化的服务。由于政策的原因，国内直销银行的发展较为滞后，但近两年监管有所松动，随着互联网技术的发展、民营银行的挂牌、互联网金融产品线的丰富，国内互联网直销银行正在逐步完善和进步。

当前互联网直销银行覆盖率普遍较低（见表8-4），但从手机网上银行向互联网直销银行的过渡升级正在进行中。其中，属于广东省的互联网直销银行有平安橙子银行和广发有米直销银行，2015年覆盖率分别为 0.03% 和 0.01%。

表 8-4   2015年互联网直销银行覆盖率前十位银行   单位：%

类型	2015年覆盖率	2014年覆盖率	2014年排名
钱大掌柜（福州）	0.08	0.10	1
江苏银行直销银行（南京）	0.05	0.05	2
平安橙子银行（深圳）	0.03	0.03	4
民生直销银行（北京）	0.03	0.04	3
工银融e行（北京）	0.03	—	新应用
恒丰银行一贯（烟台）	0.01	0.00	7
宁波银行直销银行（宁波）	0.01	—	新应用
广发有米直销银行（广州）	0.01	—	新应用
徽商有财（合肥）	0.01	—	新应用
上行块钱（上海）	0.01	0.02	5

资料来源：《2015年移动互联网行业发展报告》。

从应用综合评价看，希财网根据用户体验（40%）、产品设计（30%）和市场影响力（30%）三个指标计算了互联网直销银行综合得分。结果显示，股份制商业银行整体排名靠前，四大国有商业银行中仅工商银行App产品综合评分挤进前十；而广东省只有珠海华润银行进入了前十，名列第八（见表8-5）。这表明，广东省的各互联网直销银行在用户体验、产品设计和市场影响力方面仍需加强，以促进广东省互联网金融发展。

表 8-5   2015年互联网直销银行综合评分前十位银行   单位：分

排名	银行名称	直销银行名称	得分
1	民生银行	民生银行直销银行	9.50
2	兴业银行	兴业银行直销银行	9.31
3	中国工商银行	工银融e行	9.25
4	恒丰银行	恒丰银行直销银行	8.87

续表

排名	银行名称	直销银行名称	得分
5	江苏银行	江苏银行直销银行	8.70
6	徽商银行	徽商有财	8.60
7	包商银行	小马 Bank	8.40
8	珠海华润银行	华润直销银行	8.26
9	浙商银行	浙商直销银行	8.20
10	浦发银行	浦发银行直销银行	8.06

资料来源：希财网。

根据《中国互联网金融年报（2017）》中有关互联网直销银行发展情况的描述可知，截至2016年年末，国内69家传统商业银行设立了互联网直销银行（不含微众银行和网商银行），超过80%互联网直销银行发起行为城商行和农商行。目前，国有大型商业银行中仅工商银行推出了互联网银行"融e行"。全国性股份制银行中华夏银行、兴业银行、民生银行、广发银行等10余家推出了互联网直销银行，城商行和农商行推出互联网直销银行的超过56家，部分银行还创立了自己的互联网直销银行品牌。由于互联网直销银行的业务活动主要依赖互联网等电子渠道，不受实体网点的时间和地域限制，因此成为城商行和农商行等受地域限制较大的中小银行的互联网端获客渠道，如图8-1所示。

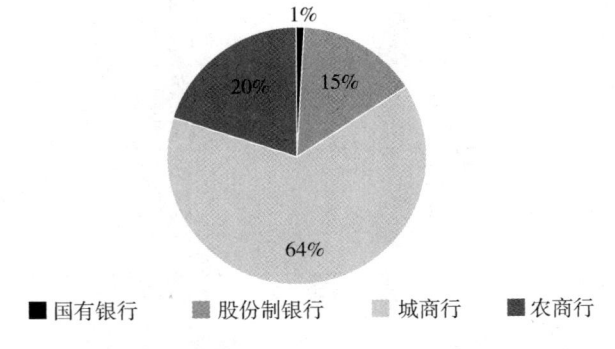

图8-1 2016年年末全国互联网直销银行按发起行性质分布

(2) 手机银行

近年来，移动金融也得到了快速发展，移动银行业务成为互联网银行业务的主要竞争领域。国内银行中已经推出手机银行业务的包括工商银行、农业银行等大型国有银行，全国性股份制银行，部分城商行和农商行，以及极少数农合行、新型农村金融机构和农信社。

第三方平台机构 Talking Data 发布的《2015年移动互联网行业发展报告》显示，截至2015年年末，全国移动金融理财行业用户规模达8.2亿人，在全部互联网用户中的占比超过60%。各家银行积极开发移动金融应用程序，目前国有银行与大型股份制银行已全部开发手机银行应用程序，城商行开发率过半。从移动金融覆盖率看，四大国有银行排名靠前，招商银行在股份制银行中较为领先；广发手机银行在2014年的覆盖率为0.3%，2015年上升为0.6%，上升了0.3个百分点（见表8-6）。与其他手机银行相比，广发手机银行的覆盖率较低，但与本身的发展相比，有一定的进步。

表8-6　　　　　2015年手机银行覆盖率前十位银行　　　　　单位：%

银行	2015年覆盖率	2014年覆盖率	2014年排名
中国建设银行	5.4	4.8	1
工行手机银行	3.6	3.1	2
招商银行	3.0	2.6	3
农行掌上银行	2.7	2.4	4
中国银行	2.1	1.6	6
邮储银行	1.9	1.5	7
交通银行	1.6	1.6	5
民生银行	0.9	0.7	8
平安口袋银行	0.7	0.4	9
广发手机银行	0.6	0.3	13

资料来源：《2015年移动互联网行业发展报告》。

2. 互联网证券

互联网证券业务是指投资者利用互联网网络资源（包括公用互联

网、局域网、专网、无线互联网等）传送交易信息和数据资料并进行与证券交易相关的活动，包括获取实时行情及市场资讯、投资咨询和网上委托等一系列服务。1997年3月华融信托投资公司湛江营业部推出的网上交易系统标志着我国证券交易进入网上交易阶段。

截至2015年12月，已有55家证券公司获得互联网证券试点资格。其中，2014年共批准24家证券公司发展互联网证券业务，2015年批准31家证券公司发展互联网证券业务（见表8-7）。

表8-7　　截至2015年12月互联网证券试点证券公司名单

批准批次	证券公司名单
第一批（2014年）	中信证券、国泰君安证券、长城证券、平安证券、华创证券、银河证券
第二批（2014年）	广发证券、海通证券、申银万国证券、中信建投证券、国信证券、兴业证券、华泰证券、万联证券
第三批（2014年）	财富证券、财通证券、德邦证券、东海证券、方正证券、国金证券、国元证券、长江证券、招商证券、浙商证券
第四批（2015年）	华宝证券、东方证券、南京证券、西南证券、中原证券、齐鲁证券、安信证券、华林证券、东兴证券、第一创业证券、太平洋证券
第五批（2015年）	财达证券、东莞证券、东吴证券、国海证券、国联证券、恒泰证券、华安证券、华龙证券、华融证券、民生证券、山西证券、世纪证券、天风证券、湘财证券、西藏同信证券、银泰证券、中金证券、中投证券、中山证券、中邮证券

《中国互联网金融年报（2017）》选取了招商证券、平安证券、中投证券、国金证券、申万宏源证券、安信证券、东方证券、东北证券、西南证券、长城证券和广发证券11家具有代表性的证券公司，汇总其互联网证券相关业务数据进行分析，以把握互联网证券业务发展的总体特点。

2016年，11家具有代表性的证券公司网上开户数为1272万户（见图8-2），较上年增加319万户，同比增长33.4%，2015年同比增速940%；移动端开户数1593万户，较上年增加311万户，同比增长24.3%，2015年同比增速为1500%。2016年证券公司网上开户数和移动端开户数增速均大幅回落，主要原因是股市未出现火爆行情，房产投资、理财等资产管理和配置形式进一步多样化,证券投资对新客户的吸引力有所下降。

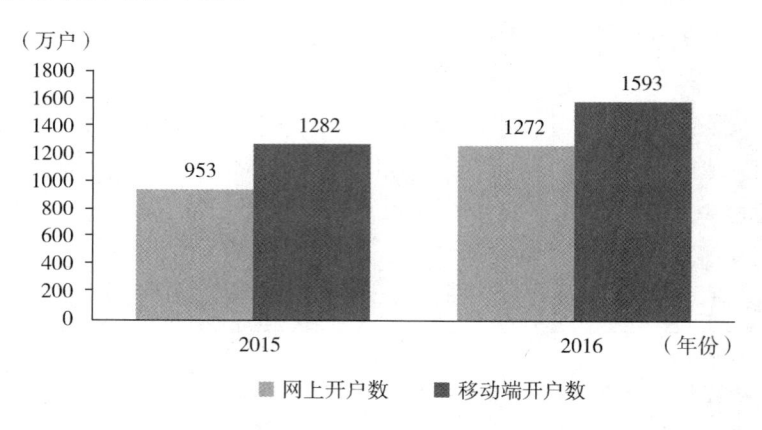

图 8-2　样本公司网上开户数和移动端开户数增幅情况

2016 年,11 家具有代表性的证券公司网上交易金额为 61 万亿元,较上年减少 39 万亿元,同比下降 39.2%。其中,移动端交易金额为 19 万亿元,较上年减少 7 万亿元,同比下降 27%;移动端交易金额占网上交易总额的 30.9%,较上年提高 5 个百分点。全年网上交易金额虽降幅较大,但通过移动端交易的比例有所提高,证券客户对移动端交易的接受度进一步加强。

此外,在沪深 A 股主板、中小板、创业板以及新三板市场,均有许多公司涉足互联网金融业务。

(1) 沪深 A 股互联网金融上市公司

截至 2017 年年底,业务涉及互联网金融的上市公司共 125 家,其中主板上市公司 49 家,中小板、创业板上市公司分别为 50 家和 26 家(见表 8-8)。从上市公司数量上看,中小板上市公司与主板上市公司数量相当;但从总股本上看,主板上市公司总股本占到全部互联网上市公司总股本的 68.74%。

表8-8 互联网金融上市公司情况

板块	上市公司		总股本	
	数量（家）	占比（%）	数量（亿股）	占比（%）
主板	49	39.20	1744.47	68.74
中小板	50	40.00	627.68	24.73
创业板	26	20.80	165.48	6.52
合计	125	100.00	2537.63	100.00

从互联网金融公司所在城市看，125家上市公司分属于46个城市。在125家公司当中，北京和深圳公司数量分别为20家和22家，明显高于其他城市，两个城市上市公司数量占全部公司数量的比重达到33.60%；上海和杭州分别为12家和10家，数量仅次于深圳和北京；南京、广州和嘉兴的数量分别为5家、4家和4家；另外，合肥、苏州、长沙各有3家，哈尔滨、湖州、昆明各有2家。其他33个城市分别有1家相关企业（见表8-9）。

表8-9 沪深A股互联网金融上市公司情况

序号	所属城市	上市公司		总股本	
		数量（家）	占比（%）	数量（亿股）	占比（%）
1	深圳	22	17.60	343.48	13.54
2	北京	20	16.00	237.91	9.38
3	上海	12	9.60	563.07	22.19
4	杭州	10	8.00	166.77	6.57
5	南京	5	4.00	179.51	7.07
6	广州	4	3.20	103.30	4.07
7	嘉兴	4	3.20	38.25	1.51
8	合肥	3	2.40	42.95	1.69
9	苏州	3	2.40	7.02	0.28
10	长沙	3	2.40	98.15	3.87
11	哈尔滨	2	1.60	28.16	1.11
12	湖州	2	1.60	34.99	1.38

续表

序号	所属城市	上市公司		总股本	
		数量（家）	占比（%）	数量（亿股）	占比（%）
13	昆明	2	1.60	70.63	2.78
14	其他33城市	33	26.40	623.44	24.57
	合计	125	100.00	2537.63	100.00

就上市公司总股本看，各城市总股本分布与公司数量分布略有差异。上海和深圳总股本明显高于其他城市，合计占到总股本的35.73%；北京、杭州、南京、广州、长沙、昆明等城市占总股本比重在2%—10%，其余城市总股本所占比重较低。

就广州的具体情况看，虽然广州的经济总量较高，经济发展较活跃，但就互联网金融涉及的上市公司看，无论是数量还是总股本，均落后于北京、上海、深圳、杭州、南京等城市，特别是上市公司数量仅为深圳的约1/5，总股本不足深圳的1/3或上海的1/5，表明在新兴互联网金融发展方面，广州还略显落后。

（2）新三板市场融资

在新三板挂牌公司的行业分类中，没有专门针对互联网金融的分类，此处以新金融所属挂牌公司为例进行说明。新金融是在互联网及信息技术的发展下，传统金融业务与互联网技术融合，通过优化资源配置与技术创新，产生新的金融生态、金融服务模式与金融产品，基本上涵盖了互联网金融的范畴。

截至2017年年底，新三板挂牌公司总数达到11630家，其中有96家公司涉及新金融业务领域，以小额贷款、保险、券商和期货公司为主（见表8-10）。

表8-10　　　　　新三板新金融挂牌公司情况　　　　　单位：家，%

序号	主营业务	数量	占比
1	多元金融（小额贷款）	65	67.71
2	保险	12	12.50

续表

序号	主营业务	数量	占比
3	券商	6	6.25
4	期货	5	5.21
5	担保	4	4.17
6	银行	3	3.13
7	股权投资	1	1.04
	合计	96	100.00

表8-10数据显示，96家挂牌公司当中，以小额贷款业务为主的挂牌公司达65家，占67.71%；其次为保险公司12家，占12.50%。券商、期货、担保、银行、股权投资等行业均有涉及，但占比较小。

从城市挂牌公司看，北京拥有新三板新金融挂牌公司的数量最多，为10家，占全部数量的10.42%；且其总股本达到309.15亿股，占比达到39.89%（见表8-11）。深圳、上海、苏州、南京、扬州、杭州等也是挂牌公司较多的城市，主要集中于长三角地区。

表8-11　　　　各城市新三板新金融挂牌公司情况

序号	城市	新金融挂牌公司		总股本	
		数量（家）	占比（%）	数量（亿股）	占比（%）
1	北京	10	10.42	309.15	39.89
2	深圳	8	8.33	19.95	2.57
3	上海	6	6.25	42.95	5.54
4	苏州	5	5.21	13.13	1.69
5	南京	5	5.21	29.84	3.85
6	扬州	4	4.17	6.51	0.84
7	杭州	4	4.17	23.76	3.07
8	南通	2	2.08	3.99	0.51
9	兰州	2	2.08	68.27	8.81
10	克拉玛依	2	2.08	1.63	0.21
11	嘉兴	2	2.08	8.25	1.06
12	济南	2	2.08	42.23	5.45

续表

序号	城市	新金融挂牌公司		总股本	
		数量（家）	占比（%）	数量（亿股）	占比（%）
13	哈尔滨	2	2.08	8.01	1.03
14	大连	2	2.08	2.50	0.32
15	常州	2	2.08	23.03	2.97
16	常德	2	2.08	1.00	0.13
17	广州	1	1.04	0.21	0.03
18	其他35城市	35	36.46	170.61	22.01
	合计	96	99.98	775.01	99.98

就广州来看，其新三板新金融挂牌公司仅有1家，总股本也较低，仅为0.21亿股，占比仅为0.03%。

3. 互联网保险

互联网保险指保险公司或者其他中介机构利用互联网开展保险业务的行为。我国的网上保险尚处于初级阶段，大多数保险公司只是建立了自己的门户网站，而网上销售和网上交易基本上还没形成气候。虽然2000年中国平安保险公司推出了货运险网上交易系统，但我国保险业的信息化水平还很低。2012年6月19日放心保成功上线，兼具B2B和B2C交易模式，属于互联网保险的一种，同时也是保险产品的第三方销售平台。2013年，阿里巴巴、中国平安和腾讯联合设立的众安在线财产保险公司突破了国内现有的保险营销模式，不设实体分支机构，代之以互联网销售和理赔。

2016年我国互联网保险保费收入总额为2348亿元，同比增长5.2%，较2014年和2015年分别回落180.2个和154.8个百分点；全年保费收入较2014年和2015年分别增加1489亿元和115亿元。2016年我国保险业原保费收入3.1万亿元，同比增长27.5%，较2014年和2015年分别提高10个和7.5个百分点，较同期互联网保险保费收入增速高22.3个百分点。全年互联网保险收入占保险业保费收入的7.6%，占比较2015年下降1.6个百分点，较2014年提高3.3个百分点。全年新增互联网保险保单61.65亿件，占全部新增保单件数的64.6%。其中退货运费险签单件数达 44.9 亿件，同比增长 39.9%（见表 8-12 和图 8-3）。

表 8-12　互联网保险收入规模及占比趋势　　　　　单位：亿元，%

	2011 年	2012 年	2013 年	2014 年	2015 年	2016 年
互联网保险保费收入	22	106	301	859	2233	2348
互联网保险保费收入占比	0.15	0.69	1.75	4.24	9.20	7.57

资料来源：《中国互联网金融年报（2017）》。

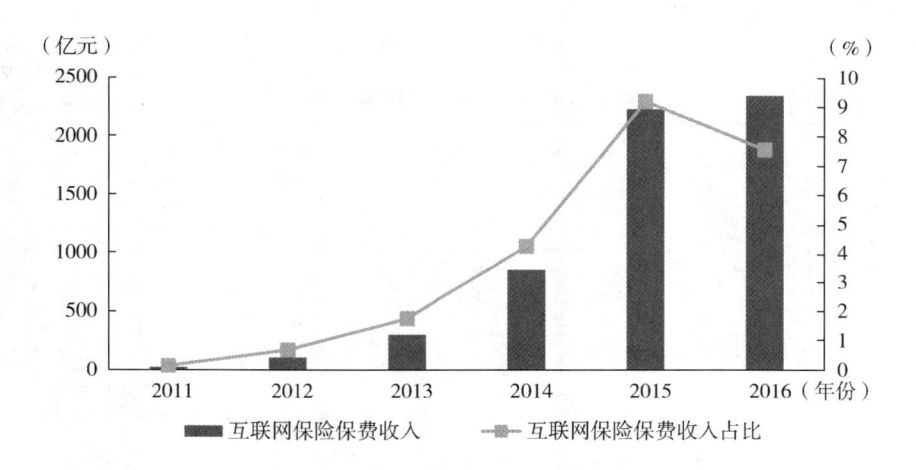

图 8-3　互联网保险收入规模及占比趋势

2011—2015 年我国互联网保险经历了爆发式增长，互联网保险保费收入占比由 2011 年的 0.15% 上升到 2015 年的 9.20%，5 年占比累计提高 9 个百分点。2016 年互联网保险保费收入增速大幅回落，占比明显下降，主要原因在于，互联网保险风险专项整治的逐步深入和互联网保险牌照开始收紧。2016 年持牌互联网保险公司 117 家，仅比 2015 年增加 7 家，而 2015 年比 2014 年增加 25 家。

下面就互联网财产险和人身险的保费收入进行简要分析。2016 年，我国互联网财产险保费收入为 403 亿元，同比下降 47.5%（保险业财产险保费收入增速为 9.1%），较 2015 年回落 99.3 个百分点，与 2012—2014 年各年均高于 100% 的增速形成鲜明对比（各年的同比增速分别为

336.4%、146.9%和113.5%）。全年互联网财产险保费收入占保险业财产险保费收入的4.6%，保费收入较2014年和2015年分别减少102.7亿元和365亿元。与此同时，2016年我国互联网人身险保费收入为1945亿元，同比增长32.8%，较保险业人身险保费收入增速低3.7个百分点；增速较2012—2015年大幅回落（各年增速分别为456.9%、548.6%和314.8%），但总体上仍保持较快增长，增速高出保险业保费收入增速5.3个百分点。2016年互联网人身险保费收入占保险业人身险保费收入的11.2%，保费收入较2014年和2015年分别增加1592亿元和480亿元（见表8-13和图8-4）。

表8-13　　　　　互联网财产险和人身险保费收入规模　　　　单位：亿元

	2011年	2012年	2013年	2014年	2015年	2016年
互联网财产险保费收入	22	96	237	506	768	403
互联网人身险保费收入	0	10	54	353	1465	1945

资料来源：《中国互联网金融年报（2016）》。

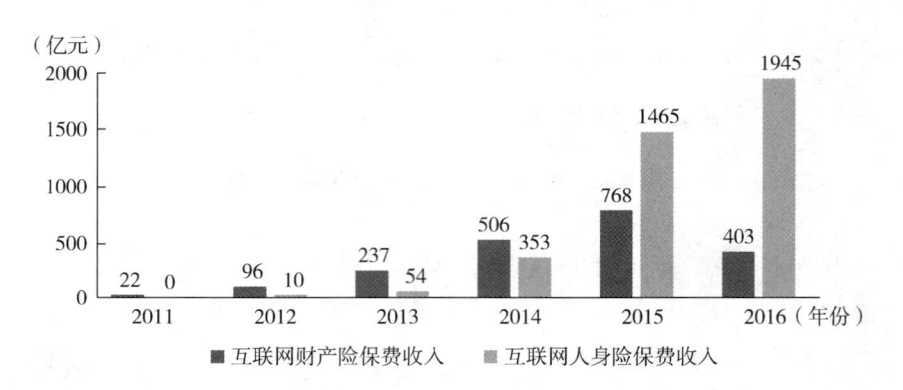

图8-4　互联网财产险和人身险保费收入规模

（二）互联网支付分析

2010年，央行颁布《非金融机构支付服务管理办法》，并于2011年开始发放第三方支付牌照，第三方支付行业正式纳入央行金融监管体系。近年来，我国互联网支付行业呈现出快速增长的趋势，一方面，互联网支付的安全性和便捷性不断提高；另一方面，互联网支付的交易规模越来越大。

1. 互联网支付

2016 年，我国互联网支付交易金额达 2139 万亿元，同比增长 5%，较上年下降 42 个百分点，增速明显放缓（见表 8-14 和图 8-5）。银行互联网支付交易总金额的发展趋势与互联网支付交易总金额类似，2016 年我国银行互联网支付交易金额为 2085 万亿元，同比增长 3%，较上年下降 44 个百分点；尽管如此，银行互联网支付交易金额占全部互联网支付交易金额的比重仍高达 97.5%，仍占据互联网支付的主要地位。2016 年，我国非银行机构互联网支付交易呈爆发式增长，交易金额为 54 万亿元，同比增长 125%，较上年增加 84 个百分点。这表明，当银行互联网支付交易出现放缓态势时，非银行机构的互联网支付交易在互联网支付交易中起到了至关重要的作用，也反映出近年来非银行机构互联网支付交易的飞速发展。

表 8-14　　　　2013—2016 年互联网支付交易金额　　单位：万亿元，%

	2013 年	2014 年	2015 年	2016 年
银行互联网支付交易金额	1061	1376	2018	2085
非银行机构互联网支付交易金额	9	17	24	54
互联网支付交易金额	1070	1393	2042	2139
互联网支付交易金额增长率	29	30	47	5

资料来源：《中国支付清算行业运行报告》。

从互联网支付交易笔数来看，2016 年我国互联网支付交易笔数为 1125 亿笔，同比增长 61%，较上年上升 22 个百分点（见表 8-15 和图 8-6）。银行互联网支付交易笔数为 462 亿笔，同比增长 27%，增速与上年持平。而非银行机构互联网支付交易笔数为 663 亿笔，同比增长 99%，较上年增加 44 个百分点。

2016 年，非银行机构互联网支付交易笔数比银行多 201 亿笔，但交易金额仅为银行的 2.6%；单笔交易金额为 814 元，仅占银行单笔交易金额的 1.8%。与银行互联网支付相比，非银行机构支付业务呈现笔

(图表)

2013   2014   2015   2016（年份）

■ 银行互联网支付交易金额   ■ 非银行机构互联网支付交易金额
■ 互联网支付交易总金额   ─●─ 互联网支付交易总金额增长率

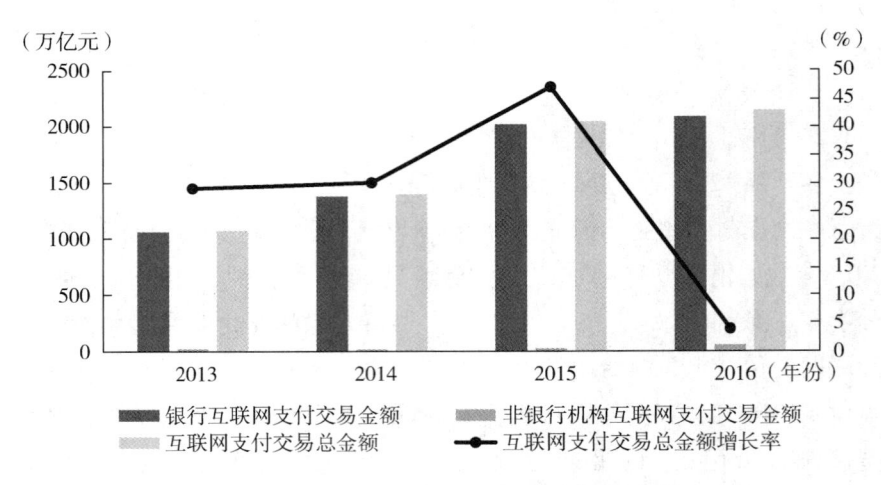

图 8-5　2013—2016 年互联网支付交易金额

数多、笔均交易额小的特点。

表 8-15　　　　　　2013—2016 年互联网支付交易笔数　　　单位：亿笔，%

	2013 年	2014 年	2015 年	2016 年
银行互联网支付交易笔数	237	286	364	462
非银行机构互联网支付交易笔数	150	215	334	663
互联网支付交易笔数	387	501	698	1125
互联网支付交易笔数增长率	30	30	39	61

资料来源：《中国支付清算行业运行报告》。

2. 移动支付

2016 年，我国移动支付业务规模达到 209 万亿元，同比增长 61%。移动支付交易笔数为 1228 亿笔，同比增长 129%。其中，银行共处理移动支付业务 158 万亿元，交易笔数为 257 亿笔，同比增长率分别为 46% 和 86%；非银行机构共处理 51 万亿元，交易笔数为 971 亿笔，同比增长率分别为 132% 和 143%（见表 8-16 和图 8-7）。从交易笔数上看，2016 年移动支付已经超过互联网支付。

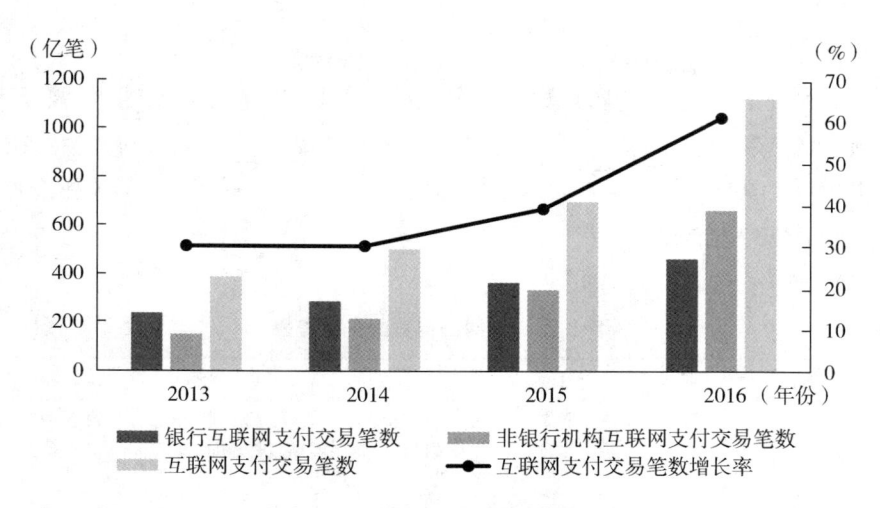

第八章 广州市互联网金融发展评估

图 8-6　2013—2016 年互联网支付交易笔数

表 8-16　　　　　银行与非银机构移动支付交易规模　　　单位：万亿元，亿笔

	2013 年	2014 年	2015 年	2016 年
银行移动支付交易金额	10	23	108	158
银行移动支付交易笔数	16	45	138	257
非银行机构移动支付交易金额	1	8	22	51
非银行机构移动支付交易笔数	38	153	399	971

资料来源：《中国支付清算行业运行报告》。

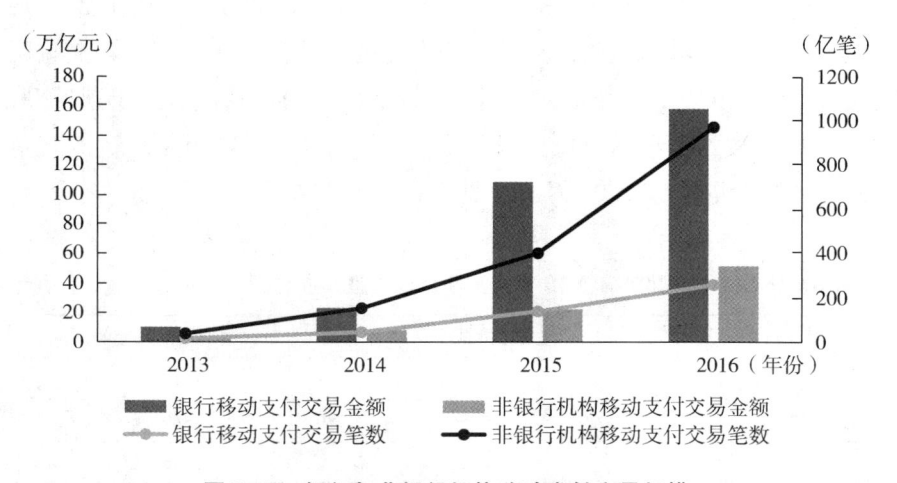

图 8-7　银行与非银行机构移动支付交易规模

(三) 互联网融资

目前国内发展较为成熟的互联网融资模式主要包括 P2P 网贷融资、众筹融资和依托电商平台的网络小贷。本书借鉴《中国互联网金融发展报告（2016）》中有关互联网融资的内容来展示传统信贷与网络贷款的主要差别（见表 8-17）。

表 8-17　　　　　传统信贷与网络贷款的主要差别

项目	传统信贷	网络贷款
信用评定方式	用户自己提交资产负债表、现金流量表、损益表等，小微企业因财务制度不健全，往往难以授信	平台主动收集散落在网上的各种数据，通过挖掘大数据获得小微企业信用
贷款流程	银行营销发现客户—客户经理上门调查—客户建立准备客户资料—进入审批流程—最快72小时放款	客户在电脑上填写资料并提交贷款申请，几分钟之内就可获得是否放款的通知
贷款类型	需要提供担保或抵押物，期限半年或一年	不需要提供抵押物或担保，随借随还，平均贷款金额在3万多元
贷款成本	银行单笔贷款成本约为2000元	贷款成本不足1元

1. P2P 网贷

2016 年，全国 P2P 等网贷行业运营平台数量降幅显著，截至 12 月末全国活跃的 P2P 等网贷平台共 15409 个，比上年增加 3801 个，增幅为 32.74%。2016 年网贷累计成交量为 10228.04 万笔，比上年增加 7165.12 万笔。各月网贷成交量有较大的波动性，且在 4 月后成交量明显放缓，7—9 月的成交量均不到 300 万笔；10 月之后成交量迅速回升，并在 12 月达到全年网贷成交量的最大值，为 1772.42 万笔，比成交量最低的 7 月份多 1495.01 万笔（见表 8-18 和图 8-8）。

表 8-18　　　2016 年 P2P 等网贷平台成交量和成交额　　单位：万笔，亿元

日期	网贷当期成交量	网贷当期成交额
2016 年 1 月	796.07	1217.89
2016 年 2 月	847.56	889.26
2016 年 3 月	802.23	1246.65

续表

日期	网贷当期成交量	网贷当期成交额
2016 年 4 月	1100.82	1211.67
2016 年 5 月	985.64	1193.67
2016 年 6 月	703.32	1448.47
2016 年 7 月	277.41	1547.53
2016 年 8 月	282.74	2119.41
2016 年 9 月	282.74	1223.68
2016 年 10 月	1006.79	1639.42
2016 年 11 月	1370.30	2036.99
2016 年 12 月	1772.42	2333.79

资料来源：中国互联网金融协会。

从网贷平台的成交额来看，2016 年全年网贷累计成交额为 18108.43 亿元，比上年增加 7043.15 亿元，网贷行业交易规模不断扩大。1—7 月成交额变化并不显著，保持在较为稳定的状态，但在 8 月份迅速增加到 2119.41 亿元，达到 2016 年网贷成交额的第一个小高峰；9 月份成交额又急转直下，下降到 1223.68 亿元，此后的 3 个月呈直线增长趋势，并在 12 月份达到全年成交额的最大值，为 2333.79 亿元。

整体上，2016 年全年 P2P 等网贷平台的成交量和成交额均有较大的波动性，且在 6—9 月表现得尤为显著，但网贷行业规模不断扩大，这表明 P2P 等网贷平台发展已在我国取得显著的进步。

2016 年各月份的网贷投资人数及增速并未表现出明显的规律性，全年累计网贷投资人数为 3559.72 万人，比上年增加 1248.12 万人，同比增长 53.99%；2016 年网贷行业的借款人数近似逐月增加，尽管 5 月份有小幅度的回落，但并不影响整体发展趋势，网贷累计借款人数为 2342.03 万人，比上年增加 1848.82 万人，同比增长 374.85%，投资人数远远超过借款人数（见表 8-19 和图 8-9）。

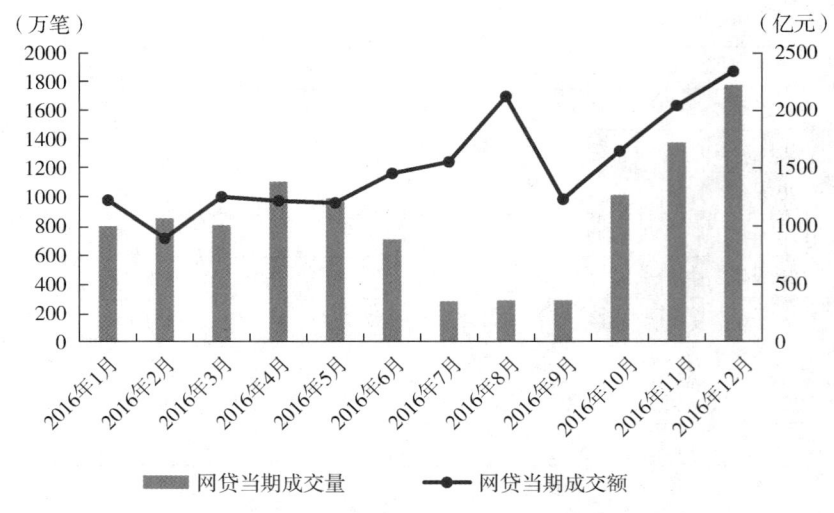

图 8-8　2016 年 P2P 等网贷平台成交量和成交额

表 8-19　　　　2016 年 P2P 等网贷行业投资人数和借款人数　　　单位：万人，%

日期	网贷投资		网贷借款	
	人数	增速	人数	增速
2016 年 1 月	260.32	-10.45	80.91	31.73
2016 年 2 月	376.61	44.67	80.17	-0.91
2016 年 3 月	263.39	-30.06	85.13	6.19
2016 年 4 月	282.70	7.33	130.05	52.77
2016 年 5 月	320.72	13.45	117.73	-9.47
2016 年 6 月	301.54	-5.98	155.51	32.09
2016 年 7 月	236.69	-21.51	170.26	9.48
2016 年 8 月	224.95	-4.96	173.33	1.80
2016 年 9 月	183.03	-18.64	177.99	2.69
2016 年 10 月	341.84	86.77	313.70	76.25
2016 年 11 月	379.94	11.15	397.56	26.73
2016 年 12 月	387.99	2.12	459.69	15.63

资料来源：中国互联网金融协会。

2. 众筹

众筹基本上是随着互联网同步发展的，一般具有小额、新兴和公开

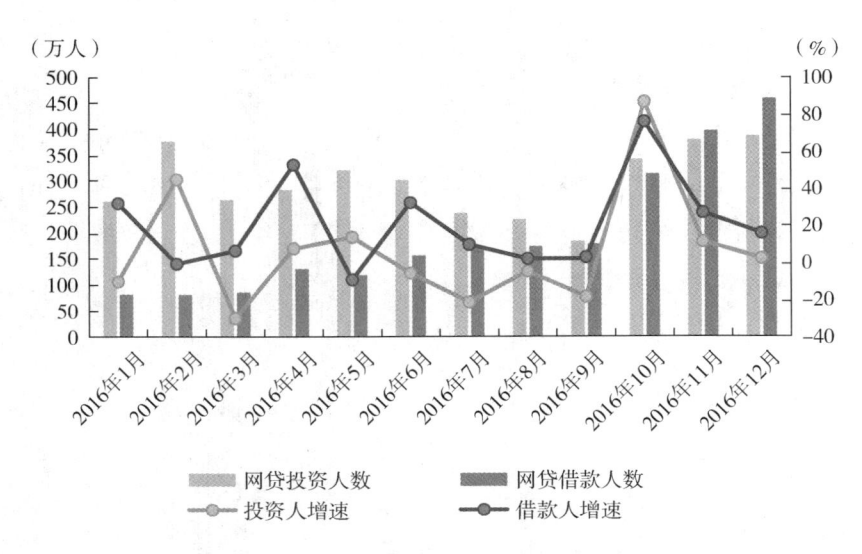

图 8-9　2016 年 P2P 等网贷行业投资人数和借款人数

发行的特征，是除 IPO、债券、借贷之外的一种新型融资手段，特别是在创业、艺术、公益等领域受到欢迎和重视。2015 年，我国互联网众筹迎来了快速发展时期，平台数量有了大幅的增加，参与者也更加多元化，电子商务公司、传统金融机构、科技企业、媒体等纷纷加入这一领域，行业规模和格局变化较大。

2015 年，整个众筹行业的一个明显趋势是大平台依托自身或合作方的优质资源，开始构建闭环生态，建立竞争壁垒，其影响力和市场份额逐步扩大，形成马太效应，导致很多中小平台的生存空间受到挤压，甚至出局。[1] 据不完全统计，截至 2015 年年底，全国共有正常运营的众筹平台 283 家（不含测试上线平台），2015 年全年共有 40 家众筹平台倒闭（平台网站无法打开时间超过 30 天），26 家众筹平台转型。倒闭和转型原因多为平台规模较小，资源上无法与巨头平台竞争，且又未及时调整细分方向，做出自身特色业务，以及在一系列监管政策出台后平台感到迷茫，导致经营难以为继。在转型的众筹平台中，转型后的方向多为 P2P 网贷、众筹外围服务、

---

[1] 李东荣、朱烨东、伍旭川：《中国互联网金融发展报告（2016）》，社会科学文献出版社 2016 年版。

创业人培训、社交论坛、团购、电商、彩票、供应商及理财产品导购等。①

2015 年,全国众筹行业共成功筹资 114.24 亿元(见图 8-10),历史首次年度破百亿元,同比 2014 年全国众筹行业成功筹资金额增长 429.38%。2014 年众筹行业成功融资 21.58 亿元,而在 2013 年之前,全国众筹行业仅成功筹资 3.35 亿元。截至 2015 年 12 月,全国众筹行业历史累计成功筹资金额近 140 亿元。

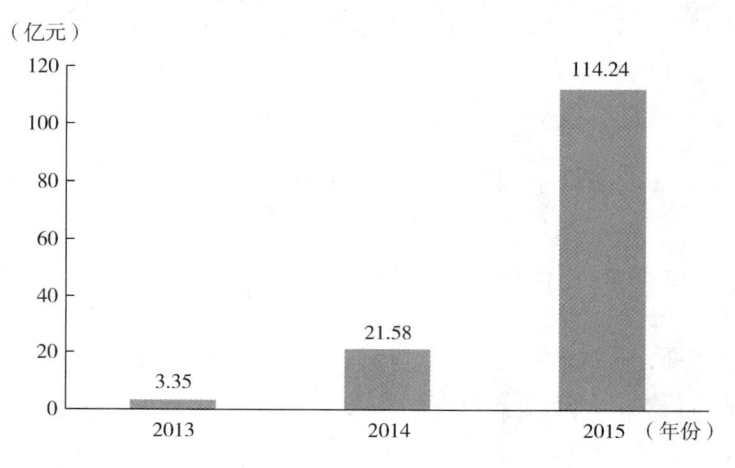

图 8-10 我国互联网众筹行业成功融资金额

截至 2015 年年底,全国各种类型的众筹平台中,股权融资平台最多,有 130 家;其次是权益众筹平台,有 66 家;综合众筹平台为 79 家;公益众筹平台仍然为小众类型,仅有 8 家,各种众筹平台的数量占比如图 8-11 所示。

三 广州市互联网金融发展概况

(一)传统金融业务的互联网化

2015 年 7 月,国务院发布了《关于积极推进"互联网+"行动的指导意见》,对我国互联网与各领域的融合发展做出了重大战略部署和

---

① 孙国茂:《山东省互联网金融发展报告(2016)》,中国金融出版社 2016 年版。

第八章 广州市互联网金融发展评估

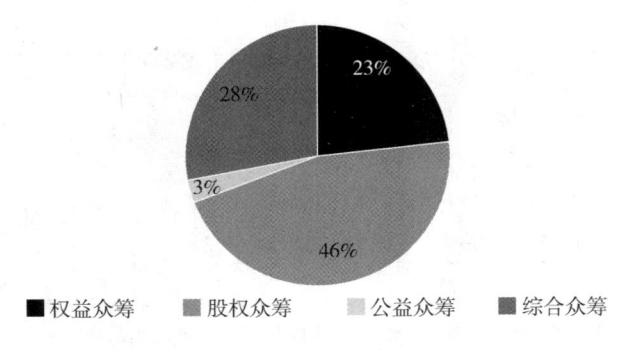

■ 权益众筹　■ 股权众筹　■ 公益众筹　■ 综合众筹

图 8－11　2015 年众筹融资平台类型分布

顶层设计。"互联网＋"国家行动相关政策的持续发布和深入实施，既为传统金融机构的服务带来了一系列挑战，同时也为其完善服务功能、提升服务水准和效率提供了全新机遇。广东省积极拓展和推动"互联网＋"时代下的新型金融服务，2017 年共设立"互联网＋"试点项目 49 个。其中，试点项目数排名前三的城市分别为广州、深圳和中山，试点项目数为 12 个、8 个和 4 个；东莞、惠州、汕头、云浮和珠海并列第四，试点项目数均为 3 个。具体如表 8－20 所示。

表 8－20　　2017 年广东省"互联网＋"试点项目　　单位：个

城市	试点项目名称	试点项目数
东莞	基于"互联网＋"技术网络协同制造服务平台	3
	盛世商潮"互联网＋东莞制造"项目	
	能耗及能效综合管理中心平台	
佛山	广东"互联网＋"众创金融示范区	1
广州	"互联网＋知识产权"	12
	"互联网＋"检测认证协同服务云平台	
	智能监控仪器可靠性设计云服务平台	
	集农网互联网云端平台	
	面向金融行业的用户大数据管理平台	
	车主通车联网 O2O 服务平台	
	基于 ETC 的"互联网＋移动支付"	
	广东省"互联网＋环境资源要素配置＋环保产业服务"平台建设	

续表

城市	试点项目名称	试点项目数
	"网络+"实体健康环保产业	
	海丝文物创意产品开发与运营	
	粤港澳大湾经济发展区耐药结核病防控共享平台建设	
	基于互联网的高支模施工安全智能检测技术研究及应用	
惠州	汽车电子数字化制造系统	3
	基于RFID自动识别技术的衣车智能控制系统的研发（互联网+工业缝纫机）项目	
	菲安妮互联网与工业融合创新项目	
揭阳	基于"互联网+"有机肥水喷淋系统在蔬菜种植基地的试点	2
	港荣食品"互联网+"电商运营	
茂名	天恩中药材互联网溯源监控与运营平台建设	1
梅州	通美蜜柚全果精深加工项目	1
普宁	基于互联网的线缆企业ERP/MES智能协同管理系统	1
清远	"互联网+"生产制造	2
	"张总网"基于环评大数据和人工智能的节能环保行业O2O交易平台	
汕头	基于大数据的智慧移动医疗信息系统	3
	"互联网+医教研"融合转化云平台	
	区域医学影像协同诊断云平台应用示范	
深圳	基于"互联网+"的蜜蜂在线O2O服务平台建设项目	8
	面向触控显示模组个性化定制智能装备改造示范项目	
	移动互联智能工厂建设应用	
	基于"互联网+"智能机器人信息化集成项目	
	MES系统在康冠工业制造中的集成应用	
	飞贷风险管理与决策引擎实施项目	
	基于物流全产业链透明管理的公共服务平台	
	基于大数据的移动数字内容出版发行平台研发及产业化	
四会	"互联网+"互感器智能化车间建设试点项目	1
云浮	"互联网+"不锈钢厨具智能制造示范生产线	3
	不锈钢制品智能化生产线建设项目	
	"互联网+"生鲜农产品云商城平台	

续表

城市	试点项目名称	试点项目数
肇庆	基于"互联网+"技术铝合金铸件制造服务平台	1
中山	车壁虎平台	4
	面向互联网云端技术的智能微电脑电饭煲技术研究及应用示范	
	互联网+游艺行业智能运营及管理公共服务平台	
	南方+客户端	
珠海	七弦琴国家知识产权交易网	3
	基于"互联网+"和物联网技术打造快速研发和智能制造的融合创新能力建设项目	
	互联网+智慧港口管理平台建设	

资料来源：www.gddata.gov.cn。

1. 广州保险公司情况

2000年5月15日，中国人保广州分公司与建设银行广东分行携手推出互联网保险业务。这是广州保险最初涉足互联网领域的一次尝试。相对于全国互联网保险的起步，广州互联网保险的起步走在前沿。随后，广州地区的部分保险公司尝试利用互联网进行保险产品的营销，而一些传统的保险公司选择紧跟潮流，通过建立官方网站销售保险产品。2016年，据广东保监局统计，广州保费收入规模大幅度增加，达到1164.24亿元。广州保费收入规模的大幅度增加，离不开广州互联网保险企业的突出贡献。目前，广州互联网保险产品和模式不断创新，迸发出新活力；而随着国家和政府的政策支持，广州地区或其他地区越来越多的资本也将注入广州互联网保险领域，广州互联网保险市场暗流涌动。

从表8-21可以看出，国内的一些大型保险机构大多选择在广州设立分公司，而且集中在广州天河区和越秀区，这和广州保险市场的发展潜力有着密切关系，而天河区和越秀区作为广州最繁华的地段，相对来说，人们的保险意识会较强，保险需求会更大，这有利于提高保险的渗透率。另外，随着互联网金融的加速发展，各保险机构纷纷在网络上建立保险产品的营销平台，保险营销模式正在潜移默化地向互联网保险方面转变。大多数在广东省内设立分公司的保险机构并没有单独设立专属的互联网保险销售网站，而是将全国统一的官方网站作为保险机构的营销网站。可见，互联网保险还有一定的发展空间，未来保险的互联网销售网站和渠道将朝着更加多样化的方向发展。

表 8-21　　　　　广州部分保险机构营业情况　　　　　单位：万元

公司名称	所在地	总公司注册资本
国寿股份广东省分公司	越秀区	460000
太保寿广东省分公司	越秀区	906200
泰康广东省分公司	天河区	285219
建信人寿广东省分公司	越秀区	450000
民生人寿广东省分公司	天河区	600000
光大永明广东省分公司	天河区	540000
富德生命人寿广东省分公司	越秀区	1175200
合众人寿广东省分公司	天河区	290777
华夏人寿广东省分公司	天河区	1530000
长城广东省分公司	越秀区	176967
前海人寿广东省分公司	越秀区	850000
大地财产广东省分公司	天河区	479000
中华联合广东省分公司	天河区	150000
华泰广东省分公司	天河区	396900
天安广东省分公司	天河区	993116
永安广东省分公司	越秀区	300941
中银保险广东省分公司	越秀区	453508
信达财险广东省分公司	天河区	300000
安诚广东省分公司	天河区	407600

资料来源：各保险公司官网。

2. 广州保险机构互联网业务保费收入

根据中国保监会数据统计，2012—2014 年，广州较大型互联网保险机构数量较少，而信诚保险在互联网保险销售方面一直有着较高的保费收入；2014—2015 年，广州互联网保险业务较之前有了一定的增长，特别是到了 2016 年，开展互联网业务的保险公司数量有了明显增加，且整体上呈现出不断增长的趋势。保费方面，各个保险公司的互联网业务保费收入呈逐年稳定增长的态势，而在每年的保费总计中，2016 年广州保险公司的增长率为 29.57%（见表 8-22 和图 8-12）。可以推测，广州互联网保险业务在接下来的几年内，无论是保费收入还是保费收入增长率都会再创新高。

表 8-22　　　　2012—2016 年广州互联网保险机构保费收入　　　单位：万元

	2012 年	2013 年	2014 年	2015 年	2016 年
珠江人寿粤分（虚拟）	508.11	2399.13	—	—	—
信诚粤分（虚拟）	145981.56	165273.60	192590.84	229716.16	285505.85
招商信诺粤分（虚拟）	24830.28	59428.25	68407.01	97025.32	156889.21
众安财产粤分（虚拟）	—	165.92	11771.20	26384.03	34779.56
富德产险粤分（虚拟）	—	—	9245.42	26943.29	—
中铁自保粤分（虚拟）	—	—	—	158.72	5553.37
泰康在线粤分（虚拟）	—	—	—	0.97	4554.62
安心财产粤分（虚拟）	—	—	—	0.00	634.62
久隆财产粤分（虚拟）	—	—	—	—	4119.32
易安财产粤分（虚拟）	—	—	—	—	633.11
总计	171319.95	227266.90	282014.47	380228.49	492669.66

资料来源：《广州互联网金融发展报告（2016）》。

（二）互联网支付

2017 年，广东省共有电子商务示范企业 80 家，其中广州和深圳所拥有的电子商务示范企业最多，分别为 24 家和 23 家，占比为 30.00% 和 28.75%；其余城市拥有的电子商务企业数量与广州、深圳有明显差别，且占比均未超过 10%（见表 8-23）。这表明，广东省的电子商务企业主要集中在这两个城市。而电子商务企业的不断壮大势必带动互联网支付行业的发展，下面就互联网支付行业的发展现状进行简要分析。

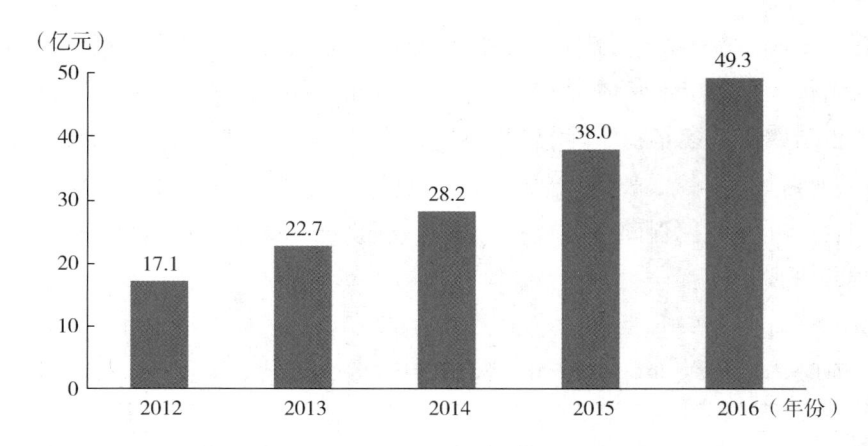

图 8-12　2012—2016 年广州互联网保险机构保费收入

表 8-23　　　　广东省电子商务示范企业数及占比　　　　单位：家，%

城市	电子商务企业数	占比
东莞	3	3.75
佛山	7	8.75
广州	24	30.00
揭阳	1	1.25
茂名	1	1.25
梅州	1	1.25
清远	2	2.50
汕头	3	3.75
汕尾	1	1.25
深圳	23	28.75
阳江	2	2.50
云浮	1	1.25
湛江	1	1.25
中山	3	3.75
珠海	3	3.75
央属、省属企业	4	5.00
合计	80	100.00

资料来源：www.gddata.gov.cn。

1. 支付牌照数量

截至 2016 年 12 月底,广州地区持有第三方支付牌照的机构共有 9 家,其中拥有互联网支付业务的有 5 家,分别为广州银联网络支付有限公司、易票联支付有限公司、广州商物通网络科技有限公司、广州汇聚支付电子科技有限公司、广州合利宝支付科技有限公司(见表 8-24)。按目前拥有第三方支付牌照的机构数量计算,北京有 32 家,上海有 23 家,深圳有 11 家,相比之下广州的机构数量最少,发展不够充分。

表 8-24　广州第三方支付企业列表(含原注册地为广州的企业)

央行公布批次	企业名称	是否包括互联网支付	原注册地	现注册地
第一批	广州银联网络支付有限公司	是	—	广州市高新区
第三批	广东银结通电子支付结算有限公司	否	—	广州市天河区
第三批	易票联支付有限公司	是	广州市越秀区	广州市黄埔区
第四批	汇通宝支付有限责任公司	否	—	广州市南沙区
第五批	广东汇卡商务服务有限公司	否	—	广州市天河区高新区
第七批	广州商物通网络科技有限公司	是	—	广州市白云区
第七批	广州汇聚支付电子科技有限公司	是	—	广州市天河区
第七批	广州合利宝支付科技有限公司	是	—	广州市天河区
第八批	广东广物电子商务有限公司	否	—	广州市越秀区

资料来源:《广州互联网金融发展报告(2016)》。

与北京、上海和深圳相比,广州的 GDP 经济总量排名第三,但第三方支付牌照数量最少,发展不足。此外,拥有互联网支付业务资格的 5 家企业中,广州商物通网络科技有限公司、广州汇聚支付电子科技有限公司、广州合利宝支付科技有限公司都是 2014 年第七批获批的第三方支付企业,因此在当前业务发展中处于起步阶段。

2. 支付企业业务范围

目前,广州 9 家第三方支付企业中,获得中国人民银行许可的业务按照覆盖机构数量依次为互联网支付、银行卡收单、预付卡发行与受理、移动电话支付(见图 8 – 13),各机构的业务经营范围依据业务类型分布在广东省内,或其他省,或全国范围(见表 8 – 25)。

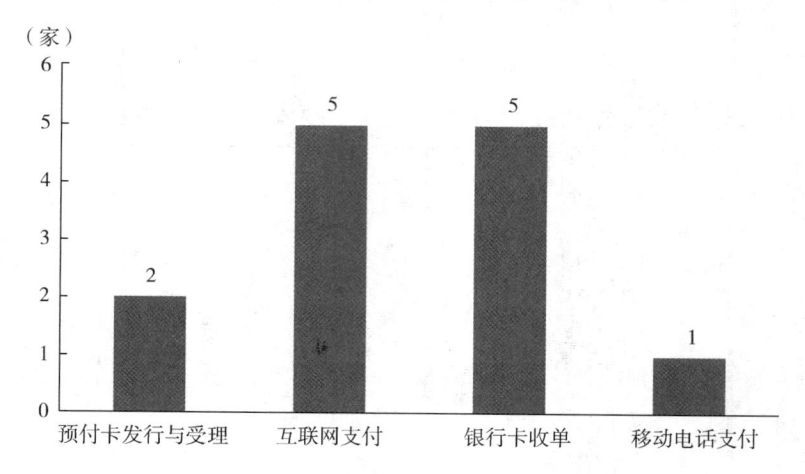

图 8 – 13　广州第三方支付企业各项支付业务许可的企业数量

表 8 – 25　广州第三方支付企业各项支付业务许可的企业数量

序号	第三方支付企业名称	业务类型	业务覆盖范围
1	广州银联网络支付有限公司	互联网支付(全国)、预付卡受理(全国)、银行卡收单(广东省)	—
2	广东银结通电子支付结算有限公司	银行卡收单	广东省
3	易票联支付有限公司	互联网支付、银行卡收单	全国
4	汇通宝支付有限公司	预付卡发行与受理	上海市、广东省、福建省
5	广东汇卡商务服务有限公司	银行卡收单	广东省

续表

序号	第三方支付企业名称	业务类型	业务覆盖范围
6	广州商物通网络科技有限公司	互联网支付	全国
7	广州汇聚支付电子科技有限公司	互联网支付	全国
8	广州合利宝支付科技有限公司	互联网支付、移动电话支付、银行卡收单	全国
9	广东广物电子商务有限公司	预付卡发行与受理	广东省

从业务覆盖范围来看，广州第三方支付企业中，广州银联网络支付有限公司、广东银结通电子支付结算有限公司、广东汇卡商务服务有限公司的银行卡收单业务仅限于广东省内；广东广物电子商务有限公司的预付卡发行与受理业务仅限于广东省内。相比之下，支付宝、财付通和银联等行业领先者的业务范围均覆盖全国，区域限制制约着广州互联网支付机构的发展。

（三）互联网融资

1. P2P 网贷

截至 2016 年 12 月，广州正常运营的 P2P 网贷平台有 63 家，比上年增加 5 家；异常平台 32 家，其中停业平台达 23 家，一些平台主动停业并归还投资者资金如广州贷等，但一些平台无任何停业标志且实质已失联如富民贷。由于大部分停业平台的退出细节都不公开透明，因此本书无法判断其真实停业情况；提现困难和跑路平台较 2015 年（19 家）有所降低，共 9 家平台。

（1）网贷平台用户人数

截至 2016 年 12 月，广东 P2P 网贷平台投资人数和借款人数分别达到 102 万人和 44 万人（见表 8-26 和图 8-14），同比增长 25% 和 239%，保持着较高的人气和用户增长速度。2016 年，广州 P2P 网贷平台投资人数呈波动上升趋势，借款人数 1—10 月一直稳定在 2.5 万人左右，进入 11 月，借款人数激增，高达 33 万人。据网贷天眼不完全统计,光大分利宝环比上升 15047.06%,PPmoney 环比上升 1681.93%。从光大分利宝的平台网站发现,同期借款额度为 1000 元的短期消费信贷标的大量涌现。由于 2016 年监管政策对借款金额进行限制,许多平台向借贷额度较小的业务模式转型,导致小额借款人数激增,小额标的大量涌现,这也使得借款人数增长速度远超过投资人数增长。

表 8-26　广东及广州 P2P 网贷平台投资人数与借款人数　　单位:万人

日期	广东投资人数	广州投资人数	广东借款人数	广州借款人数
2016 年 1 月	83	13	13	3
2016 年 2 月	76	15	10	3
2016 年 3 月	75	13	9	3
2016 年 4 月	79	14	10	2
2016 年 5 月	83	16	11	3
2016 年 6 月	84	16	10	2
2016 年 7 月	85	21	10	2
2016 年 8 月	81	19	9	2
2016 年 9 月	80	18	9	2
2016 年 10 月	79	18	9	2
2016 年 11 月	92	23	43	33
2016 年 12 月	102	26	44	33

资料来源:《广州互联网金融发展报告(2016)》。

(2) 网贷平台成交额

2016 年广州 P2P 网贷平台全年累计成交额达 1626 亿元,环比 2015 年增长超过 118%,占广东的 29%,比重较 2015 年有所上升。从总体趋势来看,2016 年广东 P2P 网贷平台月成交额在 5 月之前经历了较大的波动,受春节和劳动节影响,2 月和 5 月是全年成交额最低的两个月,5 月之后成交额波动上升,12 月达到全年最高(见表 8-27 和图 8-15)。广州 P2P 网贷平台月成交额全年保持平稳增长态势,波动幅度较全省水平小,符合广州 P2P 网贷行业的稳健作风。但月成交额增长幅度小于省级水平,这反映出 2016 年广州互联网金融专项整治工作力度较大,

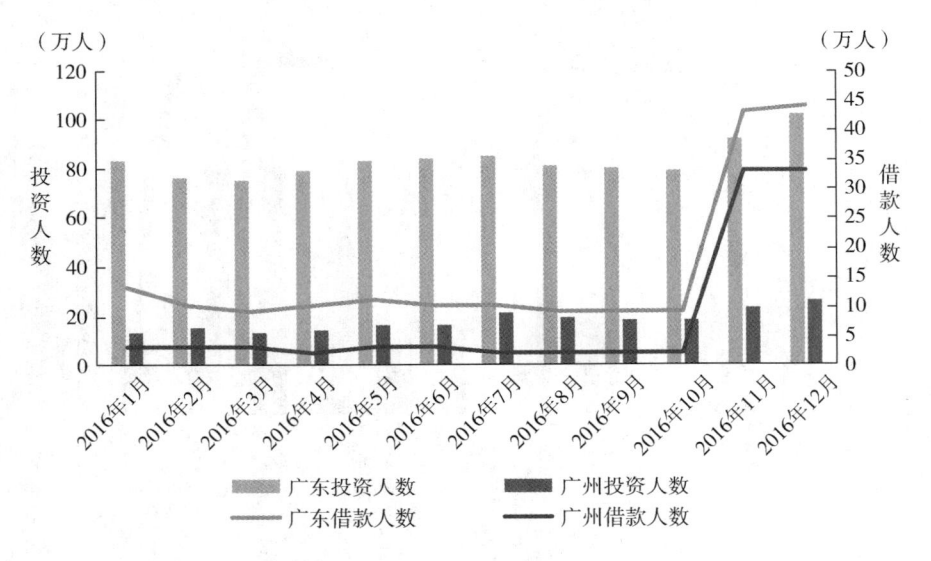

图 8-14　广东及广州 P2P 网贷平台投资人数与借款人数

给 P2P 网贷行业成交额的增长造成了一定影响。

表 8-27　　　　2016 年广东和广州 P2P 网贷平台成交额　　　　单位：亿元

日期	广东成交额	广州成交额
2016 年 1 月	412	121
2016 年 2 月	370	125
2016 年 3 月	424	132
2016 年 4 月	405	119
2016 年 5 月	393	118
2016 年 6 月	440	132
2016 年 7 月	468	136
2016 年 8 月	480	142
2016 年 9 月	510	147
2016 年 10 月	495	144
2016 年 11 月	555	151
2016 年 12 月	605	159

资料来源：《广州互联网金融发展报告（2016）》。

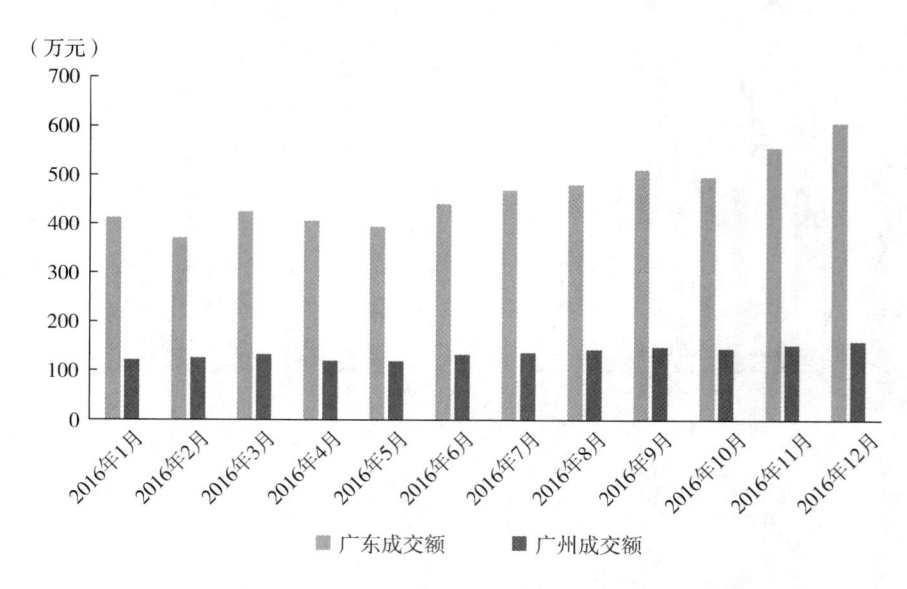

图 8-15 2016 年广东和广州 P2P 网贷平台成交额

从行业集中程度看，2016 年广州 P2P 网贷平台的成交额呈现两极分化的趋势（见图 8-16），成交额排名前三的 PPmoney、民贷天下和新联在线成交额占广州 P2P 网贷平台成交额的 38.69%，其中仅 PPmoney 就占了 27.67%，分别是第二位的 3.39 倍和第三位的 9.44 倍，说明广州 P2P 网贷行业集中度较高，大平台对整个行业有举足轻重的影响。由于大平台顾及自身在行业中的地位，更加注重合规发展，而小平台追求在网贷市场中分一杯羹容易钻政策漏洞，因此今后广州的 P2P 网贷监管工作应重点监测大平台的经营状况和小平台的合规性，鼓励大平台做大做强，提高广州平台在全国范围的影响力，引导小平台做专做精，提高广州 P2P 网贷市场的活力和功能的完整性。

2. 众筹

广州直至 2014 年才开始出现微投网、海鳌众筹等众筹平台，与国内的经济强市如北京、深圳等城市相比，广州众筹行业起步较晚。

（1）众筹平台运行情况

截至 2016 年 12 月，广州注册的众筹平台共有 12 家，表 8-28 列出了广州 12 家众筹平台的基本信息。

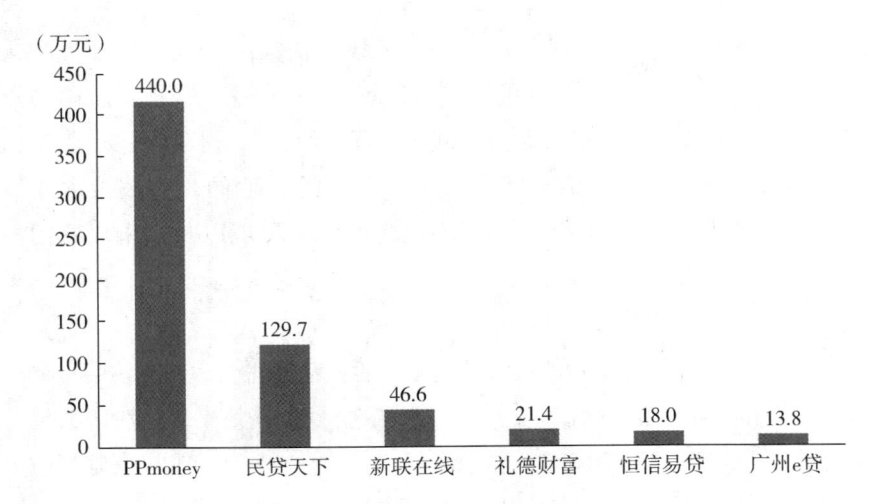

图 8-16 2016 年广州主要 P2P 网贷平台成交额

表 8-28　　　　　　　　2016 年广州主要众筹平台

平台名称	平台类型	注册资本（万元）	实际融资额（万元）	项目成功数（个）	成立时间（年）
微投网	股权	560	17319	81	2014
久久投	股权	1000	6185	4	2014
海鳘众筹	权益	1138	895	24	2014
博点网	综合	—	—	0	2014
人人创	股权	1000	6139	35	2015
零壹金服	股权	2200	—	—	2015
上亿投	股权	500	—	—	2015
万惠众筹	公益	15000	—	—	2015
粤科创投	综合	12000	—	14	2015
比逗众筹	权益	12	—	—	2015
我筹吧	综合	100	—	148	2016
投哪儿	权益	1000	—	11	2016

资料来源：《广州互联网金融发展报告（2016）》。

从 12 个平台的上线时间来看，广州众筹平台的兴起主要集中在 2014 年和 2015 年，这两年间上线平台数占总量的 83.33%，2016 年新兴平台数量明显减少。这是由于 2014 年众筹在我国兴起，成为社会关注的热点，而广州的众筹也开始顺势发展。2015 年广州开展众筹融资试点工作，建设广州众创金融生态圈，众筹行业在广州成为热点。但由于粗放式的发展产生了诸多问题，2016 年众筹行业的相关政策由"鼓励发展"转为"监管整治"，面对不确定的政策环境以及其未成熟的商业模式，广州众筹进入缓慢发展期。

（2）众筹平台类型

从广州 12 家众筹平台的运营情况看，股权众筹平台最多，占 41.67%，权益众筹和综合众筹平台次之，各占 25%，公益类众筹平台最少，数量分别是 5 家、3 家、3 家和 1 家（见图 8-17）。综合来看，股权众筹是广州众筹业的主流类型，主要是由于广州在政策上对股权融资的推行与扶持，随着众筹试点的开展，广州先后在越秀区、海珠区、白云区等地聚集股权投资机构，推进创新创业，完善广州特色金融圈。在此经济背景下，股权融资更容易受到创业者的青睐，而 2016 年突然火热起来的汽车众筹、影视众筹等垂直众筹更多出现在北京、杭州等地区，目前广州地区众筹类型还比较单一，在平台专业化、特色化服务方面还有待进一步挖掘和发展。

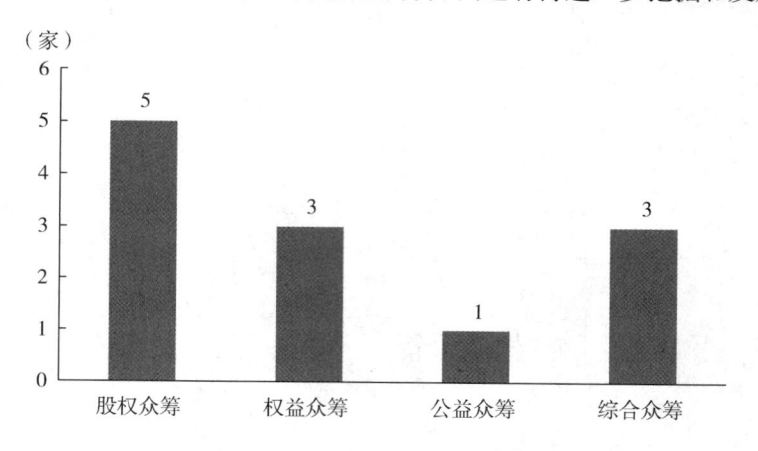

图 8-17 广州众筹平台类型分布情况

（3）众筹平台项目融资额

根据目前提供数据的 4 家广州众筹平台运营情况，统计各平台单个众筹项目融资额排名前五位的项目，单个项目融资在 1000 万元以下（不含

1000万元)的占42%,1000万—2000万元(不含2000万元)的占37%,而融资额在2000万元及以上的比例较少,占21%(见表8-29和图8-18)。由此可见,广州众筹融资项目的规模不大,多数为中等及以下融资规模的平台。另外,根据盈灿咨询发布的《2016年中国众筹行业年报》统计,在我国项目成功筹资金额前20的排名中,广州粤科创投界共有3个项目入选,以4800万元、3000万元和2700万元排名第6、第15和第18。目前,国内较早建立的众筹平台经过近几年的发展,形成了一套相对成熟的发展机制,更容易获取投资者信任,利用自身的优势聚集市场上更多的资金和资源。而广州目前这样的优势平台不多,未来在支持众筹发展的同时,更要注重平台的质量,培养广州的知名众筹品牌。

表8-29 2016年广州主要众筹平台前五位项目融资额 单位:万元

平台名称	项目1	项目2	项目3	项目4	项目5
微投网	3000	2200	1500	1000	1000
久久投	2397	1605	1183	1000	—
人人创	2200	1300	500	400	260
海鳖众筹	220	200	140	108	93

资料来源:《广州互联网金融发展报告(2016)》。

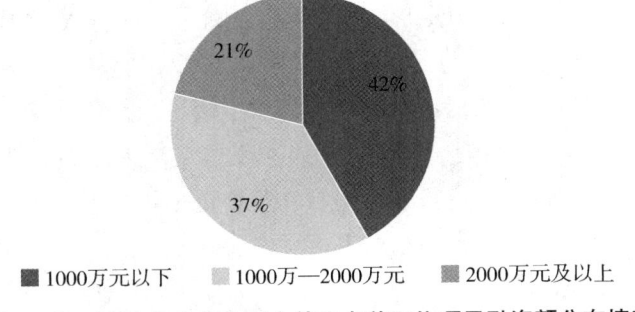

图8-18 2016年广州主要众筹平台前五位项目融资额分布情况

(4)众筹市场融资额

通过对目前4家众筹平台公开的融资额数据统计发现,人人创和久久投两家平台2016年年成交额与上年相比,均有大幅度增长。其中人人创涨幅超过1800%,久久投涨幅为137%,而海鳖众筹2016年年成交额与上年相比,虽略有减少,但变化量不大(见表8-30)。根据壹零财经数据,2016年我国股权众筹规模排名前十五的众筹平台中,广州粤科创投界以2.3亿元排名第五,这也是广州唯一进入前十五位的平台。由小见大,广州众筹平台的整体实力在不断提高,但是与国内发展规模大、品牌实力强的众筹平台如京东众筹、苏宁众筹、36氪等平台还存在一定的差距,综合竞争力较弱,未来还需不断完善创新平台的商业模式,建立起自己的核心竞争优势。

表8-30　　　　　　2016年广州主要众筹平台成交额　　　　　单位:万元

成交额	微投网	久久投	人人创	海鳌众筹
2016年成交额	17319	6185	6139	895
2015年成交额	—	2605	323	1009
融资余额	89805	6185	6647	—

资料来源:《广州互联网金融发展报告(2016)》。

(5)众筹市场项目退出情况

表8-31是目前4家广州众筹平台公开的2016年项目退出情况的部分数据。从平台项目成功数来看,微投网以81个成功项目数在4家平台中一枝独秀,人人创以35个居其后。海鳌众筹和久久投的数量均在10个以下。从项目的成功退出数来看,公开的3家平台其成功退出数均为3个,微投网成功退出率为3.7%,人人创8.6%,海鳌众筹为37.5%。从项目的平均退出期限来看,微投网、人人创平均退出时间为1年,海鳌众筹为8个月,三者均在半年以上。4家平台的运营情况在一定程度上反映出广州众筹发展中存在项目退出机制不完善的问题,这也是众筹行业普遍面临的一个难题。

表8-31　　　　　　2016年广州主要众筹平台项目退出情况

	微投网	人人创	海鳌众筹	久久投
成功项目数(个)	81	35	8	4
成功退出数(个)	3	3	3	
平均退出期限(月)	12	12	8	

资料来源:《广州互联网金融发展报告(2016)》。

第三节 广州市互联网金融发展状况的综合评估

互联网金融是产业金融的一个重要方面，前文已经对广州互联网金融发展的基本状况进行了一个梳理，对广州互联网金融发展状况有了基本认识。为了进一步把握广州互联网金融发展状况，本部分拟将前文确定的 11 个金融发展状况较好的城市作为研究对象，利用《北京大学互联网金融发展指数报告（第三期）》中的相关标准来进行对比分析，以更好地掌握广州互联网金融发展的优势和劣势。

一 传统金融业务的互联网化分析

考虑到数据的可得性以及各个城市之间数据指标的可比性，在对广州传统金融业务互联网化发展进行综合评价时，本书选取《北京大学互联网金融发展指数报告（第三期）》中的互联网保险发展指数作为衡量其发展实力的标准，以 2015 年 4 月至 2016 年 3 月这一时间段作为研究周期，并把各个城市的互联网保险发展指数平均值作为其发展的综合值（见表 8-32），在此基础上加以分析评价。

根据图 8-19，可将这 11 个基准城市的互联网保险发展指数分为三个层次。第一层次（700 以上）包括三个城市——深圳、杭州和广州，这三个城市的互联网保险发展指数分别为 820.95、815.42 和 712.43。深圳是中国改革开放建立的第一个经济特区，并已发展成有一定影响力的国际化城市，创造了举世瞩目的"深圳速度"，因此在互联网金融发展方面拥有得天独厚的优势；而杭州作为华东地区重要的经济、科教、文化、金融中心及交通、通信枢纽，互联网保险在这一背景下具有良好的发展前景；广州是国家三大综合性门户城市和国际化大都市，其社会经济文化辐射力直指东南亚，也同样具有发展互联网金融的优越条件。但综合来看，广州的互联网保险发展指数虽属第一层次，但与深圳、杭州还有一定的差距，广州互联网金融发展仍有较大的提升空间。第二层次（500—700）包括北京、上海、苏州、南京和武汉，其互联网保险发

表8-32　基准城市互联网保险发展指数

时间	北京	上海	广州	深圳	天津	重庆	南京	武汉	杭州	苏州	青岛
2015年4月	415.42	404.33	502.97	573.03	266.48	220.98	402.19	373.56	532.64	409.21	291.67
2015年5月	442.32	433.35	530.76	592.30	282.18	227.44	428.38	400.14	581.02	434.30	308.19
2015年6月	429.49	436.29	503.55	572.21	276.01	223.45	415.81	387.02	561.25	432.43	313.61
2015年7月	501.68	499.34	568.27	649.48	303.67	240.51	471.83	437.58	643.25	488.29	343.19
2015年8月	515.21	526.82	613.27	707.70	331.68	270.49	517.61	467.02	689.30	521.37	382.72
2015年9月	558.31	551.66	627.11	708.63	352.39	286.65	523.21	504.11	719.92	546.34	396.06
2015年10月	616.72	594.87	654.53	763.35	336.50	300.58	541.43	547.01	814.02	559.74	448.21
2015年11月	1018.47	995.04	1042.18	1183.92	578.27	500.42	957.67	938.29	1281.17	913.70	696.86
2015年12月	800.49	821.73	951.37	1096.18	480.31	437.45	766.14	742.76	1050.11	768.81	575.61
2016年1月	794.53	792.20	932.05	1103.26	502.60	416.41	764.58	704.26	1038.20	774.42	582.86
2016年2月	615.80	618.35	669.03	785.48	382.02	344.13	622.94	571.38	796.59	627.95	443.16
2016年3月	841.20	832.59	954.12	1115.87	551.24	488.65	814.47	787.61	1077.61	809.30	611.76
综合值	629.14	625.55	712.43	820.95	386.95	329.76	602.19	571.73	815.42	607.16	449.49

展指数分别为 629.14、625.55、607.16、602.19 和 571.73。北京、上海、广州和深圳并列为中国经济最强的四座城市，但从互联网保险发展指数来看，北京和上海的发展不及广州。第三层级（500 以下）包括青岛、天津和重庆，其发展指数分别为 449.49、386.95 和 329.76。

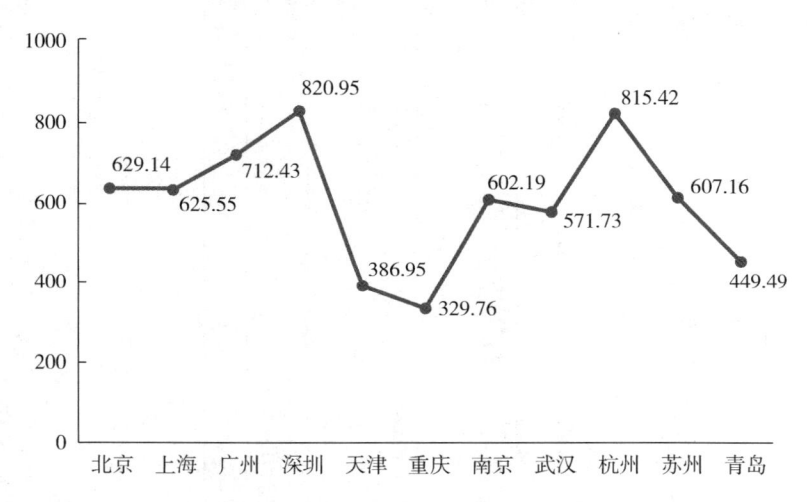

图 8-19　基准城市互联网保险发展指数综合值

整体来看，广州互联网保险发展虽与深圳和杭州还有一定距离，但在国内名列前茅，也在一定程度上说明了广州传统金融业务的互联网化发展程度较高，具有相当的互联网金融竞争力。

二　互联网支付

同样，将《北京大学互联网金融发展指数报告（第三期）》中的互联网支付发展指数取平均数得到综合值（见表 8-33）。

根据图 8-20，同样可将基准城市的互联网支付发展指数分为三个层次，且各个层次的城市归类与互联网保险发展指数类似。第一层次（400 以上）包括杭州、深圳和广州，其发展指数分别为 511.44、509.30 和 458.58。不同的是，从互联网支付的角度来看，杭州的发展指数高于深圳，表明在这一方面杭州的发展趋势要比深圳好，而广州仍仅次于杭州和深圳，位居第三。第二层次（200—400）包括北京、上海、苏州、

表 8-33　基准城市互联网支付发展指数

城市	北京	上海	广州	深圳	天津	重庆	南京	武汉	杭州	苏州	青岛
2015年4月	324.85	307.04	403.94	448.05	166.83	133.93	280.83	278.51	408.97	286.26	201.67
2015年5月	333.52	319.35	418.21	460.10	172.80	138.44	292.62	290.13	427.31	299.00	207.91
2015年6月	336.59	325.15	419.51	464.58	174.76	141.54	297.03	295.01	455.09	302.94	211.37
2015年7月	342.26	332.21	424.50	474.78	175.35	144.63	304.51	298.80	448.00	311.18	215.33
2015年8月	348.50	338.14	434.61	487.01	178.21	146.95	311.42	307.81	466.21	319.45	219.85
2015年9月	359.27	349.97	452.01	500.13	187.07	154.40	323.17	324.53	483.83	336.51	227.32
2015年10月	372.09	358.25	478.48	522.83	198.88	163.17	345.58	350.09	504.52	355.20	239.87
2015年11月	411.80	402.26	516.15	564.75	216.92	176.46	376.66	402.16	553.59	385.95	258.23
2015年12月	414.98	401.61	517.77	570.63	217.42	180.32	380.67	389.75	553.88	390.34	259.01
2016年1月	404.58	391.84	498.53	557.44	214.27	174.04	369.77	374.24	544.02	380.43	254.10
2016年2月	373.40	366.93	425.87	490.97	196.51	175.16	352.39	353.31	738.83	357.62	234.91
2016年3月	417.06	405.85	513.36	570.32	224.33	191.12	392.85	398.62	552.99	395.22	266.64
综合值	369.91	358.22	458.58	509.30	193.61	160.01	335.63	338.58	511.44	343.34	233.02

武汉、南京和青岛,其发展指数分别为369.91、358.22、343.34、338.58、335.63和233.02。这一层次中各城市的排序与互联网保险相似,北京和上海的发展指数仍高于苏州、武汉、南京和青岛,但在数值上相差不大。第三层次(200以下)包括天津和重庆,其发展指数分别为193.61和160.01。基准城市的互联网支付发展指数整体相差较大,指数最高的杭州(511.44)与指数最低的重庆(160.01)相差约350,这表明不同城市的互联网金融发展存在较大的差异,而缩小这种差异对于整个互联网金融发展水平的提高有很大影响。

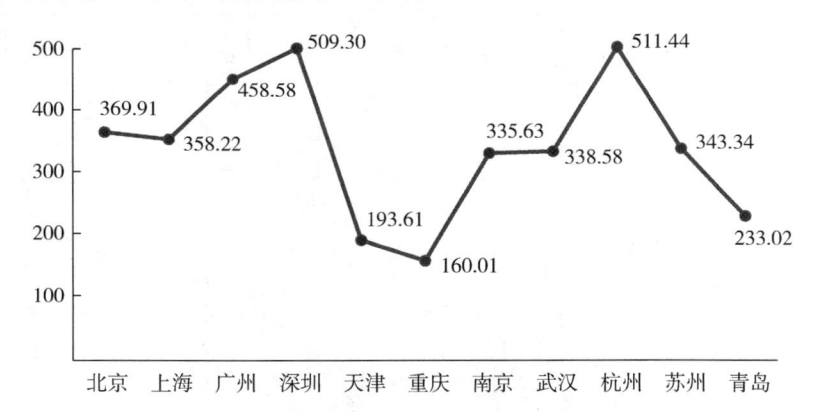

图8-20 基准城市互联网支付发展指数综合值

三 互联网融资

《北京大学互联网金融发展指数报告(第三期)》中并未给出互联网融资的具体发展指数,因此以互联网投资发展指数(见表8-34)来代替,进而分析基准城市互联网融资的发展。

从图8-21中可以看出,互联网投资发展指数的变化与互联网保险和互联网支付有较为明显的不同。杭州的互联网投资发展指数显著高于其他城市,因此将杭州单独作为一个层次,即第一层次。而深圳、广州、北京和上海作为第二层次,其发展指数分别为1007.99、902.99、888.60和882.19。广州的互联网投资发展低于杭州和深圳,而高于其他城市,整体发展状况较好,但相对于杭州这种互联网高速发展的中心

表8-34 基准城市互联网投资发展指数

城市	北京	上海	广州	深圳	天津	重庆	南京	武汉	杭州	苏州	青岛
2015年4月	809.99	768.33	871.04	985.47	355.57	275.20	680.99	626.39	1154.37	671.38	444.55
2015年5月	846.03	800.82	915.69	1039.04	372.66	288.93	718.30	656.27	1224.00	714.32	468.52
2015年6月	897.77	855.87	950.50	1084.99	408.75	305.94	773.51	702.34	1314.50	777.03	496.24
2015年7月	933.16	924.35	937.61	1085.16	405.93	304.60	802.06	718.29	1376.39	792.69	486.93
2015年8月	987.56	995.11	943.64	1088.72	427.45	303.03	843.40	742.29	1488.61	798.01	501.99
2015年9月	929.05	938.98	890.65	998.61	410.45	292.03	788.96	715.56	1344.09	745.47	477.34
2015年10月	812.39	808.88	808.80	888.09	365.79	260.76	682.77	633.00	1094.20	648.41	426.29
2015年11月	898.67	890.94	902.22	1005.97	421.57	290.46	740.74	657.48	1193.25	711.08	466.15
2015年12月	1017.63	994.98	937.78	1025.95	460.17	315.52	859.14	744.41	1350.66	792.17	513.55
2016年1月	955.22	949.14	942.09	1004.27	463.84	314.17	795.12	714.88	1258.47	753.27	497.46
2016年2月	681.08	719.28	713.59	779.04	342.41	256.15	627.82	535.69	1000.33	635.43	387.74
2016年3月	894.68	939.56	1022.21	1110.56	444.25	344.70	827.22	744.02	1311.56	858.70	514.89
综合值	888.60	882.19	902.99	1007.99	406.57	295.96	761.67	682.55	1259.20	741.50	473.47

城市，其互联网投资发展水平较低，比杭州低约360，这表明广州的互联网投资仍有很大进步的空间。第三层次包括南京、苏州和武汉，其发展指数分别为761.67、741.50和682.55。这三个城市的互联网投资发展指数也较高，但与一线发达城市仍有一定距离。第四层次包括青岛、天津和重庆，其发展指数分别为473.47、406.57和295.96。

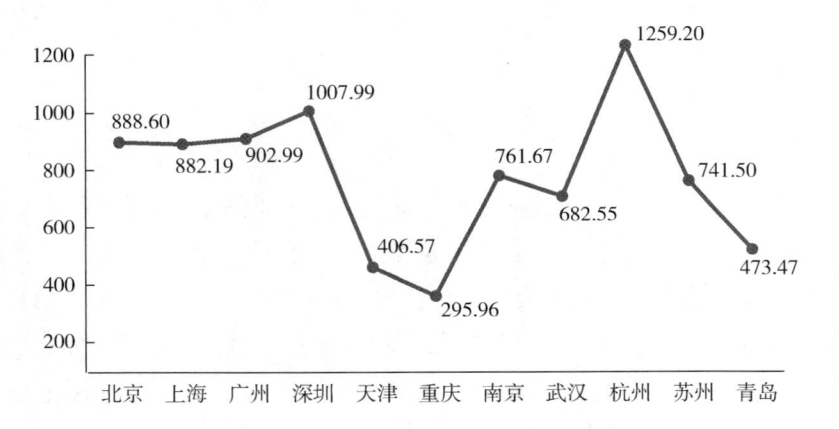

图8-21　基准城市互联网投资发展指数综合值

本节从《北京大学互联网金融发展指数报告（第三期）》中的互联网保险发展指数、互联网支付发展指数和互联网投资发展指数这三个方面对广州及基准城市的互联网金融发展水平进行了综合分析，认为广州的互联网金融发展水平较高，位居国内各城市前列，但与杭州、深圳等城市还有一定距离，这也意味着广州互联网金融的发展不能止步于此，而应继续加快发展脚步，进一步提高互联网金融发展水平。

第九章 广州市农村金融发展评估

广州"十二五"规划和"十三五"规划均提出广州要发展农村金融。目前,广州农村金融发展较为缓慢,农村财政拨款、固定资产投资、农业保险为其重要手段。本章首先在对广州支持农村发展的相关金融政策进行剖析的基础上,就广州农村金融发展状况进行描述性分析;其次通过选择若干农村金融发展状况较好的城市,与广州进行比较分析,从而得出广州农村金融发展的优势与劣势。

第一节 广州市农村金融发展概况

广州金融业发展的"十二五"规划提到,要积极参与国家和省开展的农村及社区金融机构试点,加强引导发动和政策扶持,强化监督管理,加快设立、发展、壮大一批小额贷款公司和村镇银行,为农村金融发展提供条件;而在"十三五"规划中提出,农村金融的进一步发展——拓宽金融发展渠道,包括信贷支持、资本市场支持、资金互助合作社以及政策性农业保险等,为农村金融的建设提供便利。广州市政府办公厅文件《关于加快建设广州区域金融中心的实施意见》中明确提出要大力发展农村金融。鼓励民营企业发起或参与设立小额贷款公司和村镇银行,支持中外资银行在广州发起设立村镇银行,支持符合条件的小额贷款公司转制成村镇银行,并出台扶持政策支持小额贷款公司和村镇银行创新产品,为农村、农业、农民("三农"),中小企业和个体工商户提供优质的金融服务。

一 有关农村金融发展的金融政策

广州金融业发展的"十二五"规划、"十三五"规划等均对金融促进农村发展提出了要求,分别从农村金融的构建和农村金融的发展渠道方面对农村金融进行了规划。不仅要积极增加农村金融机构站点,还要从金融支持方式入手,拓宽金融渠道,打开农村金融市场,为全民壮大农村金融提供有利条件。当然,近年来广州各级政府部门也出台了多项具体的政策措施,支持金融促进农村发展。其中政策出台较多的部门是广州市政府办公厅,表9-1列出了"十二五"以来部分相关政策方案的情况。

表9-1　　广州市政府办公厅支持农村发展的相关政策

序号	年份	政策文件	文件编号
1	2011	《关于支持和促进农民专业合作社发展的若干意见》	穗府办〔2011〕26号
2	2011	《广州市农业和农村经济发展第十二个五年规划的通知》	穗府办〔2011〕42号
3	2012	《关于加强农村支付服务体系建设改善我市农村金融服务的意见》	穗府办函〔2012〕82号
4	2012	《广州市城乡居民社会养老保险试行办法的通知》	穗府办〔2012〕34号
5	2012	《关于进一步做好减轻农民负担工作的实施意见》	穗府办〔2012〕63号
6	2014	《关于印发广州市城乡居民基本养老保险实施办法的通知》	穗府办〔2014〕66号
7	2015	《关于加快推进我市农村土地综合整治的实施意见》	穗府办〔2015〕12号
8	2016	《关于印发广州市农民集体所有土地征收补偿试行办法的通知》	穗府办规〔2016〕2号

续表

序号	年份	政策文件	文件编号
9	2016	《关于印发广州市推进农村普惠金融发展实施方案的通知》	穗府办函〔2016〕162号
10	2017	《广州市农民集体所有土地征收补偿试行办法的通知》	穗府办规〔2017〕10号
11	2017	《广州市乡村建设规划许可证实施办法的通知》	穗府办规〔2017〕11号

从表9-1可以看出，农村金融的发展一直以来都是广州市政府关注的焦点。自2011年以来，政府出台了涵盖农业合作社、农村支付、农村养老保险、农村普惠金融、农村土地征收补偿等各方面内容的相关政策。在发展农村金融的过程中，政府发挥了积极的带头作用。目前，我国农民作为低收入群体，偿款能力较弱，信用较低，获得资金的渠道非常有限。

民间借贷的融资形式在民间较为常见，民间借贷出于自愿，借贷双方较为熟悉，信用程度较高，对社会游资有较大吸引力，可吸收大量社会闲置资金，充分发挥资金的效用。其利率杠杆灵敏度高，随行就市，灵活浮动，资金滞留现象少，借贷手续简便，减去了诸多中间环节，提高了资金使用率。但是，由于法律的不完善性，民间借贷活动处于非监管状态，因而，关于这方面的发展状况较难统计。

随着互联网金融的兴起，涌现出了许多涉农互联网融资平台，如农金圈、农金宝互金等各类涉农融资平台。这些互联网融资平台连接社会资金与"三农"融资需求，为投资人实现资金增值，与投资者共享农业现代化发展红利。涉农互联网融资平台是面向全社会的融资平台，因此，针对具体地区的融资情况较难反映，涉农互联网融资状况还没有权威的统计。

除了以上两种融资方式，农村发展的支持资金还有三个方面的主要来源：一是政府财政对农村的支持资金，包括政府财政农业拨款和农业补偿、补贴等；二是农村固定资产投资；三是农村保险。本节后续部分就广州视角对支持农村发展的各项资金进行分析。

二 政府财政农村资金

在财政资金支持方面,广州主要通过两种方式为农村发展提供融资支持:一是政府财政直接为农业拨款;二是为征收农民土地而进行的各种补贴、补偿。

(一)政府财政农业拨款

表9-2显示了2011—2016年广州市政府对农村农业发展的财政支出情况。从图中可以直观看出,2011—2013年市政府农业财政支出不断增加,但在2014年减少到54.10亿元,与2013年相比,下降26.58%。2015年达到近六年农业财政支出顶峰,为75.69亿元,然而2016年又再次回落。2011—2016年广州农业财政支出额出现较大波动,这很可能与广州市政府每年重点关注的发展领域不同有关。

表9-2　　　　2011—2016年广州农业支出情况　　　　单位:亿元

年份	农业支出	一般公共预算支出	财政支出合计
2011	58.26	1181.25	1793.35
2012	63.55	1343.65	1796.91
2013	73.69	1386.13	2283.51
2014	54.10	1436.22	2525.38
2015	75.69	1727.72	2641.02
2016	72.38	1943.75	2845.66

资料来源:历年《广州统计年鉴》。

根据表9-2中的数据,可得2011—2016年广州农业财政支出占广州整体财政支出的比重(见图9-1)。2011—2013年农业财政支出占比相对平稳,在3.2%—3.6%。但2014年迅速下滑到2.14%,为2011—2016年农业财政支出占比最低值。2015年和2016年略有回升,但幅度不大。由此表明,随着广州经济的发展,产业结构有了一定的调整和升级,农业占比有所下降。虽然政府对农业财政拨款的绝对值是逐年增长的,但是农业财政支出占财政支出的比值呈下降趋势。

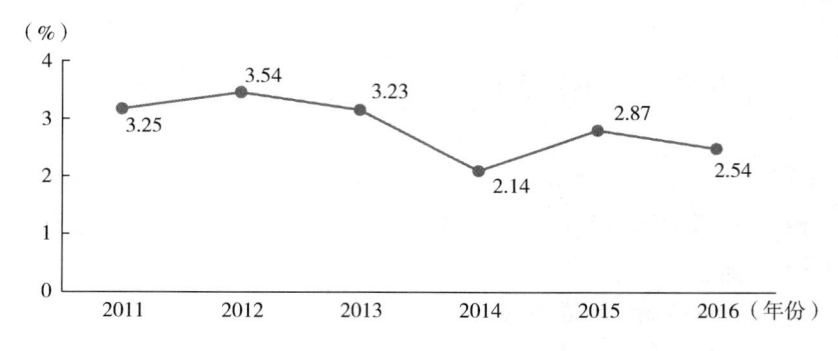

图 9-1　2011—2016 年广州农业财政支出占比

（二）政府财政农村补贴补偿

为深入贯彻落实《中共广州市委广州市人民政府关于全面建设广州区域金融中心的决定》，2016 年 10 月广州市人民政府印发关于广州市推进农村普惠金融发展实施方案。该文件中强调，在金融发展专项资金中每年统筹安排 3000 万元农村金融发展资金，用于对各类机构开展涉农金融业务给予奖励补贴以及对建设农村金融服务站和信用村、发展政策性涉农保险项目、完善农村金融组织体系、建设农村金融基础设施和优化农村普惠金融发展环境等给予补贴。

2017 年广州市政府办公厅发布《广州市农民集体所有土地征收补偿试行办法》。该文件规定，市人民政府土地行政主管部门负责统筹组织实施农民集体所有土地的征收补偿工作。具体补偿标准见表 9-3。

表 9-3　　　　　　　广州市征地标准　　　　　　单位：万元/亩

行政区	参考价	行政区	参考价	行政区	参考价	行政区	参考价
越秀区	40.0	白云区Ⅰ	35.0	黄埔区Ⅱ	18.0	从化区Ⅰ	12.6
海珠区	30.0	白云区Ⅱ	30.0	黄埔区Ⅲ	12.0	从化区Ⅱ	10.6
荔湾区Ⅰ	34.8	白云区Ⅲ	26.0	花都区Ⅰ	16.0	从化区Ⅲ	9.1
荔湾区Ⅱ	26.0	白云区Ⅳ	22.0	花都区Ⅱ	13.0	从化区Ⅳ	8.5
天河区Ⅰ	40.0	白云区Ⅴ	19.0	花都区Ⅲ	11.0	增城区Ⅰ	16.0
天河区Ⅱ	36.0	黄埔区	26.0	番禺区	24.0	增城区Ⅱ	12.0
天河区Ⅲ	32.0	黄埔区Ⅰ	24.0	南沙区	16.0	增城区Ⅲ	8.0

三 固定资产投资

固定资产投资是建造和购置固定资产的经济活动,即固定资产再生产活动。固定资产再生产过程包括固定资产更新(局部和全部更新)、改建、扩建、新建等活动。固定资产投资额是以货币表现的建造和购置固定资产活动的工作量,它是反映固定资产投资规模、速度、比例关系和使用方向的综合性指标。固定资产投资在本节中专指农村固定资产的建造和购置活动。

表9-4和图9-2显示了2011—2016年广州农村固定资产投资情况。从投资额来看,2011—2015年广州农村固定资产投资逐渐增加,2015年达到最大值34.18亿元;2016年为23.13亿元,比2015年减少11.05亿元。从增长率来看,2011—2016年增长率波动较大,最大值出现在2015年,为100.8%;最小值在2016年,为-32.3%。综上,广州农村固定资产投资有所减少,需要引起相关部门的关注。

表9-4　　　　2011—2016年广州农村固定资产投资情况　　单位:亿元,%

	2011年	2012年	2013年	2014年	2015年	2016年
固定资产投资额	3.92	7.19	10.84	17.02	34.18	23.13
比上年增长	21.9	83.4	50.8	57.0	100.8	-32.3

四 涉农贷款

银行类金融机构对于农村金融发展的资金提供了相应的支持。如表9-5所示,2013年广州银行类金融机构涉农贷款余额为1287.36亿元,相比2012年增长了28.61%;2014年涉农贷款余额为1387.74亿元,比2013年增长了7.80%。广州银行类金融机构增加涉农贷款资金,不仅符合银行扩大业务范围的要求,而且有利于广州涉农金融类项目的发展。

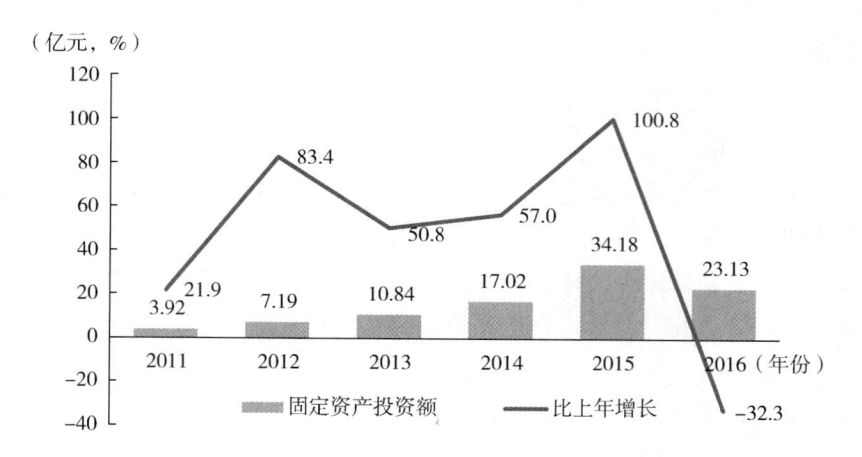

图 9-2　2011—2016 年广州农村固定资产投资情况

表 9-5　　　　　　　　　2013—2014 年广州涉农贷款　　　　　　单位：亿元，%

年份	涉农贷款余额	增长率
2013	1287.36	28.61
2014	1387.74	7.80

资料来源：广州市金融局。

表 9-6 反映了 2013 年和 2014 年五大银行涉农贷款情况。2014 年，工商银行（273.32 亿元）涉农贷款余额最高，其次是农商银行（207.40 亿元）、农业银行（171.49 亿元）、建设银行（142.73 亿元）和国家开发银行（86.99 亿元）。从中可以看出，除了农业银行的涉农贷款略有降低，其他四个银行呈平稳或增长趋势。

表 9-6　　　　　　　　2013—2014 年五大银行涉农贷款　　　　　　单位：亿元

年份	工商银行	农商银行	农业银行	建设银行	国家开发银行
2013	262.75	192.93	185.78	142.73	86.99
2014	273.32	207.40	171.49	142.73	86.99

资料来源：广州市金融局。

2014 年番禺、增城、花都、从化、白云 5 家村镇银行存款余额为

47.01亿元，贷款余额为46.14亿元，净利润为6500万元。全市65家小额贷款公司累计投放"三农"贷款1152笔，累计投放13.59亿元，贷款余额为7.18亿元，村镇银行和小额贷款公司对"三农"的支持服务功能不断增强，逐渐成为广州农村金融服务的生力军。

五 农村保险

2012年广州市政府办公厅印发《广州市城乡居民社会养老保险试行办法的通知》，规定了参保人每月缴纳社会养老保险费的标准（见图9-3）以及相应的补助标准。

```
参保人每月缴纳社会养老保险费 ┬─ 第一档  10元
                              ├─ 第二档  30元
                              ├─ 第三档  50元
                              ├─ 第四档  70元
                              ├─ 第五档  90元
                              ├─ 第六档  110元
                              └─ 第七档  130元
```

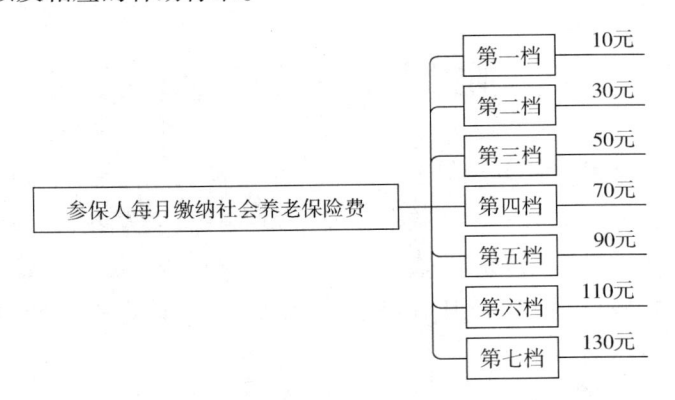

图9-3 参保人每月缴纳社会养老保险费

参保人每月缴纳基本养老保险费的标准分七档：第一档10元，第二档30元，第三档50元，第四档70元，第五档90元，第六档110元，第七档130元。参保人每月缴费补偿也分七档：第一档5元，第二档10元，第三档20元，第四档30元，第五档40元，第六档50元，第七档60元。

2014年广州市人民政府办公厅印发《广州市城乡居民基本养老保险实施办法的通知》，其基本养老保险费及缴费补偿（见图9-4）与社会养老保险类似，此处不再赘述。

```
参保人每月缴费补偿 ─┬─ 第一档 ── 5元
                   ├─ 第二档 ── 10元
                   ├─ 第三档 ── 20元
                   ├─ 第四档 ── 30元
                   ├─ 第五档 ── 40元
                   ├─ 第六档 ── 50元
                   └─ 第七档 ── 60元
```

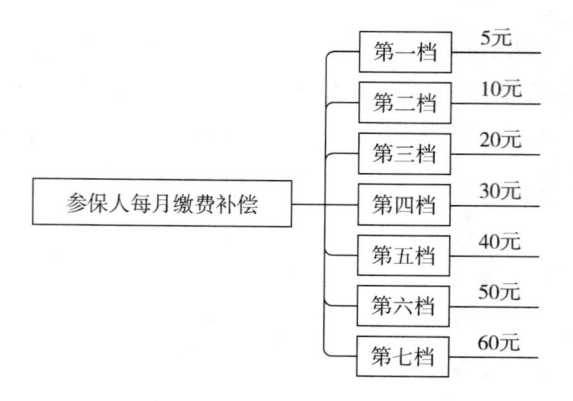

图 9-4 参保人每月缴费补偿

第二节 广州市农村金融发展状况的比较分析

农村金融是产业金融的一个重要方面，前文已经对广州农村金融发展的基本状况进行了一个梳理，对广州农村金融发展状况有了基本认识。为了进一步把握广州农村金融发展状况，本部分拟通过选择若干中心城市与广州进行对比，以更好地掌握广州农村金融的发展现状和趋势。

一 比较基准城市的选取

该部分基准城市的选取方式与科技金融类似，考虑到指标数据的重要性与可得性，仍然采用城市金融业增加值占地区生产总值比重（γ）和金融业增长率（r）这两个指标进行样本城市的筛选。在进行筛选时，采用的具体指标及标准如表 4-17 所示。

本部分筛选的城市符合下列两个标准之一：（1）金融业增加值占地区生产总值比重不小于 8%。符合此条件的城市，金融业往往已形成较大规模，金融市场发达，金融交易活跃。（2）金融业增加值占地区生产总值比重在 5%—8%，且金融业增长率达到或超过 10%。符合此条件的城市，金融业往往已初步形成规模，发展速度较快，可持续发展能力较强。

基于以上原则，本书最终选择的样本城市包括 11 个城市（见表 4-18）。从数据看，这些城市金融业增加值占地区生产总值比重全部超过 8%，金融业比较发达。但就金融业增长率看，杭州的增长率相对较低，大体在 5%；北京、天津的增长率比 8% 略高；其余城市的增长率均超过 10%。从整体来看，这些城市金融业规模较大，城市经济基础较高，农村发展程度较强，具备较强的可比性。

二 财政农业投入

随着社会经济的发展，不管是个人还是国家都更加注重第二产业和第三产业带来的效益，而往往忽视了农林牧渔业的发展。因此，广州"十三五"规划中着重强调了农村金融的发展方向，旨在以金融服务推动农村发展，加快广州区域金融建设。然而，仅仅分析广州农村金融的发展并不能体现出广州农村金融的发展水平，表 9-7 和图 9-5 对 10 个基准城市的农业财政支出情况进行了对比。

表 9-7　　　　　　2015 年基准城市农业财政支出　　　　　　单位：亿元

城市	农业财政支出	一般公共预算支出	财政支出
北京	424.78	5737.70	8080.71
上海	267.40	6191.56	8376.50
广州	75.69	1727.72	2641.02
深圳	44.15	3521.67	3864.42
重庆	331.33	3792.00	5545.15
南京	56.17	1045.57	2008.96
武汉	72.83	1338.05	2231.67
杭州	88.04	1205.48	2238.75
苏州	100.43	1527.17	1592.66
青岛	79.19	1222.87	1352.81

从图 9-5 中得知，北京、重庆和上海的农业财政支出位居前三，

(亿元)

```
450  424.78
400
350              331.33
300
250    267.40
200
150
100              75.69         100.43
 50                    44.15  56.17 72.83 88.04  79.19
  0
    北京 上海 广州 深圳 重庆 南京 武汉 杭州 苏州 青岛
```

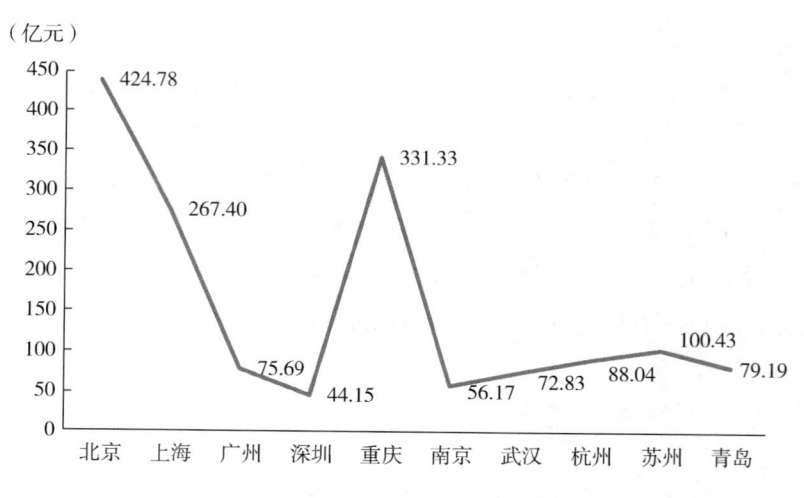

图 9-5　基准城市农业财政支出

分别为 424.78 亿元、331.33 亿元和 267.40 亿元；其次为苏州、杭州和青岛，它们的农业财政支出分别为 100.43 亿元、88.04 亿元和 79.19 亿元。而广州的农业财政支出仅为 75.69 亿元，不仅低于北京、上海等一线城市，而且与重庆、苏州、杭州、青岛等二、三线城市也有一定差距，这表明广州的农业财政支出水平相对较低，财政支持力度较小。

三　固定资产投资

农村固定资产投资方面的比较对分析广州与其他城市的农村金融发展情况也很重要。结合表 9-8 和图 9-6 可看出，广州农村固定资产投资低于北京、重庆、南京、青岛，高于上海、深圳、武汉、杭州、苏州。从农村固定资产投资占比的角度来看，广州位居第五，为 0.63%。

表 9-8　　　　　　2015 年基准城市固定资产投资　　　　单位：亿元，%

城市	农村固定资产投资	总额	占比
北京	109.35	7990.94	1.37
上海	3.95	6352.70	0.06
广州	34.18	5405.95	0.63

续表

城市	农村固定资产投资	总额	占比
深圳	0.62	3298.31	0.02
重庆	533.24	15480.33	3.44
南京	36.95	5484.47	0.67
武汉	34.12	7725.26	0.44
杭州	31.47	5556.32	0.57
苏州	3.86	6124.43	0.06
青岛	114.95	6555.67	1.75

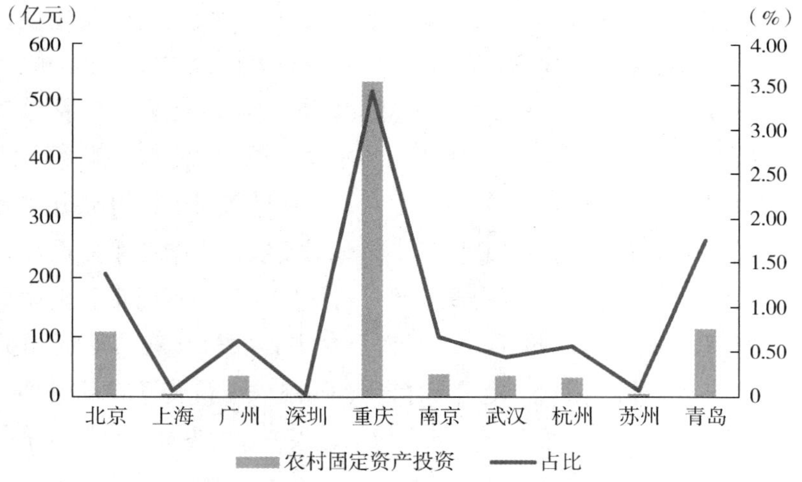

图 9-6　基准城市农村固定资产投资及占比

由于数据的可得性，我们仅对基准城市的农村财政支出和农村固定资产投资情况进行了简单对比，而 wind 数据库涉农贷款等数据已停止统计。综合来看，广州在农村金融方面的发展还有很大空间，需要引起政府及相关金融机构的重视，加大农村资金流入，促进农村金融发展。

第三节 促进广州市农村金融发展的政策建议

一 加大政府支持力度

国家层面相应的配套扶持政策也有力地支撑了国家农村金融业务的开展和农村金融体系的顺利实施。国家层面的农村医疗保险、养老保险和地方的引导与培育规划对于涉农金融机构的成长十分重要,在某种程度上决定了一个国家农村金融体系的健康程度和稳健性。

我国从改革开放以来,政府对农业、农村、农民问题的关注程度日益提高,政府扶持力度也逐步加强。广州市政府出台的各项支持政策可以用"有效但不充分"来形容,虽然广州市政府出台了完善农村养老保险体系的相关政策及农村金融发展的相关意见,以财政补贴的形式对农村居民提供了相应的资金扶持,但是,这些政策显然没有充分地为广州农村金融市场的建设提供必要的支持,对于农村金融体系建设、农村贷款渠道的完善、担保制度的规范等农村金融相关内容的带头推动作用还不够充分。因而,广州还需进一步出台完善农村金融市场的相关政策,推动广州农村消费金融、小额信贷、网络农业信贷平台的发展。广州市政府应从多方面、多角度推动农村金融服务业的发展,借鉴国外先进经验,结合城镇金融市场特点,努力打造完善的农村金融服务体系。

二 完善金融体系构架

对于中国未来在农村金融市场改革进程中所面对的金融体系架构而言,国外发展的经验告诉我们,中国商业性金融要弥补涉农信贷业务的空白点,加快涉农业务的改革步伐,适应当前中国农村经济发展模式和农村金融市场的发展趋势,强大和完善自身实力,并引领新型农村金融机构共同肩负起支农和助农的历史使命。当然,在这一过程中,中国选择政策性金融机构、商业性金融机构、合作性金融机构以及商业性、政策性非银行金融组织支持农村金融的可持续发展路径可能会面临一些短期问题,如机构间的协调问题、机构业务分工问题、金融服务区域覆盖问题,相关的农业担保、保险机制、风险补偿机制等问题,但这些都是次要问题。中国农村金融体系改革的核心在于确定合理的未来发展框架,而坚持以由政策性金融机构、商业性金融机构、合作性金融机构和商业性、政策性非银行金融组织构成的多层次农村金融体系支持农村金融的可持续发展路径,势必能够改善当前中国农村金融市场的乱象,扭转农村金融市场供需不平衡的局面。

三 规范民间金融

农村地下金融犯罪猖獗,主要原因是其涉及面广、破坏性强且难以调查取证。地下金融组织利用国内外金融机构的漏洞洗钱,使非法收入合法化,协助资金不通过金融系统顺利出入境,在中国沿海地区的地下钱庄成为一种典型犯罪。对地下金融的诈骗、洗钱、外汇黑市、毒品、走私、腐败等有组织犯罪活动,必须坚决打击和整治。

第一,坚决打击地下金融犯罪,取缔违法犯罪的地下钱庄。第二,充分利用各种媒体加强宣传,解释地下金融的危害,使投资者了解非法集资、洗钱和其他地下金融犯罪。同时要建立地下金融举报制度,鼓励群众积极举报地下金融。第三,加强金融机构反洗钱工作。《中华人民共和国反洗钱法》的颁布,明确规定银行、证券、保险和其他金融机构都有反洗钱义务,金融机构要加强对大额和可疑交易的监测并及时报警。只有机构和民众同心协力共同治理,方能从每一个环节上遏制地下金融"漂白"非法所得的违法行为。

第三部分

金融业综合运行状况篇

第十章 广州市金融业运行效率评价

本章主要通过对2006—2016年广州金融竞争力进行纵向比较，从而掌握广州金融业的发展趋势及发展中存在的相关问题。为了保证指标数据的可比性，本章从广州金融业综合效率的角度，确定相关指标，并结合数据包络分析方法对广州金融竞争力进行纵向综合评价分析。

第一节 几种效率评价方法分析

关于效率的评价方法，国内外学者曾采用过的有层次分析法（AHP）、德尔菲法（Delphi）、灰色关联度法、TOPSIS法及主成分分析法、随机前沿分析模型、BP神经网络技术以及数据包络分析（DEA）等。这些方法在评价工作中展示了各自优点的同时，也暴露出各自的弱点和缺陷。

一 层次分析法

层次分析法（Analytic Hierarchy Process，AHP）是一种将主观的、定性的评价定量化的方法。该方法是美国运筹学家、匹兹堡大学教授、管理学大师托马斯·萨蒂（Thomas L. Saaty）于20世纪70年代初提出的。该方法是萨蒂教授在为美国国防部研究"根据各个工业部门对国家福利的贡献大小而进行电力分配"课题时，应用网络系统理论和多目标综合评价方法，提出的一种层次权重决策分析方法。该方法自问世以来，理论方面已经日趋成熟，并在多个领域得到了广泛的应用，尤其可用于对无结构特性的系统评价以及具有多目标、多准则、多时期等特征的系统评价。1983年，我国著名管理学家刘豹、许树柏、和金生和赵焕臣共同撰文将萨蒂的AHP理论首次引入中国。AHP被介绍到我国以来，迅速地在我国能源系统分析、城市规划、经济管理、科研评价等社会经济各个领域内得到了广泛的重视和应用，与SWOT分析、波士顿矩阵、360度评估等一道成为在实践中应用最广泛的管理决策工具。

层次分析法既不单纯追求高深数学，又不片面地注重行为、逻辑、推理，而是把定性方法与定量方法有机地结合起来，将复杂的系统分解，把人们的思维过程数学化、系统化，且把多目标、多准则又难以全部量化处理的决策问题化为多层次单目标问题，操作简便，实用性强。层次分析法主要是从评价者对评价问题的本质、要素的理解出发，比一般的定量方法更讲求定性的分析和判断。由于层次分析法是一种模拟人们决策过程的思维方式的一种方法，层次分析法把判断各要素的相对重要性的步骤留给了大脑，只保留人脑对要素的印象，将其化为简单的权重进行计算。这种思想能处理许多用传统的最优化技术无法解决的实际问题。

但在应用过程中层次分析法也存在一定的缺陷。第一，层次分析法只能针对现有的若干方案进行比较，从现有方案中选取较优的方案。如果现有方案均存在一定的缺陷，则通过层次分析法难以为决策者提供新的最优方案。第二，层次分析法采用的定量数据较少，定性成分较多，有时其结果难以令人信服。第三，当采用的指标过多时，权重的确定会很困难，有可能使一致性检验不能通过。第四，求解判断矩阵时，特征值和特征向量的精确求法比较复杂。

二 德尔菲法

德尔菲法，也称专家调查法，1946年由美国兰德公司创始实行。该方法是由一个专门的预测机构，其中包括若干专家和企业预测组织者，按照规定的程序，背靠背地征询专家对未来市场的意见或者判断，然后进行预测的方法。

德尔菲法本质上是一种反馈匿名函询法。其大致流程是：在对所要预测的问题征得专家的意见之后，进行整理、归纳、统计，再匿名反馈给各专家，再次征求意见，再集中，再反馈，直至得到一致的意见。德尔菲法可以避免群体决策的一些可能缺点，使声音最大或地位最高的人没有机会控制群体意志，因为每个人的观点都会被收集，另外，管理者可以保证在征集意见以便作出决策时，没有忽视重要观点。

德尔菲法同常见的通过召集专家开会、集体讨论得出一致预测意见的专家会议法既有联系又有区别。德尔菲法能发挥专家会议法的优点，即能充分发挥各位专家的作用，集思广益，准确性高。同时，能把各位专家意见的分歧点表达出来，取各家之长，避各家之短。德尔菲法又能避免专家会议法的缺点：权威人士的意见影响他人的意见；有些专家碍于情面，不愿意发表与其他人不同的意见；专家出于自尊心而不愿意修改自己原来不全面的意见。

德尔菲法的主要缺点是：缺少思想沟通交流，可能存在一定的主观片面性；易忽视少数人的意见，可能导致预测的结果偏离实际；存在组织者主观影响等。

三 灰色关联度分析

灰色关联度分析（Grey Relational Analysis）是灰色系统分析方法的一种，灰色系统理论提出了对各子系统进行灰色关联度分析的概念，意图通过一定的方法，去寻求系统中各子系统（或因素）之间的数值关系。因此，灰色关联度分析对于一个系统的发展变化态势提供了量化的度量，非常适合动态历程分析。

灰色关联度分析是由华中科技大学邓聚龙教授于1985年提出，是根据因素之间发展趋势的相似或相异程度，即"灰色关联度"，衡量因素间关联程度的一种方法。对于两个系统之间的因素，其随时间或不同对象而变化的关联性大小的量度，称为关联度。在系统发展过程中，若两个因素变化的趋势具有一致性，即同步变化程度较高，则两者关联程度较高；反之，则较低。由于此方法对样本量的大小没有太高要求，分析时也不需要典型的分布规律，而且分析的结果一般与定性分析相吻合，因而具有广泛的实用性，在经济、社会、农业、工业、交通、矿业等领域中应用广泛。

灰色关联度法的优点是原理简单，计算简便，结果直观，易于掌握和运用；样本大小不限，能使用样本提供的全部信息，并且不考虑数据的理论分布；它同等看待各评价指标，可避免主观因素对评价结果的影响；而且能通过改变分辨系数的大小来提高综合评价的区分效度。但其应用的关键是理想对象 X0 的确定，理想对象 X0 决定着关联分析结果的可靠性。而在实际应用中理想对象 X0 的确定往往缺乏科学性，从而使分析结果缺乏稳定性。

四 TOPSIS 法

TOPSIS 法（Technique for Order Preference by Similarity to an Ideal Solution）是 C. L. Hwang 和 K. Yoon 于 1981 年首次提出的。该方法是根据有限个评价对象与理想化目标的接近程度进行排序，对现有对象进行相对优劣评价。TOPSIS 法是一种逼近于理想解的排序法，该方法只要求各效用函数具有单调递增（或递减）性就行，它是多目标决策分析中一种常用的有效方法，又称为优劣解距离法。

TOPSIS 法的基本原理是通过检测评价对象与最优解、最劣解的距离来进行排序，若评价对象最靠近最优解同时又最远离最劣解，则为最好；否则不为最优。其中，最优解的各指标值都达到各评价指标的最优值，最劣解的各指标值都达到各评价指标的最差值。

TOPSIS 法中"理想解"和"负理想解"是 TOPSIS 法的两个基本概念。理想解是一设想的最优的解（方案），它的各个属性值都达到各备选方案中最好的值；而负理想解是一设想的最劣的解（方案），它的各个属性值都达到各备选方案中最坏的值。方案排序的规则是把各备选方案与理想解和负理想解做比较，若其中有一个方案最接近理想解，而同时又远离负理想解，则该方案是备选方案中最好的方案。

TOPSIS 法借助多目标决策问题的理想解和负理想解进行综合评价。其优点是比较简便易行,对数据分布及样本量、指标多少无严格限制,数学计算亦不复杂;既适用于少样本资料,也适用于多样本的大系统;评价对象既可以是空间上的,也可以是时间上的;具有直观的几何意义,对原始数据的利用比较充分,信息损失比较少,评价结果能充分体现评价对象的集团特性。但该方法中理想值向量和负理想值向量的构造缺少稳定性,当评判的环境及自身条件发生变化时,指标值也相应会发生变化,这就有可能引起理想值向量和负理想值向量的改变,使排出的顺序也随之变化,这样评判结果就不具有唯一性;在各指标赋权中,往往难以找到科学合适的赋值方法;此外,该方法不能解决评价指标间的评价信息重复问题,因而指标的选择对评价结果影响很大,从而在实际应用中受到一定限制。

五 主成分分析法

主成分分析法也称主分量分析法,旨在利用降维的思想,把多指标转化为少数几个综合指标(即主成分),其中每个主成分都能够反映原始变量的大部分信息,且所含信息互不重复。这种方法在引进多方面变量的同时将复杂因素归结为几个主成分,使问题简单化,同时得到更加科学有效的数据信息。在实际问题研究中,为了全面、系统地分析问题,我们必须考虑众多影响因素。这些涉及的因素一般称为指标,在多元统计分析中也称为变量。因为每个变量都在不同程度上反映了所研究问题的某些信息,并且指标之间有一定的相关性,因而所得的统计数据反映的信息在一定程度上有重叠。

主成分分析法的原理是设法将原来变量重新组合成一组新的相互无关的几个综合变量,同时根据实际需要从中取出较少的综合变量尽可能多地反映原来变量的信息,也是数学上降维的一种方法。主成分分析法是设法将原来众多具有一定相关性的指标(比如 P 个指标),重新组合成一组新的互相无关的综合指标来代替原来的指标。通常数学上的处理就是将原来 P 个指标的线性组合作为新的综合指标。最经典的做法就是用 F1（选取的第一个线性组合，即第一个综合指标）的方差来表达，即 Var（F1）越大，表示 F1 包含的信息越多。因此，在所有的线性组合中选取的 F1 应该是方差最大的，故称 F1 为第一主成分。如果第一主成分不足以代表原来 P 个指标的信息，再考虑选取 F2 即第二个线性组合，为了有效地反映原来信息，F1 已有的信息就不需要再出现在 F2 中，用数学语言表达就是要求 Cov（F1，F2）=0，则称 F2 为第二主成分，依此类推可以构造出第三、第四……第 P 个主成分。

主成分分析法是一种降维的统计方法，它借助于正交变换，将其分量相关的原随机向量转化成其分量不相关的新随机向量，这在代数上表现为将原随机向量的协方差阵变换成对角形阵，在几何上表现为将原坐标系变换成新的正交坐标系，使之指向样本点散布最开的 P 个正交方向，然后对多维变量系统进行降维处理，使之能以一个较高的精度转换成低维变量系统，再通过构造适当的价值函数，进一步把低维系统转化成一维系统。

主成分分析法具有降维的简化作用，可以减少工作量；可以消除变量之间的相关性；权数的确定具有客观性、科学性。但其对样本容量要求足够大，所以在对少数单位或时间进行评价时就不适用；该方法中主成分是原始变量的一种线性关系，而没有考虑非线性情况；只适合定量变量，不适合包含定性变量的情况；此外，评价结果是一个相对优劣顺序而不能说明水平的具体差异大小。

六 随机前沿分析（SFA）

前沿生产函数（Frontier Production Function）反映了在具体的技术条件和给定的生产要素组合下，企业各投入组合与最大产出量之间的函数关系。通过比较各企业实际产出与理想最优产出之间的差距可以反映出企业的综合效率。

传统的生产函数只反映样本各投入因素与平均产出之间的关系，称之为平均生产函数。但是 1957 年，Farrell 在研究生产有效性问题时开创性地提出了前沿生产函数的概念。对既定的投入因素进行最佳组合，计算所能达到的最优产出，类似于经济学中所说的"帕累托最优"，我们称之为前沿面。前沿面是一个理想的状态，现实中企业很难达到这一状态。

前沿生产函数的研究方法有参数方法和非参数方法。两者都可以用来测量效率水平。参数方法沿袭了传统生产函数的估计思想，主要运用最小二乘法或极大似然估计法进行计算。参数方法首先确定或自行构造一个具体的函数形式，然后基于该函数形式对函数中各参数进行计算；而非参数方法首先根据投入和产出，构造出一个包含所有生产方式的最小生产可能性集合，其中非参数方法的有效性是指以一定的投入生产出最大产出，或以最小的投入生产出一定的产出。这里所说的非参数方法是结合数据包络分析（DEA）方法来进行计算的。

在参数型前沿生产函数的研究中，围绕误差项的确立，又分为随机性和确定性两种方法。首先，确定性前沿生产函数不考虑随机因素的影响，直接采用线性规划方法计算前沿面，确定性前沿生产函数把影响最优产出和平均产出的全部误差统归入单侧的一个误差项 ε 中，并将其称为生产非效率；随机前沿生产函数（Stochastic Frontier Production Function）在确定性生产函数的基础上，提出了具有复合扰动项的随机边界模型。其主要思想为，随机扰动项 ε 应由 v 和 u 组成，其中 v 是随机误差项，是企业不能控制的影响因素，具有随机性，用以计算系统非效率；u 是技术损失误差项，是企业可以控制的影响因素，可用来计算技术非效率。很明显，参数型随机前沿生产函数体现了样本的统计特性，也反映了样本计算的真实性。

SFA 模型的这一功能一经开发，在很短时间内就得到了非常广泛的应用。但该方法的主要缺陷是为最佳效率边界先定了函数形式，因而可能导致效率计量出现偏差，估计结果会受分布假设模型具体形式的制约；此外，在应用该方法时需要对所有研究样本数据的无效率分布做先定假设，而所做假设对于经济单位而言通常是不切实际的，即随机误差项与技术无效的分离还受强分布假设的影响。上述两个缺陷是随机前沿模型至今仍未能解决的本质问题。

七　神经网络模型

神经网络模型以其并行分布、自组织、自适应、自学习和容错性等优良性能，可以较好地适应技术创新预测和评估这类多因素、不确定性和非线性问题。n 个指标的设置考虑了概括性和动态性，力求全面、客观地反映主要影响因素，尽管是"黑匣子"式的预测和评估，但事实证明，它自身的强大学习能力可将需考虑的多种因素的数据进行融合，输出一个经非线性变换后较为精确的预测值和评估值。尽管神经网络模型在理论上有着其他方法不可比拟的优点，但它的计算量很大，其表述判别能力也较难，在实际工作中可操作性不强。

BP 神经网络是一种具有三层或三层以上结构的神经网络，包括输入层、隐含层和输出层，每一层均由若干神经元（指标）构成。在利用 BP 神经网络进行分析时，往往需要利用一定的样本进行训练，以确定系统各参数的最佳取值。当一组训练样本提供给 BP 神经网络后，数据从输入层经过隐含层向后传播，最终到达输出层；然后沿着误差减小的方向，从输出层经隐含层向前修正网络的连接权值。BP 神经网络随着误差反向传播不断得以修正，从而不断提高输入模式识别的正确率，是一种误差函数按梯度下降的学习方法。经过反复的学习过程，最终误差越来越小。在输出层方面，如果设定神经元（输出指标）数量为 1，则能够得到被评价对象的单一得分值，可以对评价对象的发展水平进行综合评价。

八　数据包络分析（DEA）方法

数据包络分析（Data Envelopment Analysis，DEA）是著名运筹学家 Charnes、Cooper 和 Rhodes 在 1978 年最早提出的，用来对同类型多指标投入、多指标产出经济系统的相对有效性进行科学评价的方法。该方法不必事先确定投入、产出之间关系的显性表达式，也不必事先确定指标间的相对权重，排除了主观因素的干扰，具有很强的客观性。

DEA 方法处理多输入，特别是多输出问题的能力具有绝对优势。它是基于相对效率的多投入多产出分析法，其基本思想是把每一个被评价单位作为一个决策单元（DMU），再由众多 DMU 构成被评价群体，通过对投入和产出比率的综合分析，以决策单元的各个投入和产出指标的权重为变量进行评价运算，确定有效生产前沿面，并根据各 DMU 与有效生产前沿面的距离，判定各 DMU 的效率是否 DEA 有效。同时还可用投影方法指出非 DEA 有效或弱 DEA 有效 DMU 的原因及改进的方向和程度。在对 DMU 进行评价时，它不必考虑指标的量纲，可以避免由于指标量纲不同而需寻求相同度量因素所带来的许多困难；不需要事先确定指标的相对权重，也不必确定决策单元的各输入输出之间的显性关系，这就排除了许多主观因素，不仅增强了评价结果的客观性，而且还会使问题简化。由于 DEA 方法不需要预先估计参数，在避免主观因素和简化运算、减少误差等方面有着不可低估的优越性，近年来被广泛应用于技术和生产力进步、技术创新、灵敏度分析及随机 DEA、可持续发展评价、成本收益利润问题、资源配置、金融投资、非生产性等各个领域，通过有效分析，从而进行评价决策。

第二节 广州市金融业运行效率分析

鉴于金融业在国民经济当中的重要地位，其运行效率问题一直是学术界关注的一个重要领域。因此，本节基于数据包络分析的基本框架，通过建立 DEA 模型，就广州 2006—2016 年金融业运行效率情况进行比较分析，以把握广州近年来金融业效率发展情况。

一 数据包络分析的基本框架

在 DEA 模型当中，用于进行分析的对象称为决策单元（DMU）。在 DEA 方法中，用于效率评价的模型很多，最主要和常用的是 CCR 模型和 BCC 模型。假设有 n 个同类型的决策单元（Decision Making Unit，DMU），每个决策单元有 m 种投入指标及 s 种产出指标，则对于第 j 个

决策单元 DMU_j 的投入和产出指标向量分别为 $x_j = (x_{1j}, x_{2j}, \cdots, x_{mj})^T$ 和 $y_j = (y_{1j}, y_{2j}, \cdots, y_{sj})^T$。其中 x_{ij} $(i = 1, 2, \cdots, m)$ 为第 j 个决策单元第 i 种类型投入的投入量；y_{kj} $(k = 1, 2, \cdots, s)$ 为第 j 个决策单元第 k 种类型产出的产出量。投入和产出矩阵可以表示为 $X = (x_1, x_2, \cdots, x_n)$，$Y = (y_1, y_2, \cdots, y_n)$。判断某个选定的决策单元 DMU_0 的综合效率的 CCR 模型可表示为：

$$\begin{cases} \max: \eta_C + \varepsilon (e^T t^- + e^T t^+) \\ \text{st.} \\ x_0 - t^- = X\mu \\ \eta_C y_0 + t^+ = Y\mu \\ \mu, t^-, t^+ \geqslant 0 \end{cases} \quad (10-1)$$

此模型隐含着规模报酬不变的假定，用来评定决策单元的综合效率。引入凸性假设 $e^T\mu = 0$，可得到如下 BCC 模型，其有效前沿面为一凸集，它仅仅评价 DMU_0 的技术效率：

$$\begin{cases} \max: \eta_B + \varepsilon (e^T t^- + e^T t^+) \\ \text{st.} \\ x_0 - t^- = X\mu \\ \eta_B y_0 + t^+ = Y\mu \\ e^T\mu = 0 \\ \mu, t^-, t^+ \geqslant 0 \end{cases} \quad (10-2)$$

其中，η_C 和 η_B 分别为 DMU_0 的综合效率和技术效率值；μ 为权重系数；t^- 和 t^+ 为投入、产出松弛变量，分别为 m 维和 s 维的列向量；e 是分量为 1 的列向量；ε 为非阿基米德无穷小量，在计算中取正的无穷小。

CCR 模型的经济含义是参照其他决策单元的投入产出水平，保持自身投入水平不增加的前提下，先按最优目标值 η_C^* 将 DMU_0 各产出要素同比例扩大，再根据松弛向量情况分别调整投入、产出的个别指标值。因此，当最优解 $\eta_C^* = 1$ 且零松弛向量 $t^{-*} = 0$ 和 $t^{+*} = 0$ 时，DMU_0 为 CCR 有效，否则为 CCR 无效。当 $\eta_C^* = 1$ 时，说明至少有一个产出指标值达到相对最高，此时如果 $t^{-*} = 0$ 和 $t^{+*} = 0$，说明所有的产出指标值均达到相对最高，投入水平则达到相对最低。当 $\eta_C^* > 1$ 时，说明所有的产出要素均存在同比例扩大的空间，且 η_C^* 值越大，扩大的空间越大。令 $\theta_C^* = 1/\eta_C^*$，θ_C^* 代表决策单元 DMU_0 的综合效率得分。CCR 模型的缺点是无法区分技术效率和规模效率。

BCC 模型增加了约束条件 $e^T\mu = 0$，限制了 μ 的取值范围，此时规模报酬可变，可以用来测量 DMU_0 的技术效率。当 $\eta_B^* = 1$ 且零松弛向量时，DMU_0 的技术效率达到最佳，否则称技术无效，DMU_0 的技术效率得分为 $\theta_B^* = 1/\eta_B^*$。用综合效率得分 θ_C^* 除以技术效率得分 θ_B^*，得到规模效率得分，即 $SE = \theta_C^*/\theta_B^*$。当 $SE = 1$ 时，规模报酬不变，此时规模有效，DMU_0 达到最大产出规模点。

对于无效的决策单元，可根据其在有效前沿面上的投影，适当调整投入产出水平。以 CCR 模型为例，设无效决策单元 DMU_0 (x_0, y_0) 在有效前沿面上的投影为 $(\hat{x}_0, \hat{y}_0)$，则 $\hat{x}_0 = x_0 - \Delta x_0 = x_0 - t^{-*} = X\mu^*$，$\hat{y}_0 = y_0 + \Delta y_0 = \eta_C^* y_0 + t^{+*} = Y\mu^*$。此时，对于最优的解 $\mu_j^* > 0$，称 DMU_j 为 DMU_0 的一个参照单元，所有的参照单元组成参照基。

二　指标的选择及确定

要纵向评价广州金融竞争力的有效性，设置的输入输出指标体系应力求全面、系统。此外，考虑到数据采集的可行性以及 DEA 方法对指标选取的要求，所设置的指标体系不宜层次复杂和指标过多，应以尽可能少的指标来反映尽可能多的信息。

从投入角度看，金融机构的投入主要是人员和资金。金融机构人员是金融机构得以发展的前提条件。因此，本书选择金融业从业人员数来表示人员投入情况。反映金融机构资金投入量的指标有金融机构存款余额和金融机构贷款余额两个。一个地区存款额的大小可直接反映区域金融机构吸纳当地资金资源的程度，同时，一定程度上也决定了该区域金融机构利用当地存款的贷款规模，从而间接体现金融对区域经济的影响。同时，金融机构发放的贷款额既是金融机构盈利的主要来源，也可直接反映其区域货币投放规模，从而反映金融对区域经济运行的影响力，所以，放贷能力在区域金融竞争力衡量中占有重要地位。因此，本书将金融机构的存款余额和贷款余额作为重要的资金投入指标。

从产出角度看，金融机构活动的最终成果主要通过金融业增加值来体现。金融业增加值是利用市场价格计算的一个国家（或地区）所有常住单位在一定时期内从事金融业生产活动的最终成果。因此，本书将金融业增加值作为输出指标。

经过以上的分析，本书确定的广州金融业运行效率评价指标体系见表10-1。

表10-1　　　　　广州金融业运行效率评价指标体系

指标类别	指标	代码
投入指标	金融机构存款余额（亿元）	X1
	金融机构贷款余额（亿元）	X2
	金融业从业人员数（万人）	X3
产出指标	金融业增加值（亿元）	Y1

根据分析的需要及数据的可获得性，本书选取广州2006—2016年的金融机构投入产出数据作为分析样本。各年的数据来自相应年度《广州统计年鉴》《广州市国民经济和社会发展统计公报》及广州统计局网站。相关数据见表10-2。

表10-2　　　　广州金融业运行效率的相关数据　　　单位：亿元，万人

年份	投入指标			产出指标
	金融机构存款余额	金融机构贷款余额	金融业从业人员数	金融业增加值
2006	12731.23	7931.78	6.35	235.98
2007	14309.71	8737.05	6.74	280.47
2008	16421.05	10304.73	7.63	446.27
2009	20401.72	12598.16	8.20	551.45
2010	23384.50	14987.73	8.69	670.53
2011	25791.70	16333.43	12.25	855.53
2012	29006.99	18023.02	12.60	971.27

续表

年份	投入指标			产出指标
	金融机构存款余额	金融机构贷款余额	金融业从业人员数	金融业增加值
2013	32850.57	20172.97	10.80	1141.93
2014	34170.66	22688.33	12.14	1303.19
2015	41574.49	26136.95	11.69	1628.71
2016	45937.34	28885.54	11.77	1800.00

三 DEA 模型结果及分析

考虑到本部分仅对广州本市 2006—2016 年金融业运行情况进行分析，此处未选取环境变量，因此并不采用三阶段 DEA 模型分析，而是采用传统的 CCR 模型和 BCC 模型进行效率评价。

（一）CCR 模型分析

基于表 10-2 的投入产出数据，采用 DEAP 软件，利用 CCR 模型得到 2006—2016 年广州金融业运行效率情况（见表 10-3）。

表 10-3　　　　基于 CCR 模型的广州金融业运行效率

年份	综合效率	投入冗余值			排名	有效性
		X1	X2	X3		
2006	0.48	55.96	0.00	1.49	11	无效
2007	0.52	213.77	0.00	1.64	10	无效
2008	0.70	23.07	0.00	2.39	9	无效
2009	0.70	257.50	0.00	2.15	8	无效
2010	0.73	0.00	207.45	1.98	7	无效
2011	0.85	0.00	97.80	4.78	6	无效
2012	0.87	297.98	0.00	4.55	5	无效
2013	0.91	698.59	0.00	2.34	4	无效
2014	0.97	0.00	1169.63	3.29	3	无效
2015	1.00	8.30	0.00	1.04	1	弱有效
2016	1.00	0.00	0.00	0.00	1	有效

由表 10-3 的实证结果可以看出，2006—2016 年，广州金融业综合效率呈现逐年上升趋势，图 10-1 则将这种趋势直观地表现出来。2006 年效率值为 0.48，不到 2015 年和 2016 年效率值的一半，表明近年来金融业运行效率提升明显。同时也看到，虽然 2015 年和 2016 年综合效率均有效，但结合松弛变量可知，2015 年金融机构贷款余额及金融业从业人员数均存在松弛值，表明 2015 年金融业运行效率属于弱有效状态，可以通过调整减少这两项投入以达到 DEA 有效状态。

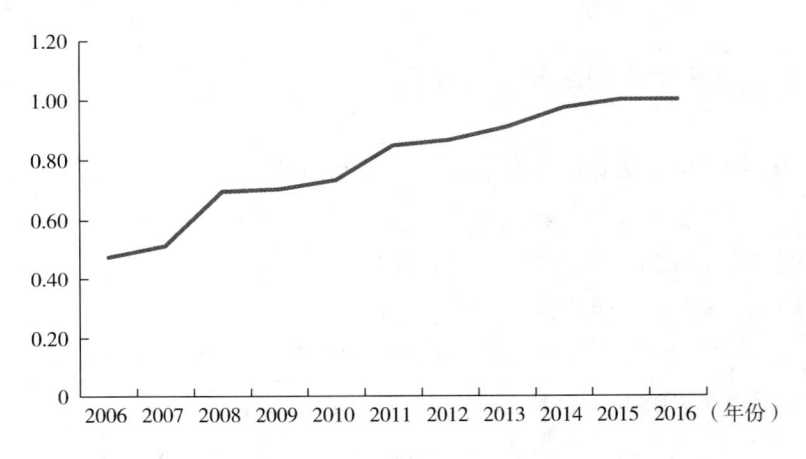

图 10-1　广州金融业 2006—2016 年综合效率

（二）BCC 模型分析

为了进一步考察广州金融业运行效率情况，本部分将各指标数据代入 BBC 模型，得出广州金融业技术效率的相关情况，具体结果如表 10-4 所示。

表 10-4　基于 BBC 模型的广州金融业技术效率

年份	技术效率	投入冗余值			排名	有效性
		X1	X2	X3		
2006	1.000	0.000	0.000	0.000	1	有效
2007	0.972	293.737	0.000	0.000	7	无效
2008	1.000	0.000	0.000	0.000	1	有效

续表

年份	技术效率	投入冗余值			排名	有效性
		X1	X2	X3		
2009	0.945	280.916	0.000	0.000	10	无效
2010	0.927	0.000	311.585	0.000	11	无效
2011	0.972	0.000	0.000	2.710	7	无效
2012	0.962	309.254	0.000	2.686	9	无效
2013	0.973	729.373	0.000	0.485	6	无效
2014	1.000	0.000	0.000	0.000	1	有效
2015	1.000	0.000	0.000	0.000	1	有效
2016	1.000	0.000	0.000	0.000	1	有效

结合表 10-4 中历年技术效率值可知，2006—2016 年广州金融业技术效率平均为 0.977，处于较高水平。但仍然有 2007 年、2009—2013 年 6 个年份处于非有效状态，其余 5 个年份处于有效状态。由于 CCR 模型的假设条件是规模报酬不变，即通过增加投入可以等比例扩大产出规模，金融业规模的大小不影响其效率的大小。但是这一假设相当严格，在许多条件下并不能满足，在不完全竞争、经济环境甚至政策限制等因素的变化下都有可能导致金融难以在理想的规模下运行，所以改进后规模报酬可变的 BCC 模型在一定程度上解决了 CCR 模型的假设限制，这就使得模型比较切合实际的金融运行状况。

结合从 CCR 模型和 BBC 模型中得出的效率值，根据公式计算出规模效率值，相关结果如表 10-5 所示。

$$规模效率 = \frac{综合效率}{技术效率} \quad (10-3)$$

表 10-5　　　　2006—2016 年广州金融业规模效率值

年份	规模效率	年份	规模效率
2006	0.477	2009	0.743
2007	0.530	2010	0.790
2008	0.695	2011	0.871

续表

年份	规模效率	年份	规模效率
2012	0.899	2015	1.000
2013	0.933	2016	1.000
2014	0.973	—	—

由表 10-5 中相关计算结果可知，2006—2016 年广州金融业规模效率值呈现逐步上升趋势，各年均值为 0.810。2010 年以前各年度规模效率值均低于均值，2011 年规模效率值开始超过均值，在 2015 年和 2016 年实现了规模有效。总的来说，各年份在金融业规模效率方面的表现与其在技术效率方面大体一致。

（三）评价结果总结

利用 DEAP 软件求出 2006—2016 年各年份的规模区间，将其与金融业综合效率、技术效率以及规模效率放在一起进行综合评价，相关数据如表 10-6 和图 10-2 所示。

表 10-6　　　2006—2016 年广州金融业运行效率评价结果

年份	综合效率	排名	技术效率	排名	规模效率	排名
2006	0.477	11	1.000	1	0.477	11
2007	0.515	10	0.972	7	0.530	10
2008	0.695	9	1.000	1	0.695	9
2009	0.702	8	0.945	10	0.743	8
2010	0.732	7	0.927	11	0.790	7
2011	0.847	6	0.972	7	0.871	6
2012	0.865	5	0.962	9	0.899	5
2013	0.908	4	0.973	6	0.933	4
2014	0.973	3	1.000	1	0.973	3
2015	1.000	1	1.000	1	1.000	1
2016	1.000	1	1.000	1	1.000	1
均值	0.794	—	0.977	—	0.810	—

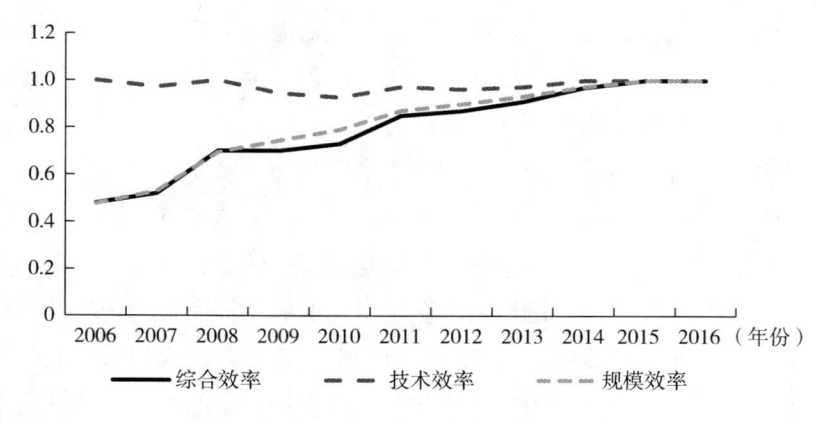

图 10-2 广州金融业运行效率

结合表 10-6 和图 10-2 进行结果分析，可以得出以下结论：

（1）从综合效率值上看，广州均值为 0.794，处于较高水平，但各年份的效率值差距较大；整体上效率值随时间变化呈上升趋势，由 2006 年的最低值 0.480 上升到 2015 年的有效状态。11 年中仅有 2015 年和 2016 年两个年份处于 DEA 有效状态，2006 年效率值最低，仅为有效年份 2015 年和 2016 年效率值的一半，差距较大。这表明广州金融业不管是在规模上还是技术上，多数年份仍存在一定的欠缺。

结合表 10-3 松弛变量的情况可知，在三个投入因素当中，金融业人才除 2016 年外存在冗余值，且 2011 年、2012 年和 2014 年冗余值较高，表明金融业人才使用率不足是影响效率的一个重要因素。而部分年份存款或贷款值存在冗余，即存在金融资源利用不充分的情况，也影响到效率的提升。

（2）从技术效率看，11 年中有 2006 年、2008 年、2014—2016 年 5 个年份处于纯技术有效状态，但某些年份规模无效导致综合效率无效。这其中，2006 年和 2008 年规模效率值较低，而 2014 年规模效率值为 0.973，接近于规模有效状态。在提高技术效率方面，一般更侧重的是高新技术、金融新产品的开发及其成果在银行、证券、保险等行业的运用推广，以此提高其行业的运作效率。从规模效率上看，除两个有效年份 2015 年和 2016 年外，其余 9 个年份均处于规模无效状态，表明近年来金融业规模的不断扩大是效率提升的重要因素。

结合表10-4的冗余变量情况可知，金融机构存款余额在4个年份出现冗余、金融业从业人员数在3个年份出现冗余，这两个因素是影响技术效率的主要投入因素。

上述分析在一定程度上反映了近年来广州在金融发展过程中存在的有关金融效率方面的问题。金融运行的高投入、高消耗和低产出模式，人才管理制度的不完善等因素都直接影响到广州的金融发展和金融利用效率，它既折射出广州金融机构和金融市场发展不够完善的现实，同样也反映出广州近年来金融传导机制的效率差异。因此，我们需要通过不断深化金融体制改革，大力发展广州的金融市场和金融服务，理顺金融传导机制，努力提高银行业和其他金融机构的运行效率。

第三节 主要城市金融业运行效率的比较分析

前面一节主要依据时间发展情况，就广州近年来金融业运行效率进行了分析，反映的是广州自身金融业运行效率发展变化情况。本部分通过选择若干金融业较发达城市作为比较基准，反映广州与其他城市之间的横向金融运行效率比较情况。

一 比较基准城市的选择与确定

考虑到全国城市众多，仅地级以上城市就有600多个，且城市之间经济发展程度差异巨大，若将这些城市全部进行比较，所得结论也缺乏说服力。由于本书主要着眼于广州视角进行分析，因此需要从这600多个城市当中，选择经济发展程度较高、金融业相对较发达，与广州具备较强的可比性的城市。

经过比较，本书主要采用城市金融业增加值占地区生产总值比重和金融业增长率这两个指标进行样本城市的筛选。金融业增加值是金融业的全部基层单位一定时期内新创造出来的价值之和，金融业增加值占地区生产总值的比重则是金融业的相对规模，反映了金融业在国民经济中的地位和金融业发育程度。金融业增长率则可以衡量一个城市金融业发展速度。本书筛选样本的原则有两个,即金融业增加值占地区生产总值比重不小于8%;金融业增加值占地区生产总值比重大于5%小于8%,但金融业增长率大于等于10%。金融业增加值占地区生产总值比重大于8%,则说明该区域金融业已形成一定较大规模,金融市场发达,金融交易活跃。金融业增加值占地区生产总值比重大于5%小于8%,但金融业增长率大于等于10%,则说明该区域金融业已初步形成规模,发展速度较快,可持续发展能力较强。

基于以上原则,本书在我国"三圈一带"的金融城市中选择出了包括广州在内的13个样本城市,其选择结果如表10-7所示。

表10-7　　　　　　　比较基准城市的筛选结果

"三圈一带"	省市区	基准城市
环渤海经济圈	北京、天津、辽宁、河北、山西、山东、内蒙古	北京、天津、大连、青岛
珠三角经济圈	香港、澳门、广州、深圳、珠海、佛山、东莞、惠州、肇庆、中山、江门	广州、深圳
长三角经济圈	上海、南京、苏州、无锡、常州、镇江、扬州、泰州、南通、杭州、宁波、湖州、嘉兴、绍兴、舟山、台州	上海、南京、苏州、杭州
长江流域经济带	上海、江苏、浙江、安徽、江西、湖北、湖南、重庆、四川	上海、南京、苏州、杭州、武汉、长沙、重庆

本部分所使用的指标数据主要来源于13个金融较发达城市相应年份的统计年鉴和统计公报,其中部分金融数据来源于相应年份的《上海证券交易所统计年鉴》《深圳证券交易所市场统计年鉴》《中国城市统计年鉴》以及各个相关金融机构网站。

二　投入产出指标体系的建立

与前面的分析类似,从投入角度看,金融机构的投入主要是人员和资金,本书选择金融业从业人员数来表示人员投入情况;以金融机构贷款余额、原保险保费收入及上市公司数量作为重要的投入指标。从产出角度看,仍选择将金融业增加值作为产出指标。

由于各个城市之间经济发展状况及影响因素不尽相同,本部分考虑环境变量及随机因素的影响。考虑到金融业的发展受到宏观经济形势的影响,一般宏观经济形势较好的地区,金融业也较发达,因此选择人均地区生产总值作为环境变量影响指标。

经过以上的分析,本书确定的广州金融业运行效率评价指标体系见表10-8。

表10-8 广州金融业运行效率评价指标体系

指标类别	指标	代码
投入指标	金融业从业人员数(万人)	X1
	金融机构贷款余额(万元)	X2
	原保险保费收入(万元)	X3
	上市公司数量(家)	X4
产出指标	金融业增加值(万元)	Y1
环境变量	人均地区生产总值(万元)	Z1

三 DEA 模型结果及分析

(一) CCR 模型技术效率

1. 城市整体状况

基于13个城市的金融业投入产出数据,采用 DEAP2.1 软件,得到2006—2016 年基于 CCR 模型的 13 个城市金融业技术效率情况(见表10-9)。

整体上看,2006 年以来,大多数城市金融业技术效率呈上升趋势。效率均值由 2006 年的 0.744 上升到 2016 年的 0.883,效率均值最高出现在 2010 年,达到 0.912(见表 10-9 和图 10-3)。

在 13 个城市当中,仅有深圳 1 个城市各年份效率值全部为 1,达到 CCR 有效;南京、天津分别从 2008 年和 2009 年起均为有效;北京、上

表 10-9　CCR 模型的分析结果

城市	2006年	2007年	2008年	2009年	2010年	2011年	2012年	2013年	2014年	2015年	2016年
北京	0.823	1.000	1.000	1.000	1.000	0.959	0.933	0.895	0.935	0.860	0.843
上海	0.712	0.865	0.793	0.964	0.964	0.919	0.896	0.834	0.925	1.000	1.000
天津	0.540	0.633	0.869	1.000	1.000	1.000	1.000	1.000	1.000	1.000	1.000
广州	0.601	0.898	0.838	1.000	0.986	0.922	0.870	0.834	0.878	0.927	0.982
深圳	1.000	1.000	1.000	1.000	1.000	1.000	1.000	1.000	1.000	1.000	1.000
大连	1.000	0.500	0.461	0.549	0.825	0.784	0.874	0.839	0.841	0.797	0.713
青岛	1.000	1.000	1.000	1.000	1.000	0.923	0.929	0.845	0.837	0.814	0.882
杭州	0.772	0.720	0.663	0.816	0.833	0.836	0.753	0.727	0.637	1.000	0.555
苏州	0.813	1.000	1.000	1.000	1.000	1.000	1.000	0.887	0.832	0.895	0.887
南京	0.660	0.738	0.679	0.897	0.996	1.000	1.000	1.000	1.000	1.000	1.000
重庆	0.562	0.713	0.669	0.683	0.737	0.664	0.735	0.694	0.952	0.970	0.788
武汉	0.557	0.729	0.467	0.509	0.512	0.474	0.457	0.460	0.688	0.944	0.827
长沙	0.638	0.516							0.827	0.505	0.883
效率均值	0.744	0.793	0.803	0.878	0.912	0.883	0.881	0.845	0.873	0.901	

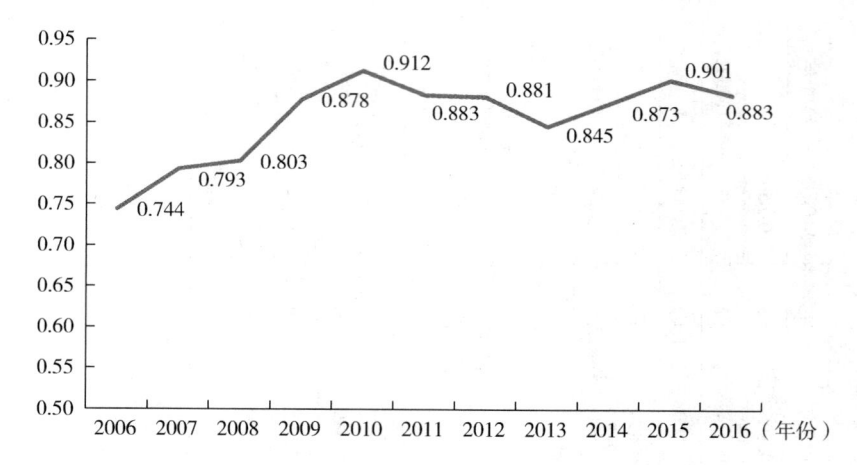

图 10-3　CCR 模型金融业技术效率均值趋势

海、青岛、苏州、重庆 5 个城市分别在 2—6 个年份当中为有效；广州、大连、杭州 3 个城市仅在 1 个年份当中为有效；武汉、长沙 2 个城市则各年均为无效。

2. 广州市技术效率状况

虽然广州在经济总量上居于各城市前列，但就金融业发展状况看，广州并不突出。图 10-4 反映了广州各年金融业技术效率情况。

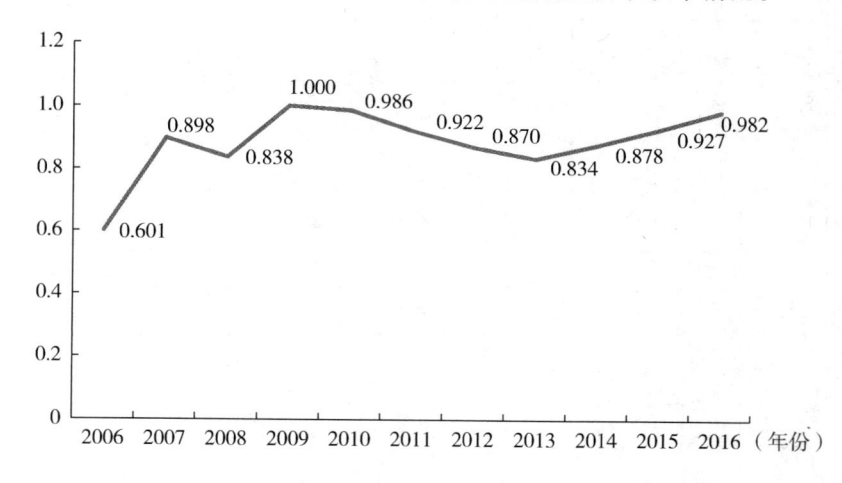

图 10-4　CCR 模型广州金融业技术效率趋势

从图 10-4 中可以看出，在 11 年当中，广州只有 2009 年 1 个年份达到技术有效，之后又逐步下降，2013 年达到一个低值 0.834；2016 年又回升至 0.982。近年来均处于无效状态，且各年份之间波动趋势明显。

表 10-10 反映了各城市金融业技术效率排名情况。从中可以看出，除 2009 年与其他 6 个城市并列第 1 外，广州在 13 个城市当中各年的排名均在 5—10 名波动，2007 年为第 5 名，2006 年、2012 年和 2013 年均排名第 10，为最低状况。从整体上看，广州金融业技术效率处于中等偏下的水平。

(二) BCC 模型技术效率

1. 城市整体状况

基于 13 个城市的金融业投入产出数据，采用 DEAP2.1 软件，得到 2006—2016 年基于 BCC 模型的 13 个城市金融业技术效率情况，如表 10-11 和图 10-5 所示。

从整体上看，2006 年以来，各城市金融业技术效率呈波动上升趋势，效率均值由 2006 年的 0.877 上升到 2016 年的 0.952；效率均值最高出现在 2010 年，达到 0.996；之后缓慢下降，2014 年降低到 0.951，波动回升至 2016 年的 0.952。

在 13 个城市当中，深圳、青岛、南京、长沙 4 个城市各年份技术效率值全部为 1，达到 BCC 有效；北京、上海、天津、大连、苏州 5 个城市多数年份技术效率值为 1，整体效率值较高；广州、杭州、重庆、武汉 4 个城市则多数年份技术效率值小于 1，技术效率有效年份较少，效率值相对较低。

2. 广州金融业技术效率状况

比较而言，广州金融业技术效率不高，多数年份处于纯技术无效状态，仅在 2009 年、2010 年和 2016 年 3 个年份达到了纯技术有效，且近几年均处于无效状态（见图 10-6）。

就各年份排名情况看（见表 10-12），广州在 2009 年、2010 年和 2016 年达到技术效率有效，因此与其他城市并列第 1，其余年份则排名第 10—13，属于较差的状态，表明广州金融业技术效率较差，具备较大的提升空间。

表 10-10　各城市金融业技术效率排名情况

城市	2006年	2007年	2008年	2009年	2010年	2011年	2012年	2013年	2014年	2015年	2016年
北京	4	1	1	1	1	6	6	5	5	10	9
上海	7	6	8	8	9	9	8	9	6	1	1
天津	13	11	6	1	1	1	1	1	1	1	1
广州	10	5	7	1	8	8	10	10	7	8	6
深圳	1	1	1	1	1	1	1	1	1	1	1
大连	1	13	13	12	11	11	9	8	8	12	12
青岛	1	1	1	1	1	7	7	7	9	11	8
杭州	6	9	11	10	10	10	11	11	13	1	13
苏州	5	1	1	1	1	1	1	6	10	9	7
南京	8	7	1	1	1	1	1	1	1	1	1
重庆	11	10	9	9	7	1	1	4	4	6	1
武汉	12	8	10	11	12	12	12	12	12	7	11
长沙	9	12	12	13	13	13	13	13	11	13	10

表10-11　BCC模型的分析结果

城市	2006年	2007年	2008年	2009年	2010年	2011年	2012年	2013年	2014年	2015年	2016年
北京	1.000	1.000	1.000	1.000	1.000	1.000	1.000	1.000	1.000	0.861	0.850
上海	0.851	0.952	0.965	1.000	1.000	1.000	1.000	1.000	1.000	1.000	1.000
天津	0.657	0.696	0.872	1.000	1.000	1.000	0.875	0.878	0.903	0.932	1.000
广州	0.615	0.921	0.879	1.000	1.000	0.974	1.000	1.000	1.000	1.000	1.000
深圳	1.000	1.000	1.000	1.000	1.000	1.000	1.000	1.000	1.000	1.000	1.000
大连	1.000	0.965	0.988	1.000	1.000	0.979	1.000	1.000	1.000	1.000	1.000
青岛	1.000	1.000	1.000	1.000	1.000	1.000	1.000	1.000	1.000	1.000	0.684
杭州	0.845	0.902	0.854	0.972	1.000	0.999	0.855	0.821	0.713	1.000	0.959
苏州	1.000	1.000	1.000	1.000	1.000	1.000	1.000	0.962	0.934	0.977	1.000
南京	1.000	1.000	1.000	1.000	1.000	1.000	1.000	0.993	1.000	1.000	1.000
重庆	0.647	0.821	0.757	0.901	1.000	0.832	1.000	0.935	0.967	0.997	0.888
武汉	0.787	1.000	0.964	0.932	0.945	1.000	0.985	1.000	0.849	1.000	1.000
长沙	1.000	1.000	1.000	1.000	1.000	1.000	1.000	1.000	1.000	1.000	0.952
效率均值	0.877	0.943	0.945	0.985	0.996	0.983	0.978	0.968	0.951	0.982	0.952

表10-12　各城市BCC模型金融业技术效率排名

城市	2006年	2007年	2008年	2009年	2010年	2011年	2012年	2013年	2014年	2015年	2016年
北京	1	1	1	1	1	1	1	1	1	12	12
上海	8	9	8	1	1	1	1	1	1	1	1
天津	11	13	11	1	1	1	1	1	1	11	1
广州	13	10	10	1	1	12	12	12	11	1	1
深圳	1	1	1	1	1	11	1	1	1	1	1
大连	1	8	7	1	1	1	10	1	1	1	1
青岛	1	1	1	1	1	1	1	1	1	1	1
杭州	9	11	12	11	1	10	13	13	13	1	13
苏州	1	1	1	1	1	1	1	10	10	10	10
南京	1	1	1	1	1	1	1	1	1	1	1
重庆	12	12	13	13	13	13	1	9	9	9	1
武汉	10	1	9	12	1	1	11	11	12	1	11
长沙	1	1	1	1	1	1	1	1	1	1	1

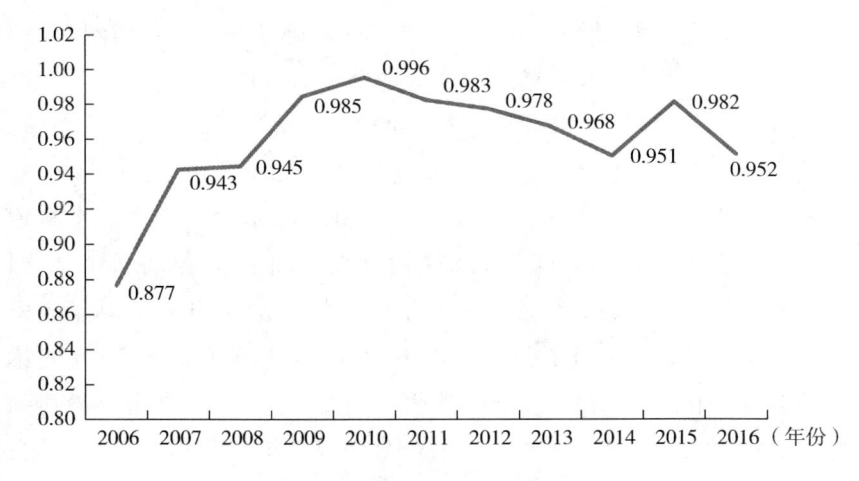

图 10-5　BCC 模型金融业技术效率均值趋势

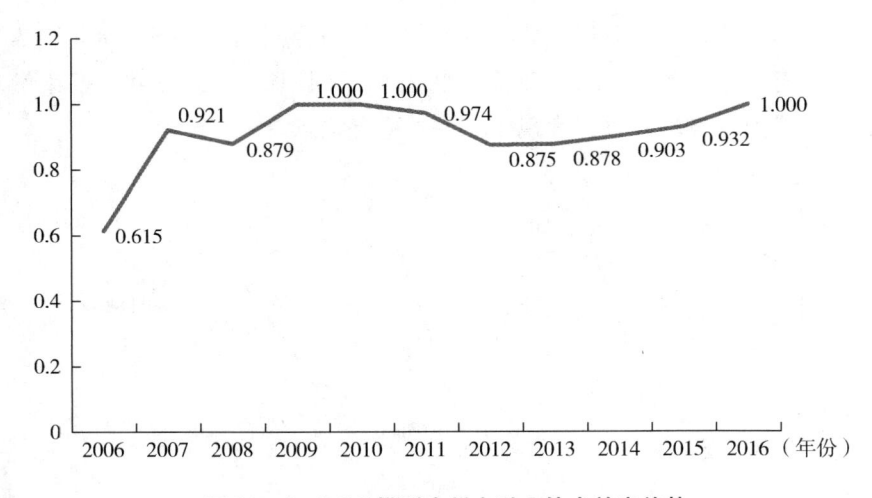

图 10-6　BCC 模型广州金融业技术效率趋势

（三）规模效率分析

1. 城市整体状况

由于 CCR 模型的假设条件是规模报酬不变，即通过增加投入以等比例扩大产出规模，金融业规模的大小不影响其效率的大小。但是这一假设相当严格，在许多条件下并不能满足，不完全竞争、经济环境甚至政策限制等因素的变化，都有可能导致金融难以在理想的规模下运行，所以改进后规模报酬可变的 BCC 模型在一定程度上解决了 CCR 模型的假设限制，这就使得模型比较切合实际的金融运行状况。

结合由 CCR 模型和 BBC 模型得出的效率值，计算出规模效率值，相关结果如表 10-13 所示。

从模型的规模效率看，各城市 2006—2016 年金融业规模效率整体也呈现上升趋势，由 2006 年的 0.851 波动上升到 2016 年的 0.925。13 个城市当中，仅有深圳 1 个城市各年份效率值为 1，各年均达到了规模有效；天津、南京 2 个城市分别自 2009 年和 2008 年开始至 2016 年达到规模有效；北京、上海、青岛、苏州、重庆 5 个城市的部分年份达到规模有效；广州、大连、杭州 3 个城市分别仅有 1 个年份为规模有效；武汉、长沙 2 个城市各年均未能实现规模有效。

2. 广州金融业规模效率状况分析

整体上广州金融业规模效率也不突出，11 年当中，仅在 2009 年达到规模有效，其余年份均处于无效状态（见图 10-7）。并且，各年份之间规模效率波动频繁，表现出一种不稳定状态。

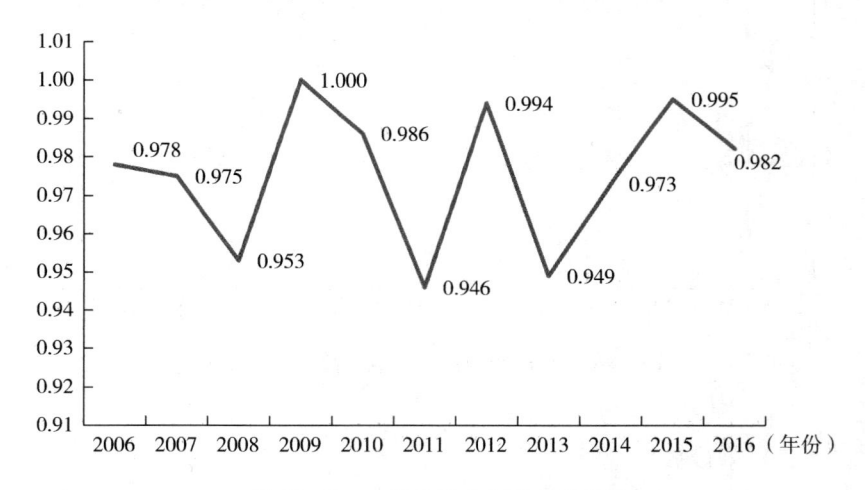

图 10-7 广州金融业规模效率趋势

就规模效率排名看（见表 10-14），广州 2009 年与其他城市并列第 1，其余年份基本位于第 5—8，处于中等水平。

表10-13　规模效率的分析结果

城市	2006年	2007年	2008年	2009年	2010年	2011年	2012年	2013年	2014年	2015年	2016年
北京	0.823	1.000	1.000	1.000	1.000	0.959	0.933	0.895	0.935	0.999	0.992
上海	0.836	0.909	0.821	0.964	0.964	0.919	0.896	0.834	0.925	1.000	1.000
天津	0.822	0.910	0.996	1.000	1.000	1.000	1.000	1.000	1.000	1.000	1.000
广州	0.978	0.975	0.953	1.000	0.986	0.946	0.994	0.949	0.973	0.995	0.982
深圳	1.000	1.000	1.000	1.000	1.000	1.000	1.000	1.000	1.000	1.000	1.000
大连	1.000	0.518	0.466	0.549	0.825	0.801	0.874	0.839	0.841	0.797	0.713
青岛	1.000	1.000	1.000	1.000	1.000	0.923	0.929	0.845	0.837	0.814	0.882
杭州	0.913	0.798	0.777	0.840	0.833	0.836	0.880	0.886	0.893	1.000	0.812
苏州	0.813	1.000	1.000	1.000	1.000	1.000	1.000	0.922	0.891	0.916	0.924
南京	0.660	0.738	1.000	1.000	1.000	1.000	1.000	1.000	1.000	1.000	1.000
重庆	0.868	0.869	0.896	0.996	0.996	1.000	1.000	0.983	0.984	0.973	1.000
武汉	0.708	0.729	0.694	0.732	0.780	0.798	0.747	0.742	0.810	0.944	0.888
长沙	0.638	0.516	0.467	0.509	0.512	0.474	0.457	0.460	0.827	0.505	0.827
效率均值	0.851	0.843	0.852	0.891	0.915	0.897	0.901	0.873	0.917	0.919	0.925

表 10-14　各城市规模效率排名

城市	2006年	2007年	2008年	2009年	2010年	2011年	2012年	2013年	2014年	2015年	2016年
北京	8	1	1	1	1	6	7	7	6	6	6
上海	7	7	9	9	9	9	9	11	7	1	1
天津	9	6	6	1	1	1	1	1	1	1	1
广州	4	5	7	1	8	7	6	5	5	7	7
深圳	1	1	1	1	1	11	1	1	1	1	1
大连	1	12	13	12	11	11	11	10	10	12	13
青岛	1	1	1	1	1	8	8	9	11	11	10
杭州	5	9	10	10	10	10	10	8	8	1	12
苏州	10	1	1	1	1	1	1	6	9	10	8
南京	12	10	1	1	1	1	1	1	1	1	1
重庆	6	8	8	8	7	1	1	4	4	8	1
武汉	11	11	11	11	12	12	12	12	13	9	9
长沙	13	13	12	13	13	13	13	13	12	13	11

(四)评价结果总结

通过上述综合效率、技术效率及规模效率的评价,发现广州金融业发展状况并不理想。在三种效率评价当中,仅有规模效率处于中游水平,综合效率和技术效率基本处于中等偏下的位置。

就经济总量看,广州地区生产总值常年居于全国大城市第三位,仅次于上海和北京;2017年经研发核算改革调整之后,地区生产总值才被深圳超越,居于全国第四位。广州经济总量远远超过天津、重庆、杭州等其他城市。但广州金融业的发展水平并不高,许多方面不仅落后于深圳、北京和上海等城市,也落后于青岛、南京等其他城市,反映出广州金融业运行效率较低,存在较大的提升空间。

第十一章　广州市金融竞争力综合评价

前面各章就广州各产业金融发展状况进行了分析，并基于13个金融业较发达的城市，比较了广州金融运行的效率状况。本章在上述分析的基础上，就广州城市金融竞争力状况作进一步分析与评价。

本章首先对金融竞争力的内涵进行相关阐述，然后以此为基础对城市金融竞争力的内涵进行界定，将金融资源理论、金融地理学理论以及金融发展理论作为理论基础，对城市金融竞争力评价的影响因素进行简要说明；在此基础上通过比较分析各类综合评价方法，选择确定本书进行城市金融竞争力评价的方法；最后基于主成分分析方法，就广州金融竞争力状况进行了综合评价。

第一节　金融竞争力的内涵及概念界定

一　金融竞争力的内涵界定

识别城市金融竞争力的影响机制首先应该明确金融竞争力的相关概念。具体而言，就是要对金融竞争力的内涵进行界定。从20世纪80年代开始，关于金融竞争力的理论不断发展，然而学术界对金融竞争力并没有给出统一的界定。关于金融竞争力的内涵，我国学者持有不同的观点，其中比较有影响力的是詹继生和许涤龙对金融竞争力的定义和解释。

詹继生在《金融竞争力探讨》一文中明确指出：金融竞争力是在竞争性和开放性市场中，一国金融业将金融资源用于转换过程，比他国金融业更为有效地向市场提供产品和服务，从而实现更多价值增值的动态系统能力。①

对于詹继生的这一定义，可以从以下几个方面来理解金融竞争力：

（1）市场的竞争性和开放性是进行金融竞争力研究的前提条件。

（2）金融竞争力的研究对象并不仅仅是一个金融部门，而是很多个金融部门的复合体。

（3）金融竞争力主要是通过其在市场中的价值以及自身所得到的利益两方面来体现的。

（4）金融竞争力具有动态性。每个国家的金融竞争力都不是固定不变的，它们都会随着很多因素的变化而发生相应的变化。

许涤龙在《金融竞争力中的核心问题》一文中，对金融竞争力的基本范畴进行了界定。他认为，金融竞争力是指市场经济条件下金融主体之间所表现出来的相对能力或竞争实力。② 金融竞争力和国家竞争力一样，包括竞争主体、竞争客体和竞争结果三个部分。其中竞争主体可以是某一类金融企业，也可以是某个单一的金融产业，还可以是整体的金融情况；竞争客体则是指金融竞争力的各种影响因素；竞争结果则是金融竞争力强弱的评价比较。

许涤龙的这一内涵界定，强调以下几点内容：

（1）市场经济条件是金融竞争力研究的前提。

（2）金融竞争力的研究对象可以是单一某个金融产业，也可以是某一类金融产业整体，还可以是某个国家的金融业整体。

（3）金融竞争力是相对而言的，并且可以进行相互比较。金融竞争力的强弱是由对比的竞争主体自身决定的。

通过对比詹继生和许涤龙对金融竞争力的定义可以发现，两个定义之间有很多相似之处，不同的是，许涤龙将金融竞争力的研究对象定义

---

① 詹继生：《金融竞争力探讨》，《江西社会科学》2006 年第 4 期。
② 许涤龙：《金融竞争力中的核心问题》，《中国国情国力》2007 年第 10 期。

得更为宽泛，更具有一般性。

结合本书的研究内容来看，许涤龙提出的金融竞争力的定义与本书更相符。因此，本书将在许涤龙的定义基础上对金融竞争力进行以下几个方面的解释：

（1）金融竞争力研究的前提是市场具有开放性和竞争性。

（2）金融竞争力的研究对象是某个国家或某个区域的金融业。

（3）金融竞争力具有相对性、可比性和动态性。金融竞争力的强弱由竞争对手自身决定，同时金融竞争力不是固定不变的，而会随着很多因素的变化而发生相应的变化。

二 城市金融竞争力的内涵界定

城市金融竞争力是近几年来由我国学者提出的，具有很强的中国特色。城市金融竞争力主要是以金融竞争力的相关定义为基础，从城市维度进行研究的金融竞争力。目前，对于城市金融竞争力的界定并没有明确的结论，但是比较具有影响力的是倪鹏飞在《中国城市竞争力报告》中的相关观点。

从2003年开始，中国社会科学院每年会出版一本《中国城市竞争力报告》。该报告主要是对我国294个地级以上城市的综合实力进行测度评价并得出每个城市的排名情况。

在该报告中，倪鹏飞对城市金融竞争力的概念进行了界定。他将城市金融竞争力作为城市综合竞争力的一个重要部分。他认为，城市金融竞争力主要体现在该城市所拥有的金融资源的多少、获得这些资源所需要付出的成本、金融业自身的发展情况、金融人才的储备情况、基础设施的建设成本和制度因素等多个方面。

基于这以上相关观点，本书将城市金融竞争力的内涵归纳为以下三个方面：

（1）城市金融竞争力是一个动态性概念。一个城市金融竞争力的强弱不是与生俱来的，是可以改变的，金融可以被看成一种资源，可以在区域之间流动，伴随着地区经济、对外开放、城市基础设施、政府的重视程度等众多方面的变化而不断变化。

（2）城市金融竞争力是一个相对性概念。判断一个城市的金融竞争力强弱要以其他城市的竞争力作为参照系，与其他城市对比得到。

（3）城市金融竞争力是一种综合能力。对城市金融竞争力进行测度时，不但应该从金融体系角度进行分析，还应该从经济发展、基础设施等多个角度综合进行分析。

第二节　城市金融竞争力影响因素分析

城市金融竞争力是多种因素的相互交织、共同作用所形成的产物，难以用单一的理论对其进行准确的解释。在分析城市金融竞争力影响因素时，必须借助相关的金融理论。本节主要以金融资源理论、金融地理学理论和金融发展理论为基础对城市金融竞争力影响因素进行理论分析。

一　基于金融资源理论的影响因素

在20世纪末，崔满红教授首次创立了金融资源理论。2008年国际金融危机爆发以后，该理论受到了中国金融理论学界的高度重视。

金融资源理论认为，金融是一种资源，本身是有限的，是社会的战略性资源。金融这种资源不同于一般自然资源，它一方面是资源优化配置的对象，同时又是实现资源优化配置的有效手段；它除了具有一般资源的属性即有限性、有用性、储藏性以及开发性，同时还具有自身的特殊属性。金融资源的特殊属性主要是通过其功能来实现的，包括中介功能、转化储蓄为投资的功能等，随着金融的不断发展，还衍生出了资产配置和保值功能、消费引导功能以及产业调整功能等。

金融资源理论认为，每一个城市的金融都可被看作一种资源，从而城市金融竞争力分析就演变成比较不同城市金融资源的丰富程度。金融资源的丰富程度可以从数量和质量两个方面进行考察，即金融资源规模的大小和金融资源配置效率的高低，它们之间的相互关系如图11-1所示。城市的金融资源越多，金融资源配置效率越高，其金融竞争力也就会随之越强。因此，城市金融资源的多少和金融资源配置效率的高低是影响城市金融竞争力的主要因素。

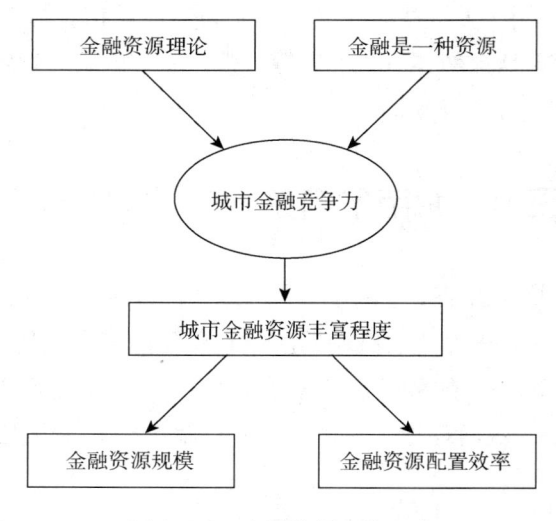

图 11-1　金融资源理论示意

二　基于金融地理学理论的影响因素

金融地理学属于地理学庞大体系的一个重要分支，准确地说，它是经济地理学科的一个子集，由经济学衍生而来。金融地理学中的信息腹地理论和信息不对称理论首次将"信息"这一因素引入金融研究领域，强调了信息在金融发展中所发挥的重要作用。

Porteous（1995）利用信息腹地理论解释了金融业集聚的形成与发展，认为信息在传递过程中会因为距离及其他不确定因素的阻碍而发生偏差和歧义，进而影响到信息本身具备的商业价值。在信息腹地内，获得准确信息所需成本最少，所需时间最短，靠近这个腹地的信息使用者比远距离的信息使用者更具优势。信息腹地应该是一个中心城市，有利于更好地利用各种有效的信息，从而最大程度地实现其信息价值。金融机构所提供的金融服务以信息的投入为成本，以信息的输出为产出。信息是金融服务的过程和产品。因此，城市金融机构潜在的机会和收益在很大程度上取决于其掌握信息量的多少、信息的准确性和及时性等相关因素。

赵晓斌（2004）利用信息腹地理论分析中国金融发展，提出信息非对称理论，将信息分为标准化信息和非标准化信息两类。标准化信息是指被媒体公布、完全透明的信息。非标准化信息是指不被媒体公布、非透明、潜在的信息。这种非标准化信息使信息具有非对称性。在金融市场中存在着大量的非标准化信息，货币资金需求方与货币资金供给方所掌握的信息资源往往是不同的，并且货币资金需求方所掌握的信息资源往往大于货币资金供给方。这种资金供求双方所掌握的信息不对称性可能会导致交易发生前的逆向选择或引发交易发生后的道德风险。在实际的金融市场中，管理方的信息与代理方的信息之间存在严重的不对称情况是很常见的。如金融企业，尤其是外资企业无法像当地金融企业那样准确地了解当地市场情况和相关政府政策，也就无法制订高效可行的相关策略计划。因此，如果在没有与信息提供者密切接触的情况下，非标准化信息难以有效地被挖掘利用。非标准信息的利用价值随着距离的变化而出现明显的衰减，其成本反而会逐渐增加，这对远距离的信息使用者非常不利。

城市金融机构的发展离不开信息，信息的掌握程度以及收集、核实信息的成本都非常重要。如果在城市内，众多金融机构以集群的组织形式，共同承担生产与获取信息资源的成本，内部共享一些信息基础设施，则能够降低个体承担的成本，保证了信息的准确性，同时提高了单位的工作效率。这样一来就形成了相对于集群外的金融机构的信息优势，其竞争力也会相对增强。因此，信息技术成为影响城市金融竞争力的重要因素。

三 基于金融发展理论的影响因素

金融发展主要包括金融总量的增加和金融内部结构的优化两个方面。金融发展理论的核心内容是探索金融发展在经济中发挥的作用。研究如何建立有效的金融体系和金融政策才能保证其最大限度地刺激经济的发展，如何分配金融资源才能实现金融可持续发展，并最终实现经济的可持续发展。目前，金融发展理论主要包括金融结构理论、金融深化理论和金融约束理论。

雷蒙德·W. 戈德史密斯（Raymond W. Goldsmith）在1969年出版了《金融结构与金融发展》这本书。作者在该书中通过采用定性和定量分析相结合的方法，构建出衡量一个国家金融发展程度的指标体系。利用35个国家近100年的相关资料进行实证探究，最终得出：一个国家的金融相关率同其经济发展状况呈正向相关关系。作者的这一结论首次将金融与经济联系在了一起。在金融结构理论中，金融相关率处于特殊的重要地位，是衡量地区金融发展程度最为广泛和最重要的指标。金融发展对经济增长产生巨大影响，影响金融相关率的因素也会间接影响到经济的增长。

E. S. 肖在金融结构理论的基础上做了进一步研究，并于1973年出版了《经济发展中的金融深化》这本书。作者主要是以发展中国家和地区为研究对象对金融发展与经济发展之间的关系进行了更加深入的探讨。他认为，金融发展水平会影响经济的发展，同样经济发展水平也会反过来对金融的发展产生影响。一个城市如果具有完善的金融制度就能有效地将储蓄转为投资，进而就能有效地促进该市的经济发展；同样，如果一个城市的经济发展较为迅速，则其对金融服务的需求就会增加，进而可以刺激金融业的发展。因此，一个城市经济发展状况会直接影响该城市金融竞争力水平。

除此以外，政府对城市金融市场的合理监管也将有助于其金融业的顺利发展。Hellman、Murdock等在《金融约束：一个新的分析框架》（1997）一文中阐述了金融约束的重要意义。他们认为，政府应该根据一定的原则制定相关的标准对金融市场进行监管。从政府的角度对金融市场进行合理的把控，通过制定相关政策控制存贷款利率、限制市场准入以及管制直接竞争，以降低金融压抑所带来的危害并且帮助银行有效地规避风险，从而促进金融深化，推动经济发展。由此可知，城市金融发展情况不但与其经济增长状况相关，还与该地区的政府监管程度有关。一个城市的金融竞争力应该被看作一种综合实力。这种综合实力会受到该城市的金融业自身发展情况、经济状况、政府政策等多方面因素的共同影响。衡量一个城市金融竞争力不但需要考察其现有的实力，还要考察其可持续发展的能力。

四 本书所选用的影响因素

本章上述部分分别从金融资源理论、金融地理学理论和金融发展理论的角度介绍了影响城市金融竞争力的因素。其中，从金融资源理论中可以得出，影响城市金融竞争力的因素主要包括金融资源的多少以及金融资源配置效率的高低两个方面；从金融地理学理论中可以得出，影响城市金融竞争力的因素主要为信息技术；从金融发展理论中可以得出，影响城市金融竞争力的因素主要包括经济发展水平以及可持续发展能力。

基于以上城市金融竞争力影响因素的分析，本书认为，城市金融竞争力主要包括城市金融体系竞争力和城市金融生态环境竞争力。城市金融体系竞争力主要由金融规模和金融效率两个因素构成；城市金融生态环境竞争力主要由经济发展水平和商业环境两个因素构成。这些因素实际上是由若干个具体的经济基础指标构成，具体的指标选取将在后续进行详细介绍。

第三节 城市金融竞争力的评价方法及指标体系

本书关于金融竞争力的评价属于综合评价范畴。综合评价主要是通过构建模型将用于评价事物不同方面的各类指标综合起来，从而对事物形成一个整体认识。从国内外的研究文献来看，关于金融竞争力的评价方法有很多种，其中比较有代表性的为层次分析法、TOPSIS 法、主成分分析法、数据包络法以及因子分析法。前面章节曾经将对这几种方法进行了分析和比较，考虑到金融竞争力是一种金融业综合实力的评价，需要选定多种相关指标进行分析，涉及金融业发展的不同方面，因此需要重新选定进行城市金融竞争力评价的方法。

一 城市金融竞争力评价方法的选择

结合前面关于城市金融竞争力的影响因素分析可知，城市金融竞争力主要受城市经济状况、金融状况以及商业环境的影响。在构建评价指标体系的时候需要从这三个方面选取基础指标，其指标量较大。这些指标之间存在着高度相关关系，且每个指标对金融竞争力的影响大小不同，在评价分析时不应该赋予相等的权重。为了排除人为主观性，客观科学地对广州金融竞争力进行综合评价，结合上述每个评价方法的优缺点分析，适合本书的分析方法有因子分析法和主成分分析法。鉴于因子分析法对样本量和指标量的要求比较严格，本书最终选择的评价方法为主成分分析法。

采用主成分分析法可以很好地解决指标之间存在的信息重叠性问题，同时不必主观赋予权重，还可以计算主成分得分。本书根据各城市金融竞争力的主成分得分情况，对其进行相关排名，能够比较客观地把握广州金融竞争力的实际情况。同时，还可以对构成城市金融竞争力的各因素层进行主成分得分计算，从而得出各因素层主成分得分的相关排名，并且能够准确地把握广州金融业在哪些方面处于优势状态，在哪些方面处于劣势状态。

二 主成分分析法的基本思想及操作步骤

（一）主成分分析法的基本思想

主成分分析法是由霍特林（Hotelling）在1933年首先提出的，是一种从海量数据中提取信息的方法。它可以从事物间存在的错综复杂的关系中寻找一个或多个主成分，从而能有效地利用大量的数据对变量之间的内在关系进行定量分析，最终对事物有更深层次的认识和解释。

该方法的基本思想就是利用一种降维的思想,以保存最多的信息为前提将原有的多个指标转化为数量较少的综合指标。每一个综合指标都代表一个主成分。每个主成分都是原变量的线性组合,并且每个主成分之间都是互不相关的,从而达到简化系统结构的目的。

该方法的优点在于:对样本量和指标量之间的比例关系没有严格的限制,目的在于提取信息,消除指标间信息的重叠;同时还可以根据指标所提供的信息量的大小,客观地赋予权重。缺点在于:主成分表达式中的系数分布比较复杂,意义往往不够明确,无法特别准确地对其进行命名。

(二) 主成分分析法的基本步骤

主成分分析法的基本步骤包括:

第一步,将原始数据进行标准化处理。鉴于指标体系中各个指标会随着经济意义和表现形式的不同而不具有可比性,因此,为了进行科学的分析,有必要对各个指标进行标准化处理,以消除量纲的影响。

第二步,判定指标是否适合做主成分分析。其判定方法:求指标数据之间的相关系数矩阵,如果大部分相关系数都大于 0.3 则表示适合进行主成分分析,否则不适合进行主成分分析。

第三步,确定主成分个数。根据相关系数矩阵求出相应的特征值,进而计算出方差贡献率和累积方差贡献率,根据累积方差贡献率大于 80% 的原则确定主成分个数。

第四步,求解主成分系数矩阵并得出主成分表达式。其系数矩阵是由特征值对应的特征向量组成。

第五步,解释提取主成分的含义。主成分是对原来变量的线性组合,需要根据系数的绝对值大小,对其赋予合理的经济意义。

第六步,计算各主成分得分。将标准化数据代入主成分表达式中,计算出各主成分得分。

第七步,计算主成分综合得分并对其进行排名。主成分综合得分是以每个主成分对应的方差贡献率作为权重,对每个主成分得分进行加权处理后得到的。

三 城市金融竞争力评价的指标体系建立

（一）指标体系的确定原则

对广州金融竞争力进行综合评价，首先是确定一套完整可行的评价指标体系。确定评价指标体系是一项基础性工作，只有确定了科学、合理、符合需要的评价指标体系，才能够得出一个科学、可信、可靠的综合评价结论。结合广州金融竞争力方面的相关情况，本书认为，对评价指标的选择主要应该遵循以下四个原则。

1. 全面性原则

如果想全面、综合地把握金融竞争力的情况，就需要从多个角度考虑反映金融竞争力的因素，依据全面性原则设计相关的指标体系。在前文分析中，主要从经济实力、金融发展水平等方面对相关指标进行了描述性分析。事实上，除了经济实力、金融发展水平，基础设施等方面在一定程度上也是可以反映一个城市金融竞争力的相关情况的。因此，本书认为，在对金融竞争力进行综合评价时非常有必要全面考虑与金融竞争力有关的各种因素，并最终选出合适的指标进行相关分析。

2. 精简性原则

通过搜集有关金融竞争力的数据资料发现，与金融竞争力有关的指标有很多。然而，指标越多，收集数据时所花费的人财物越多，并且在最终进行汇总和分析时会带来很多不必要的麻烦。不仅如此，过多的指标往往容易造成重复。而在某一方面指标的重复，就在无意中加大了这方面的权重，从而不能客观地评价广州金融竞争力的情况。为此，本书在设立指标体系时，有必要依据全面性原则认真选择合适的指标，对相关系数较高的指标予以适当的删除。

3. 层次性原则

对金融竞争力评价指标体系进行构建时，应该注意指标体系内部的指标之间具有一定的逻辑关系。为避免杂乱无章地罗列指标，应将相关指标进行分层处理。在进行综合评价时，从不同层面科学合理地评价广州金融竞争力的情况。

4. 可操作性原则

在对综合评价的指标体系进行设计时还需要考虑到数据的可得性及实用性，也就是完成研究的一种可操作性。本章主要是基于金融发达城市的统计年鉴和相关金融网站中的相关数据资料，从广州视角对城市金融竞争力进行综合评价。因此在设计评价指标体系时，应当基于所掌握的数据资料。只有这样进行分析，搜集的数据资料才具有实用性。

(二) 指标的选取及确定

本书在对综合评价指标体系进行构建时，主要参考了金融资源理论、金融发展理论、金融地理学理论的一些基本观点以及 IMD 机构设定的金融竞争力指标体系。本书将综合评价指标体系分为四层，即目标层、准则层、因素层和指标层，共涉及 26 个基础指标。其中以提升广州金融竞争力为目的，将城市金融竞争力设为目标层，将金融体系竞争力、金融生态环境竞争力设为准则层。其中金融体系竞争力包括金融规模和金融效率两个因素层，这两个因素层又分别包括 8 个 (X1—X8) 和 3 个 (X9—X11) 指标。金融生态环境竞争力包含经济实力和商业环境两个因素层，这两个因素层分别包括 10 个 (X12—X21) 和 5 个 (X22—X26) 指标。

基于以上关于城市金融竞争力的分析，构建了相应的综合指标体系，如表 11 - 1 所示。

1. 金融体系竞争力

金融体系竞争力主要是从金融规模和金融效率两个方面来衡量。通过比较其金融规模的大小，可以反映金融资源的丰富程度，是金融竞争力量的体现。通过比较其金融效率的高低，可以看出金融资源是否得到了优化配置，是金融竞争力质的体现。本书选择的反映金融规模的指标包括金融业从业人员数、金融业增加值、金融机构本外币存款余额、金融机构本外币贷款余额、原保险保费收入、境内上市公司数量、保险密度和证券市场交易额。反映金融效率的指标包括保险深度、金融相关率、金融贡献率 (金融机构贷款余额/地区生产总值)，其中金融相关率是由金融机构本外币存贷款总额除以地区生产总值计算得到的。

表 11-1　　　　　　　　城市金融竞争力综合评价指标体系

目标层	准则层	因素层	指标层	指标代号
城市金融竞争力	金融体系竞争力（11个）	金融规模（8个）	金融业从业人员数（万人）	X1
			金融业增加值（亿元）	X2
			金融机构本外币存款余额（亿元）	X3
			金融机构本外币贷款余额（亿元）	X4
			原保险保费收入（亿元）	X5
			境内上市公司数量（家）	X6
			保险密度（元/人）	X7
			证券市场交易额（亿元）	X8
		金融效率（3个）	保险深度（%）	X9
			金融相关率（%）	X10
			金融贡献率（%）	X11
	金融生态环境竞争力（15个）	经济实力（10个）	地区生产总值（亿元）	X12
			人均地区生产总值（元/人）	X13
			农村居民人均纯收入（元/人）	X14
			城镇居民人均可支配收入（元/人）	X15
			地方财政收入（亿元）	X16
			全社会固定资产投资额（亿元）	X17
			社会消费品零售总额（亿元）	X18
			实际利用外资总额（万美元）	X19
			进口总额（亿美元）	X20
			出口总额（亿美元）	X21
		商业环境（5个）	客运量（万人）	X22
			货运量（万吨）	X23
			互联网宽带接入用户数（万户）	X24
			金融人才储备（人）	X25
			金融业增长率（%）	X26

2. 金融生态环境竞争力

金融生态环境是一个地区金融活动的外界环境，对该地区的金融规模和金融效率有一定的促进和制约作用。一个好的金融生态环境，对金融活动的可持续开展可以起到一定的促进作用。一个不好的金融生态环境，对金融活动的开展起阻碍作用。本书是从经济实力、商业环境两个方面选择指标，考察城市金融生态环境竞争力。在此选择的反映经济实力的指标包括人均地区生产总值、农村居民人均纯收入、城镇居民人均可支配收入、全社会固定资产投资额、地方财政收入、社会消费品零售总额、实际利用外资总额、进口总额、出口总额；反映商业环境的指标包括客运量、货运量、互联网宽带接入用户数、金融人才储备和金融业增长率。其中金融人才储备采用高等院校在校大学生数来衡量。

第四节 广州市金融竞争力的综合评价：基于主成分分析法

本部分根据上述制定的评价指标体系原则，确定相关基础指标，然后选择了包括广州在内的 13 个金融发达城市作为样本，采用主成分分析法对广州金融竞争力进行综合评价分析。

一 比较基准城市的选择与数据来源

与前面一章类似，本部分主要采用城市金融业增加值占地区生产总值比重和金融业增长率这两个指标进行样本城市的筛选，所采取的筛选指标和原则与前面一章相同，此处不再赘述。经过筛选，得到进行比较的 13 个基准城市（见表 10 - 7）。

本书所使用的指标数据主要来源于 13 个金融发达城市相应年份的统计年鉴和统计公报，其中部分金融数据来源于相应年份的《上海证券交易所统计年鉴》《深圳证券交易所市场统计年鉴》《中国城市统计年鉴》以及各个相关金融机构网站。

二 主成分分析的评价过程

城市金融竞争力评价指标体系包括金融体系竞争力、金融生态环境竞争力两个方面共 26 个基础指标。本部分将运用这 26 个基础指标对

2006—2016年包括广州在内的13个城市的金融竞争力整体进行主成分分析，再对构成金融竞争力的各因素进行主成分分析。以下将主要以2016年数据为例进行分析。

（一）确定主成分个数

对2016年包括广州在内的13个城市的26个金融竞争力评价指标数据进行无量纲化处理，得到标准化指标（ZX1，ZX2，…，ZX26）数据。将标准化指标数据录入SPSS统计软件中，运行结果显示，26个评价指标之间的相关系数大部分大于0.3，适合做主成分分析。同时结果显示，提取前四个主成分后累积方差贡献率达到81.868%，大于80%，承载了原有信息量的绝大部分（见表11-2）。

表11-2　　　　　　　特征根及方差贡献率

成分	特征根	方差贡献率（%）	累积方差贡献率（%）
1	13.068	50.261	50.261
2	4.157	15.987	66.248
3	2.232	8.586	74.834
4	1.829	7.034	81.868

（二）确定主成分系数矩阵

运用SPSS软件得出的结果为样本相关阵特征向量表，也就是主成分系数矩阵（见表11-3）。

表11-3　　　　　　　主成分系数矩阵

变量	F1	F2	F3	F4
ZX1	0.851	0.311	-0.192	-0.147
ZX2	0.962	0.133	-0.154	0.124
ZX3	0.979	0.113	-0.043	-0.054
ZX4	0.978	0.118	-0.069	0.041
ZX5	0.954	0.232	0.153	-0.025
ZX6	0.935	-0.209	-0.115	0.005
ZX7	0.776	-0.230	0.542	-0.063

续表

变量	F1	F2	F3	F4
ZX8	0.754	-0.198	-0.124	0.460
ZX9	0.834	0.113	0.355	-0.321
ZX10	0.897	-0.109	-0.002	-0.306
ZX11	0.725	-0.261	-0.043	-0.419
ZX12	0.873	0.301	-0.004	0.308
ZX13	0.276	-0.742	0.447	0.355
ZX14	0.323	-0.605	0.233	-0.187
ZX15	0.726	-0.485	0.346	-0.138
ZX16	0.905	0.155	-0.307	0.109
ZX17	-0.088	0.756	-0.197	0.232
ZX18	0.861	0.445	0.118	-0.037
ZX19	0.482	0.218	-0.517	-0.299
ZX20	0.934	-0.106	-0.221	0.154
ZX21	0.552	-0.393	-0.107	0.634
ZX22	0.086	0.522	0.599	0.116
ZX23	0.107	0.771	0.105	0.148
ZX24	-0.015	0.442	0.465	0.425
ZX25	-0.057	0.632	0.507	-0.279
ZX26	-0.232	-0.154	0.027	0.222

由表 11-3 可以看出，第一主成分 F1 在 X1—X12、X15、X16、X18、X20、X26 这些指标上系数的绝对值较大，大于在其他指标上系数的绝对值，这些指标主要反映了各城市的金融体系竞争力水平。第二主成分 F2 在 X13—X14、X17、X23、X25 等这些指标上系数的绝对值较大，主要反映了各城市的经济实力。第三主成分 F3 在 X19、X22、X24 这些指标上系数的绝对值较大，主要反映了各城市基础设施水平，第四主成分 F4 在 X21 这个指标上系数的绝对值较大，主要反映了城市金融能否可持续发展的外界环境。

（三）计算主成分得分和综合得分

先采用软件 SPSS 计算出四个主成分的得分，然后以四个主成分的方差贡献率为权重加权得到主成分综合得分：

$$F = 0.5026F1 + 0.1598F2 + 0.0859F3 + 0.0703F4$$

根据此公式，可以计算出 2016 年各城市金融竞争力综合得分值并得出相关排名。重复上述主成分分析步骤计算出各城市金融竞争力的因素层主成分得分值以及各自的相关排名，相关结果如表 11 - 4 所示。限于篇幅，2006—2015 年各城市主成分得分及排名结果不再列出。

表 11 - 4　　　　　各城市 2016 年主成分得分及排名

城市	金融规模		金融效率		经济实力		商业环境		综合	
	得分	排名	得分	排名	得分	排名	得分	排名	得分	排名
北京	2.18	1	0.62	5	1.63	2	0.81	3	1.16	1
上海	2.04	2	-0.33	10	2.65	1	0.46	5	0.93	2
天津	-0.21	7	-1.00	12	-0.14	9	0.31	6	-0.26	8
广州	-0.11	5	0.83	3	1.26	3	0.54	4	0.29	4
深圳	0.17	3	0.50	6	-0.12	8	2.61	1	0.34	3
大连	-0.36	8	-0.36	11	-1.57	13	-0.96	13	-0.44	11
青岛	-0.88	12	-0.25	9	0.14	5	0.01	8	-0.47	12
杭州	-0.20	6	1.13	1	-0.53	11	-0.92	12	-0.03	5
苏州	-0.69	11	0.79	4	-0.28	10	1.11	2	-0.17	7
南京	-0.50	10	0.95	2	-0.04	7	-0.82	11	-0.16	6
重庆	0.09	4	-2.55	13	0.97	4	-0.12	9	-0.29	9
武汉	-0.48	9	-0.19	8	0.12	6	-0.71	10	-0.31	10
长沙	-1.05	13	-0.14	7	-0.61	12	0.05	7	-0.60	13

表 11 - 4 中各城市综合主成分得分是对各城市金融竞争力进行的一种量化处理，其中综合得分越高，则说明该城市金融竞争力越强。综合得分小于零，则表明该城市的金融竞争力低于平均水平；综合得分大于零，则表明该城市的金融竞争力高于平均水平。例如北京、上海等城市的综合得分远远大于零，则表明其金融竞争力远远高于平均水平。

为了进一步掌握广州金融竞争力地位的变化情况，本书依据主成分分析法的相关步骤对 2006—2016 年的 13 个城市的金融竞争力进行测度,最终得出了 11 年来广州金融竞争力及其各因素层主成分得分的排名变化情况,相关结果如表 11-5 所示。

表 11-5　2006—2016 年广州金融竞争力在 13 个城市中的排名

年份	综合	金融规模	金融效率	经济实力	商业环境
2006	5	4	8	5	2
2007	4	4	6	3	1
2008	3	4	7	10	8
2009	4	4	7	8	6
2010	3	4	10	8	4
2011	4	4	9	3	1
2012	6	4	9	8	11
2013	4	4	7	11	1
2014	5	4	4	8	1
2015	3	4	2	1	11
2016	4	5	3	3	4

三　主成分分析的评价结果

观察表 11-4 可知,2016 年 13 个金融发达城市中金融竞争力综合排名前三的城市依次为北京、上海、深圳;排名比较靠后的城市依次为长沙、青岛、大连、武汉。13 个金融发达城市金融竞争力综合得分有 4 个城市为正,高于平均水平,这四个城市分别为北京、上海、深圳、广州。基于提升广州金融竞争力的最终目的,本书将主要对广州金融竞争力的排名情况进行分析说明。

1. 广州金融竞争力的横向评价结果

2016 年 13 个城市金融竞争力综合得分排名中,广州排在第四位。排名位于广州之后的有重庆、天津、杭州、苏州等城市。单从排名来看,广州的排名比较靠前。下面将结合各个城市金融竞争力以及各因素得分对评价结果进行详细分析。

第一,在全国13个金融城市中,广州的金融竞争力综合排名比较靠前,仅次于北京、上海、深圳,位于杭州、南京、苏州等城市之前。从综合得分角度分析,广州金融竞争力综合得分为0.29,而北京、上海、深圳的综合得分分别为1.16、0.93和0.34。位于广州排名之后的杭州、南京、苏州的综合得分分别为-0.03、-0.16和-0.17。可见,金融竞争力方面,广州与杭州、南京、苏州等城市相比,存在较大优势,而与北京、上海这种金融竞争力非常强的城市相比,存在很大差距。北京聚集了大量的金融机构总部,拥有大量的金融资源以及金融人才,在金融竞争中形成了无与伦比的优势。上海被国家定为国际金融中心,国家对其金融业的发展给予支持。上海自身还拥有证券交易所、贵金属交易所等很多全国性质的资本交易平台。同时,还受到众多的外资金融机构的青睐。因此,上海在金融竞争中所具备的优势也是无法替代的。除此以外,北京和上海这两个城市在国家层面所享有的战略地位以及政策倾斜为其金融发展带来的效应也是不可忽视。北京和上海城市金融竞争力的优势从各指标得分上得以反映。

第二,在金融规模得分中,广州排在第五位,位于北京、上海、深圳、重庆之后,杭州、天津等城市之前。从金融规模得分的具体数值来看,广州金融规模得分为-0.11,低于平均水平,而北京、上海、深圳、重庆的得分分别为2.18、2.04、0.17和0.09。位于广州之后的杭州、天津的得分分别为-0.20和-0.21。可见,在金融规模方面,广州与天津、杭州等城市相比存在一定的优势,但与北京、上海、深圳之间的差距是非常大的。这一差距反映出,深圳在金融竞争中同北京、上海一样,也拥有自己的特色优势,从而使其能够一直走在全国金融业的前沿。深圳拥有深圳证券交易所这一全国性资本交易平台。同时,深圳金融业创新总是走在全国的前列。国家把金融业改革中新出台的各种政策放在深圳进行实验,使得深圳拥有很大的政策优惠优势。这些优势吸引了众多的金融机构、金融人才在深圳聚集,这非常有利于其金融规模的迅速扩大。

第三,在金融效率得分中,广州排在第三位,位于杭州、南京之后,苏州、北京、深圳等城市之前。从金融效率得分来看,广州金融效率得分为 0.83，高于平均水平，而杭州、南京的得分分别为 1.13 和 0.95。苏州、北京、深圳的得分为 0.79、0.62 和 0.50。可见，在金融效率方面，广州与苏州、北京、深圳等城市相比存在一定的优势，但与杭州、南京存在一定的差距。从这一结果中可以看出，杭州、南京这些城市在激烈的区域金融竞争中，挖掘自身的巨大潜力，调整金融结构，完善金融体系，形成具有城市特色的优势，培养出适合自身发展的新增长点，以点带面，从而实现对其他城市的全面超越。

第四，在经济实力得分中，广州排在第三位，落后于上海和北京，领先于其他城市。这里所涉及的经济实力，并非单纯地用地区生产总值一个指标来衡量，而是基于多个指标的综合评价的结果。从经济实力得分来看，广州得分为 1.26，而上海、北京的得分分别为 2.65 和 1.63。可见，在经济实力方面，广州与其他城市相比，具有较强的优势。

第五，在商业环境得分中，广州排在第四位，位于深圳、苏州、北京之后，在上海、天津等城市之前。从商业环境得分来看，广州商业环境得分为 0.54，高于平均水平，而深圳、苏州、北京的得分分别为 2.61、1.11 和 0.81。广州在商业环境中具有较强的优势，这一优势取决于它的历史条件和地理位置。作为中外闻名的千年商都，在交通运输、信息获取、人才聚集等方面都有着其他城市无法逾越的优势。

2. 广州金融竞争力的纵向评价结果

结合表 11-5 中数据分析广州近十年的金融竞争力以及各分项竞争力排名的变化趋势不难发现，广州近十年的金融竞争力在 13 个城市中的排名非常稳定，一直保持第 3—6 名。由此可知，广州金融综合实力的发展趋势同所选样本中的其他 12 个城市大体一致，近几年来并没有突破性的发展。

从各因素竞争力来看，金融规模、金融效率、经济实力以及商业环境的排名变化幅度并不大，基本处于稳定状态。即近十年来广州的金融规模排名基本保持在第四名，基本上与广州金融竞争力的综合排名情况保持一致；金融效率排名则存在一定的波动，大多数年份在第 7—9 名，其中 2010 年滑落到了第十名，也有排名第二的年份（2015 年），说明广州金融业在资源配置效率方面存在较大欠缺。经济实力排名波动也较大，其中2015年上升为第一名，说明2015年广州经济状况良好，与其他城市相比，经济发展较为迅速，为促进金融业发展奠定了良好的经济基础。商业环境的排名波动也较大，其中2007年、2011年、2013年、2014年排在了第一名，说明广州金融业在商业环境方面一直存在着一定的优势。

第五节 促进广州市金融业发展的政策建议

要提升广州金融竞争力，就要立足于自身的经济特征和比较优势，加快城市金融建设，提升金融建设质量，优化广州金融所有制结构，完善金融体系，促进金融发展和经济发展的良性循环。为此，本节将结合广州的实际情况，有针对性地提出以下几个方面的相关建议。

一 加强粤港澳深度合作，实现粤港澳金融一体化

南沙区属于广州市的一个辖区，是实施CEPA的先行区，是促进广东、香港和澳门合作的一个重要载体，同时在广州区域金融中心建设中也扮演着很重要的角色。在金融方面，南沙区可以以"错位发展、优势互补、互利互赢、协调有序"为基本原则，努力与香港、澳门建立更加紧密的合作关系。通过实现金融管理模式上的相互协调、金融市场之间的相互渗透、金融基础设施的互通互联、金融要素交易平台的相互衔接来推动金融资源在海峡两岸的双向流动和优化组合，从而促进南沙区内金融业的集聚以及升级，提高南沙区金融业的整体发展水平，带动整个广州金融业的迅速发展。

第一，南沙区应该努力学习和适应香港、澳门的金融管理模式，不断实现自身金融管理模式上的创新，从而为与香港、澳门建立更加紧密的金融合作关系创造一个良好的金融制度环境。

第二，南沙区应该努力增强与香港、澳门的金融市场之间的相互渗透，从而为与香港、澳门建立更加紧密的金融合作关系提供一个高效率的金融市场通道。其中，在信贷市场方面，应该放宽融资政策，允许南

沙区内的相关企业直接向香港、澳门境内的银行进行融资，允许南沙区内的相关银行与香港、澳门境内的银行建立长期的合作关系，允许通过跨境人民币银团贷款的方式为南沙区内的一些重大项目提供一定的资金支持；尝试以南沙区内的银行汇票和贸易融资资产为标的，实现与香港、澳门境内金融机构的信贷资产跨境转让；以一定的额度限制为前提，支持南沙区内金融机构与香港、澳门境内金融机构相互出售一些理财产品。在资本市场方面，为促进资本市场的双向开放，应该允许南沙区内一些符合条件的企业到香港、澳门的资本市场进行大量融资，发行一些股票、债券等；允许一些符合条件的香港、澳门的机构或者在南沙区内注册，而母公司在香港、澳门的企业在南沙区发行人民币债券；允许南沙区与香港、澳门共同研究一些基金产品，尝试一些基金互通业务；允许南沙区内金融机构为一些符合条件的区内机构、个人投资者、零售投资者提供向香港、澳门投资的业务。在保险市场方面，应该允许南沙区与香港、澳门的保险机构之间在一定的前提下存在一些跨境业务。在金融机构准入方面，应该适当地取消一些有关互相设立金融机构的限制，降低准入门槛。

第三，南沙区应该努力实现与香港、澳门在金融基础设施方面的互通互联，从而为与香港、澳门建立更加紧密的金融合作关系提供一个更安全、更方便、更高效的资金流动通道。例如，有必要加大"互通卡"的推广力度，力求实现可以使用"八达通"乘坐广州的地铁、出租车和公交车，同样可以使用"羊城通"乘坐香港的相关公共交通工具。

第四，南沙区应该充分利用现有的金融要素交易平台与香港、澳门实现有效的衔接，增强自身金融要素的集聚效应。目前，南沙区内有广州的两大金融要素交易平台，即广州航运交易所和广州贵金属交易中心。在广州航运交易所方面，可以考虑拓展一下船舶融资租赁、航运结算、航运保险等领域的业务；尝试开发一些有关航运方面的价格指数和金融衍生产品；努力引进香港、澳门投资者为交易所会员开展一些跨境交易。在广州贵金属交易中心方面，鼓励香港、澳门境内一些合格的机构和个人成为该交易中心的会员；在该交易中心开展的跨境交易以人民币进行计价和结算，努力将该交易中心打造成联通港澳的跨境人民币贵金属现货和期货交易平台。同时，南沙区还应该努力去争取国家的支持，通过出台一些优惠政策，来吸引更多的金融要素交易平台入驻南沙新区。

二 打造具有广州特色的金融总部经济格局

金融总部效应较弱是广州金融的一大短板，严重弱化了其金融系统集聚资源的能力，从而在一定程度上制约了广州金融对其实体经济发展的支持力度。广州可以将提高金融总部效应为目标，根据自身所具有的比较优势建设有自身特色的金融总部经济格局。

第一，树立全新的区域协调发展理念。也就是树立立足于珠江三角洲，连接广东、香港、澳门，同时面向东南亚地区协同发展的金融总部的理念。需要注意的是，其发展模式应该符合政府的治理模式。从政府主导逐步转变为政府引导、金融市场主体主导的发展模式，尽力实现金融市场对其金融资源的高效配置。

第二，顺应时代潮流，努力掌握未来金融发展的新趋向。应该充分地关注技术改革以及思维创新对金融业带来的重大冲击，比如金融产品的证券化、金融客户的虚拟化、金融业的大数据化等。我们不仅要努力发展传统的金融总部经济，更要注重对新形态的金融总部的挖掘和培养。

第三，为各类金融机构的集聚发展提供合适的金融生态环境。广州的金融生态环境不仅要适合传统金融机构的发展，还要适合新兴金融机构的发展。广州不但要将原有的金融业态做大做强，努力使传统金融总部经济得到发展，还要将现在新兴的金融业态做到最优，注重对新形态的金融总部的挖掘和培养。

第四，金融总部的发展应该以广州的实体经济发展和产业升级为服务对象和落脚点。广州应该结合其产业结构和实体经济的发展情况，对金融总部和经济总部进行统一筹划。

三 优化广州金融所有制结构，完善金融体系

金融需求与金融服务的复杂性决定了金融机构的多样性。只依靠一般的传统国有金融机构根本无法解决所有需求者的问题，因此需要引进各类特殊的国有或者非国有的金融机构为需求者提供全方位的金融服务。然而，要想各类金融机构能够共存，则必须建立完善的金融体系。

第一，加快金融业所有制改革的步伐，拓宽非公有制经济准入空间。地区所有制的格局在一定程度上可以反映该地区的市场化程度以及对外开放程度。将广州金融业中的公有制经济与非公有制经济的力量进行对比，不难看出广州的金融业市场化程度较低，对外开放程度不够等问题。要想解决这一系列的问题，则必须增加非公有制经济在金融业中所占比重，加大引入民营金融的力度，适时建立民营金融机构。同时，随着国民经济重心的转移和新增长点的变化，有必要发展一些与地方性小企业相适应的地方性中小金融机构为基层提供金融服务。

需要特别注意的是，在金融业所有制改革中，应该杜绝各类与所有制有关的歧视现象，努力实现各类所有制金融协调发展。任何一个金融企业包含国有金融企业在内，都应该遵守市场公平竞争机制，为优胜劣汰创造一个公正的环境。

第二，建立包含非银行机构在内的完整的金融体系。首先，应该综合考虑整个金融业出现的问题。不仅要像原来那样单独地去关注、研究和解决银行业、保险业和证券业中各自的问题，还要努力去探究和总结所有金融业中存在的共性问题。这样一来，将有助于制定较为可靠的金融业发展模式和路径。其次，努力处理好间接金融与直接金融之间的关系。改变传统的思想观念对证券行业的偏见，加大对证券市场的重视力度，承认其在金融发展中发挥的巨大作用。再次，还应尽可能地避免证券市场出现频繁的大起大落现象，以免影响了整个金融业的稳定发展。最后，应该努力规范一些地方性金融组织的行为，使其能够合理地分配资金并且能够与银行业间建立正常的竞争关系。

四 注重广州金融人才综合素质的培养

广州高等院校众多,在引进金融人才方面具有一定的自身优势。然而,在保证金融人才数量的前提下,金融人才的综合素质也是非常重要的。金融人才的综合素质会在一定程度上影响城市金融工作的顺利开展,从而间接影响一个城市金融业的发展。因此,加大对城市金融人才综合素质的培养力度,可以有效地促进其金融业的发展,从而提高广州的金融竞争力。

第一,要注重对金融人才心理素质的培养。通过对金融人才进行心理测试,从而对其性格、潜力、兴趣进行全面的研究和分析。将人才测试结果与岗位要求进行对比,合理地对金融人才进行岗位配置;根据金融行业的要求,制定相关的心理素质标准,使心理素质培养更加科学,更加系统化;每个单位都应该成立专门的心理咨询部门,及时发现员工的心理问题并加强对员工的心理疏导。

第二,要注重对金融人才职业操守和行为规范的培养。高标准的职业操守和行为规范是有效管理风险的一个重要因素。在职业操守和行为规范中,金融道德又是非常重要的。首先,要保证金融人才诚实守信。金融业本身就是以强大的信用为前提,有经营风险的行业,所以从事金融业的相关人员必须非常认真地对待诚信这一问题。作为金融业的人才,诚实守信应该是其具有的基本素质。面对社会中确实存在的高学历、高技能、低诚信金融工作人员,应该借助道德舆论的力量对其进行制止,情节严重的应借助法律武器对其进行制裁。其次,要努力培养金融人才的世界观以及价值观,使其具有高尚的职业情操和健全的人格,具有对金融消费权益的自觉保护意识。最后,不仅要培养金融人才的创新意识、竞争意识,还要增强他们的团队意识和责任意识。与此同时,还要保证金融人才具有规范的文明礼仪和言行仪表。金融人才的言谈举止代表着一个机构的形象,是给社会大众的第一直观印象。通过其服务水平的高低以及行为是否规范可以直接看出该机构的内部经营管理水平如何,从而间接地反映出该机构的风险管理能力的高低。

第三，要重视金融人才专业素质的培养。金融基础知识的掌握程度和在工作实践中的运用能力是影响金融人才专业素养的重要因素。广州具有高校集聚优势，其金融人才的主要来源为广州高校毕业生，因此要从大学时代开始培养金融人才的专业素质。首先，要引进案例式教学。这将有助于学生更好地掌握金融专业理论，并且能够很恰当地将相关理论应用到实践中，不但提高了学生的实践能力，还调动了学生的学习积极性。在制作金融教学案例的过程中，金融机构应该积极主动地向院校提供真实的并且有典型意义的案例，以供学生学习。其次，要强化模拟教学。特别是在一些操作性较强的金融相关课程中，要尝试使用模拟教学，以便提高学生的实践能力。最后，金融机构在寒暑假期间应该多给高校毕业生提供实习机会，让学生真正走进金融部门或金融监管部门去接触金融业务。同时，有条件的高等院校还应不定期地邀请金融部门经验丰富的人员给学生解惑答疑，增加学生与专业人士的沟通机会，使学生能够掌握最新的金融动态。

附　　表

附表 1　　广州市政府对科技金融的资金奖励

序号	年份	政策文件	文件编号	资金奖励
1	2011	《关于加快科技金融发展的实施意见》	穗开管〔2011〕116号	（1）对新设立或新迁入的股权投资企业，按照实收注册资本的1%对股权投资企业给予奖励，最高不超过2000万元。（2）对合伙制股权投资企业，按投资区内科技型中小企业金额的5%给予奖励，每家股权投资企业每年奖励最高不超过400万元，累计不超过2000万元。（3）对招商公司引进我区科技型企业在3年内上市的，给予招商公司50万元奖励；对直接引进上市公司的，给予30万元奖励。（4）对区内进入代办系统的前30家企业给予100万元奖励。（5）对辅导前30家企业在代办系统挂牌的券商，每挂牌1家给予辅导奖励20万元
2	2012	《关于推进科技创新工程的实施意见》	穗字〔2012〕18号	（1）对成长扩张期科技企业，积极引导其利用资本市场规范发展，对改制上市的予以奖励和成本补助。（2）企业申报或者联合高等院校、科研院所申报国家、省重大科技项目获得支持的，组织单位有明确配套要求和配套比例的，市财政按项目要求的比例予以配套；组织单位没有明确配套比例的，市财政视财力情况予以配套资金支持。（3）对做出突出贡献的人员给予股权奖励、股份期权、分红权、科技成果收益分成等激励。（4）对企业引进消化吸收再创新的成果，获得各级科学技术奖或专利的，给予奖励

续表

序号	年份	政策文件	文件编号	资金奖励
3	2013	《关于加快科技金融发展的实施意见》	穗开管〔2013〕8号	(1) 对新设立或新迁入的股权投资企业，按照实收注册资本的1%对股权投资企业给予奖励，最高不超过2000万元。(2) 对合伙制股权投资企业，按投资区内科技型中小企业金额的5%给予奖励，每家股权投资企业每年奖励最高不超过400万元，累计不超过2000万元。(3) 对招商公司引进我区科技型企业在3年内上市的，给予招商公司50万元奖励；对直接引进上市公司的，给予30万元奖励。(4) 对在非上市股权交易代办系统挂牌的企业给予奖励。对区内进入代办系统的前30家企业给予100万元奖励。(5) 对辅导前30家企业在代办系统挂牌的券商，每挂牌1家给予辅导奖励20万元
4	2014	《广州市人民政府办公厅关于促进科技企业孵化器发展的实施意见》	穗府办〔2014〕61号	从孵化器毕业的科技企业落户我市3年内，所在区、县级市政府按其贡献给予资金奖励，并根据毕业企业和落户情况对孵化器进行奖励
5	2015	《广州市科技企业孵化器专项资金管理办法》	穗科创〔2015〕4号	(1) 新认定的市级、省级和国家级孵化器分别给予50万元、100万元和200万元的一次性奖励；已获认定的国家级孵化器，通过国家级孵化器年度考核评价的，可享受相应的奖励，但不重复享受；每个孵化器认定奖励金额累计不超过200万元。(2) 对获得国家"苗圃—孵化器—加速器"科技创业孵化链条建设示范单位的给予一次性100万元的奖励；对获得广东省科技创业孵化链条建设试点单位的给予一次性50万元的奖励；每个"苗圃—孵化器—加速器"科技创业孵化链条奖励金额累计不超过100万元。(3) 企业毕业离开孵化器后在广州市落户发展两年以上、年均营业收入增长率不低于10%并实现盈利的，按每家20万元一次性奖励该企业所毕业的孵化器。本市孵化器在境外设立（或合作设立）海外孵化器（含虚拟孵化器），成功引进海外孵化企业在广州市落户发展两年以上、年均营业收入增长率不低于10%并实现盈利的企业，按每家100万元一次性奖励该孵化器。(4) 在广州股权交易中心挂牌1家企业，奖励20万元；在新三板挂牌1家企业，奖励50万元；在境内外证券交易所上市1家企业，奖励100万元。同一家企业奖励不累加。(5) 对在孵化器内注册并实际经营的企业通过高新技术企业认定，按照每家50万元的标准给予孵化器一次性奖励。同一家高新技术企业不得重复计算。(6) 对广州市年度绩效评价得分80分（含）以上的孵化器，给予20万元绩效奖励

续表

序号	年份	政策文件	文件编号	资金奖励
6	2015	《广州市人民政府关于加快科技创新的若干政策意见》	穗府〔2015〕10号	(1)科技成果转化所获收益可按不少于70%的比例,用于对科技成果完成人和为科技成果转化做出重要贡献的人员进行奖励。(2)在校学生到众创空间、科技创业社区、市级以上科技企业孵化器等创新创业载体创业的,给予房租减免、创业辅导等补助;鼓励高等学校教师作为天使投资人投资学生创业项目,上述支持资金可按照教师实际投资额度的50%作为学生的股权给予配套支持,单个创业项目最高配套资金为50万元
7	2015	《广州市科技创新小巨人企业及高新技术企业培育行动方案》	穗府办〔2015〕127号	对在本方案实施期间,成功通过高新技术企业认定(含复审)的企业,由市区两级财政按照一定比例给予每家总额100万元的奖励,奖励资金由企业统筹使用

附表2　　　　广州市政府对科技金融的资金补助

序号	文件年份	政策文件	文件编号	资金补助
1	2011	《广州市科技保险试点工作方案》	穗金融〔2011〕53号	高新技术企业投保高新技术企业的6项保险产品享受60%的保费补贴;投保其他8项保险产品享受30%保费补贴
2	2011	《关于加快科技金融发展的实施意见》	穗开管〔2011〕116号	(1)对担保机构按照其对科技型中小企业年担保额的1%给予补助,最高不超过100万元。(2)对通过区内担保机构取得贷款的科技型中小企业,按3%的年利率给予贷款贴息,单笔贷款贴息期最长不超过1年,年贷款贴息额不超过50万元。(3)对企业上市实际发生的辅导、保荐、审计、法律、资产评估和办理工商登记变更手续等费用进行分阶段资助,在境内外中小板或主板上市给予300万元资助,在创业板上市给予200万元资助。(4)对区内股权投资、融资担保、融资租赁等金融创新企业在金融集聚区内购置已建成办公场所的,按建筑物办公用途部分的建筑面积给予每平方米500元扶持资金,补贴面积最高不超过300平方米。(5)在金融集聚区内租赁自用办公用房的,在3年内每年可享受租金价格30%的租金补贴,补贴面积最多不超过300平方米

续表

序号	文件年份	政策文件	文件编号	资金补助
3	2012	《关于推进科技创新工程的实施意见》	穗字〔2012〕18号	（1）对创新型企业和科技小巨人企业，按企业研发投入额度由市、区（县级市）两级财政给予一定比例的资金资助。（2）重点支持企业和研发机构对引进境外技术进行消化吸收再创新，协调落实相关优惠政策，对同步设立核心技术研发机构的重大外商投资项目，根据其对地方经济社会贡献，按比例给予一定补贴。（3）对申请、代理专利做出重要贡献的单位给予定额资助；委托专利代理机构申请发明专利的，其代理服务费给予定额资助；申请《专利合作条约PCT》缔约国发明专利保护和具有知识产权的新药临床，给予申请费用定额资助
4	2013	《关于加快科技金融发展的实施意见》	穗开管办〔2013〕8号	（1）对在我区依法设立的，工商、税务关系在我区的融资担保公司，在我区经营担保业务1年以上，无不良信用记录，且上年度平均担保费率不超过银行同期贷款基准利率的50%，按照其对科技型中小企业年担保额的1%给予补助，最高不超过100万元。（2）对通过区内担保机构取得贷款的科技型中小企业，按3%的年利率给予贷款贴息，单笔贷款贴息期最长不超过1年，年贷款贴息额不超过50万元，每家企业最多享受3年补贴，企业每年可申请一次。（3）对企业上市实际发生的辅导、保荐、审计、法律、资产评估和办理工商登记变更手续等费用进行分阶段资助，在境内外中小板或主板上市给予300万元资助，在创业板上市给予200万元资助。（4）对区内股权投资、融资担保、融资租赁等金融创新企业在金融集聚区内购置已建成办公场所的，按建筑物办公用途部分的建筑面积计算，给予每平方米500元扶持资金，补贴面积最高不超过300平方米。（5）在金融集聚区内租赁自用办公用房的，在3年内每年可享受租金价格30%的租金补贴，补贴面积最多不超过300平方米
5	2014	《广州市企业研发经费投入后补助实施方案》	穗科信〔2014〕2号	对企业研发经费支出额度相应的补助标准如下：（1）企业上一年研发经费支出额不足1亿元的，按支出额的5%给予补助。（2）企业上一年研发经费支出额高于（含）1亿元、不足5亿元的，对其中1亿元给予500万元补助，其余部分按支出额的2.5%给予补助。（3）企业上一年研发经费支出额高于（含）5亿元、不足10亿元的，对其中5亿元给予1500万元补助，其余部分按支出额的2%给予补助。（4）企业上一年研发经费支出额高于（含）10亿元的，对其中10亿元给予2500万元补助，其余部分按支出额的1%给予补助

续表

序号	文件年份	政策文件	文件编号	资金补助
6	2014	《广州市人民政府办公厅关于促进科技企业孵化器发展的实施意见》	穗府办〔2014〕61号	（1）孵化器聘任创业导师，且创业导师服务满1年并经孵化器考核合格和市科技行政部门核准的，专项资金按照每聘任一位创业导师3万元的标准给予孵化器一次性补助，每年每家孵化器的补助金额不超过30万元。（2）支持在穗大学生在孵化器内创业，孵化器接纳5个以上符合政策支持范围的大学生创业企业的，专项资金按照每家创业企业3万元的标准给予孵化器创业指导资金补贴，专项用于为大学生创业提供创业指导服务。每个孵化器的年度补贴总额不超过150万元。
7	2015	《广州市科技企业孵化器专项资金管理办法》	穗科创〔2015〕4号	（1）通过贷款投资建设孵化器载体的，按实际发生的建设投资贷款利息给予孵化器载体建设投资机构全额补贴，每个孵化器载体建设项目补贴额最高不超过300万元。（2）按照新增孵化面积以每100平方米5000元的标准给予孵化器运营机构一次性补贴。（3）对在孵化器内配套建设并主要为在孵企业服务的公共技术平台，按照其建设投资额的30%给予公共技术平台服务机构一次性补贴，补贴金额最高不超过300万元。（4）孵化器通过集中购买为在孵企业提供技术服务以及工商、法律、财税、金融、知识产权等服务的，按照孵化器实际支付服务费用的50%给予补贴，每个孵化器年度补贴额最高不超过100万元。（5）孵化器或投资机构投资我市在孵企业，按照年度实际投资额10%给予投资补贴，每家机构年度补贴额不超过100万元。（6）孵化器聘任创业导师，且创业导师服务满一年并经孵化器考核合格和市科技主管部门核准的，按照一位创业导师每年3万元的标准给予孵化器运营机构补贴，每年每家孵化器的补贴金额不超过30万元。（7）接纳5个（含）以上大学生创业企业的孵化器，专项资金按照每家创业企业3万元的标准给予孵化器运营机构创业指导资金补贴，每个孵化器的年度补贴总额不超过150万元。（8）在孵企业在银行贷款过程中产生担保费用的，按照企业所付贷款担保费全额给予补贴，已享受各级财政贷款担保补贴部分应予扣除，每家在孵企业年度补贴额不超过50万元。（9）企业进入孵化器发展，按照实际租用孵化面积给予在孵企业最长两年的场租补贴，补贴标准为每平方米每月10元，企业实际支付场租低于补贴标准的，按照实际支付场租进行补贴，最大补贴面积200平方米

续表

序号	文件年份	政策文件	文件编号	资金补助
8	2015	《广州市人民政府关于加快实施创新驱动发展战略的决定》	穗字〔2015〕4号	(1) 新组建研发机构的企业，以后补助方式一次性给予建设经费补助。(2) 设立市科技服务业专项发展资金，以政府购买服务、后补助等方式对科技服务机构、公共创新服务平台、科技服务性展会等进行补贴。(3) 改革科技经费投入方式，市场导向明确的项目由企业牵头承担，联合高等学校和科研院所实施，财政资金以后补助方式予以支持
9	2015	《广州市科技计划项目管理办法》	穗科创〔2015〕6号	(1) 财政科技经费可采取一次性拨付或分期拨付的方式。后补助项目经费采取一次性拨付的方式。(2) 采取分期拨付的，在《广州市科技计划项目合同书》签订生效后拨付首笔财政资助经费，额度为项目财政资助经费的60%；中期检查合格者拨付第二笔资助经费，额度为项目财政资助经费的40%
10	2015	《广州市科技计划项目经费管理办法》	穗科创〔2015〕7号	对前资助项目采取一次性拨付或分期拨付的方式。采取分期拨付的，在《广州市科技计划项目合同书》签订生效后拨付首笔财政资助经费，额度为项目财政资助经费的60%；中期检查合格的项目，结合项目实施和资金使用进度，拨付剩余的财政资助经费，额度为项目财政资助经费的40%
11	2015	《关于对市属企业增加研发经费投入进行补助的实施办法》	穗国资〔2015〕8号	(1) 企业研发经费投入补助采取奖励性后补助一次性拨付的方式，由市国资委根据单户企业上一年度研发经费支出实际增长额度按不超过20%的比例给予补助。(2) 对单户企业研发经费支出增长部分相应的补助标准如下：①对于上一年度研发投入支出占主营业务收入比重高于3%（不包括3%）的企业，按照企业上一年研发经费支出额相比前一年度支出额的增长部分，给予15%的补助。②对于上一年度研发投入支出占主营业务收入比重低于3%（包括3%）的企业，按照企业上一年研发经费支出额相比前一年度支出额的增长部分，给予20%的补助。③对于单户企业的研发投入年度补助不超过2000万元。④若当年安排的国资收益超收补助资金，不足以按上述标准对所有符合条件企业的研发投入实施补助，则按同比例下调

续表

序号	文件年份	政策文件	文件编号	资金补助
12	2015	《广州市人民政府关于加快科技创新的若干政策意见》	穗府〔2015〕10号	(1) 以事后立项事后补助的方式支持企业组建研发机构，市、区（县级市）分别按财政补助经费的60%和40%给予补助。(2) 对购买技术成果的广州企业，按技术合同中实际发生的技术交易额的一定比例给予补助
13	2015	《广州市科技成果交易补助实施办法(试行)》	穗科创〔2015〕13号	科技成果交易补助采取事后立项事后补助方式，鼓励引进国内外高等学校、科研机构的技术成果并在广州实现转化，对购买技术成果的广州企业，按技术合同中实际发生的技术交易额的5%给予补助，每个企业单一年度补助金额累计不超过500万元
14	2015	《广州市科技创新券实施办法（试行)》	穗科创〔2015〕15号	(1) 根据市科技创新券年度发放额度对各区科技行政部门申报的年度科技创新券发放额度进行统筹，确定各区科技创新券的发放额度。(2) 科技创新券兑现的金额应不高于单项服务合同金额的30%
15	2015	《广州市人民政府办公厅关于促进科技金融与产业融合发展的实施意见》	穗府办〔2015〕26号	(1) 对在广州地区注册并投资于广州孵化期、初创期科技企业3年以上的创业投资公司、有限合伙创业投资企业和其他企业投资者，给予投资额5%、最高不超过500万元的补助。(2) 对在广州地区注册并帮助广州市孵化期、初创期科技企业或科技项目实现股权众筹的互联网众筹平台，给予众筹融资额5%、最高不超过500万元的补助。(3) 对孵化期、初创期科技企业和科技项目完成引入创业投资或众筹平台股权投资的，按引资额的10%、最高不超过100万元给予一次性补助。(4) 对科技型中小企业贷款超过银行同期基准利率部分按一定比例给予贴息，每个项目贴息时间最长不超过2年，每家企业每年最高贴息100万元。(5) 对在新三板挂牌的科技企业分阶段给予挂牌费用补助，对完成股份制改造的一次性补助20万元、券商签约辅导的一次性补助50万元

续表

序号	文件年份	政策文件	文件编号	资金补助
16	2015	《广州市促进科技成果转化实施办法》	穗府办〔2015〕57号	(1) 对购买技术成果的广州企业，按技术合同中实际发生的技术交易额的5%给予补助，每个企业单一年度补助金额累计不超过500万元。(2) 对在广州市行政区域内新设立、注册、登记并具有独立法人资格，具有自主研发经费投入和研发活动，拥有1项科技成果（1项科技成果登记或1项发明专利），且有潜力转化为具体产品或服务的企业，自成立之日起连续3年给予50%的房租补助，每个企业单一年度补助金额不超过50万元
17	2015	《广州市科技创新小巨人企业及高新技术企业培育行动方案》	穗府办函〔2015〕127号	(1) 对纳入科技创新小巨人企业库的企业，由市、区两级财政按照一定比例给予每家总额60万元的经费补贴，自企业入库年度起3年内按照3：2：1的比例分年度拨付。(2) 对入库的科技创新小巨人企业，鼓励建立企业研发机构，加大研发投入，市财政按照相关政策予以补助。(3) 在广东省科技业务综合管理系统提交高新技术企业申请并获得省科技厅受理的企业，由市财政给予每家20万元的经费补贴。(4) 对认定的高新技术企业，鼓励建立企业研发机构，加大研发投入，市财政按照相关政策予以补助
18	2016	《广州市加快创新驱动发展实施方案》	穗府办〔2016〕12号	加大财政科技经费后补助的使用比例，推动财政科技经费的使用安排实现"两个80%"，即科技专项经费用于支持企业（或企业牵头项目）的比重达到80%以上，后补助经费的比重达到80%以上
19	2016	《广州市超算服务券实施细则（试行）》	穗科创字〔2016〕275号	(1) 对于广州市行政区域内设立、登记、注册的科技型企业或众创空间，超算服务券可支付单项技术服务合同金额的40%，每个企业或单个众创空间每年最高申请获取超算服务券的总额不超过500万元。(2) 对于非广州市行政区域内设立、登记、注册的中国境内科技型企业，超算服务券可支付单项技术服务合同金额的10%，每个企业每年最高申请获取超算服务券的总额不超过100万元

附表3　　广州市政府对科技金融的风险补偿

序号	文件年份	政策文件	文件编号	风险补偿
1	2011	《关于加快科技金融发展的实施意见》	穗开管〔2011〕116号	为科技型中小企业提供信贷融资,探索银行为科技型中小企业提供信贷融资的风险补偿机制
2	2013	《关于加快科技金融发展的实施意见》	穗开管办〔2013〕8号	鼓励银行机构创新金融服务模式,为科技型中小企业提供信贷融资,探索银行为科技型中小企业提供信贷融资的风险补偿机制
3	2015	《广州市人民政府关于加快实施创新驱动发展战略的决定》	穗字〔2015〕4号	(1)建立科技企业孵化器风险补偿制度,省市共建面向科技企业孵化器的风险补偿金,对天使投资失败项目给予一定额度的补偿。(2)建立银行机构科技信贷风险分担机制,设立科技信贷风险补偿资金,对商业银行、科技支行的贷款项目实行贴息政策。(3)加快发展知识产权质押融资担保业务,建立风险补偿机制,简化融资流程
4	2015	《广州市科技型中小企业信贷风险补偿资金池管理办法》	穗科创〔2015〕11号	(1)合作银行按照科技贷款专营政策,提供不低于10倍科技贷款风险补偿金合作额度的贷款,贷款实行优惠利率。(2)合作银行根据本办法为科技型中小企业发放贷款所产生的贷款本金损失,由科技信贷风险补偿资金池承担50%,合作银行承担50%,贷款利息损失由合作银行承担
5	2015	《广州市人民政府办公厅关于促进科技金融与产业融合发展的实施意见》	穗府办〔2015〕26号	(1)对天使投资失败项目按损失额的一定比例给予补偿,对在孵企业首贷出现的坏账项目按一定比例对贷款银行本金损失给予补偿,市财政对单个项目的风险补偿不超过200万元。(2)对新型信贷产品投放出现的坏账项目按本金的50%分担损失。(3)对在孵企业出现的坏账项目按一定比例分担本金风险损失,市财政对孵化器补偿资金中单个项目的本金补偿金额不超过300万元
6	2015	《广州市促进科技成果转化实施办法》	穗府办〔2015〕57号	对首购首用单位按采购高新技术新产品或发明专利产品金额的10%给予一次性补助,补助金额最高为200万元

参考文献

Alen N. Berger, Gregory F. Udeel, "A More Complete Conceptual Framework for SEM Finance", World Bank Conference on Small and Medium Enterprise: Overcoming Growth Constraints, MC12 – 121, October, 2004.

Andrei Shleifer and Robert W. Vishny, *The Grabbing Hand: Government Pathologies and Their Cures*, Gambridge, MA: Harvard University Press, 1998.

Ang, J. B. , "Research, Technological Change and Financial Liberalization in South Korea", *Journal of Macroeconomics*, Vol. 32, No. 1, 2010.

Arthur C. Pigou, *The Economics of Welfare*, London: Macmillan and Co. , 1938.

A. W. Shaw, *Competition Advantage*, New York, 1915.

Biais, Bruno, Christian Gollier, "Trade Credit and Credit Rationing", *Review of Financial Studies*, Vol. 10, No. 4, 1997.

Casamatta, C. , "Financing and Advising: Optimal Financial Contracts with Venture Capitalists", *Journal of Finance*, Vol. 58, No. 5, 2003.

Douglas H. Graham, "Creating a Sustainable Supply of Financial Services for the Rural Poor: A Challenge for the Agricultural Economics Profession", *Agrekon*, Vol. 34, No. 4, 1995.

George, G. , Prabhu, G. N. , "Developmental Financial Institutions as Technology Policy Instruments: Implications for Innovation and Entrepreneurship in Emerging Economies", *Research Policy*, Vol. 32, No. 1, 2003.

George J. Stigler, "The Theory of Economic Regulation Bell", *Journal of Economics and Management Science*, Vol. 2, 1971.

Gonzalo Guillen, Mariana Badell, "A Holistic Framework for Short-Term Supply Chain Management Integrating Production and Corporate Financial Planning", *Production Economics*, Vol. 5, 2006.

Hans Dieter Seibel, "Mainstreaming Informal Financial Institutions", *Journal of Developmental Entrepreneurship*, Vol. 6, No. 1, 2001.

Hyytinena, A., Toivanen, O., "Do Financial Constraints Hold Back Innovation and Growth?: Evidence on the Role of Public Policy", *Research Policy*, Vol. 34, No. 1, 2005.

Jayaratne, Jith and Strahan, Philip E., "The Finance – Growth Nexus: Evidence from Bank Branch Deregulation", *Quart. J. Econ.*, Vol. 111, No. 3, 1996.

Wurgler, J., "Financial Markets and the Allocation of Capital", *Journal of Financial Economics*, Vol. 58, 2000.

Kaplan, S. V., Stromherg, P., "Financial Contracting Theory Meets the Real World: An Empirical Analysis of Venture Capital Contracts", *Review of Economic Studies*, Vol. 70, No. 2, 2003.

Kellee S. Tsai, "Imperfect Substitutes: The Local Political Economy of Informal Finance and Microfinance in Rural China and India", *World Development*, Vol. 32, No. 9, 2004.

Leleux, B., Surlemon, B., "Public Versus Private Venture Capital: Seeding or Crowding Out?", *Journal of Business Venturing*, Vol. 18, No. 1, 2003.

Meijun Qian, Yasheng Huang, "Political Institutions, Entrenchments, and the Sustainability of Economic Development—A Lesson from Rural Finance", *China Economic Review*, Vol. 40, 2016.

Mike Devaney and Bill Weber, "Local Characteristics, Contestability, and the Dynamic Structure of Rural Banking: A Market Study", *The Quar-*

terly Review of Economics and Finance, Vol. 35, No. 3, 1995.

Perez, C., *Technology Revolution and Finance Capital*, London: Edward Elgar, 2002.

Petersen, Mitchell A., Raghuram G. Rajan, "Trade Credit: Theories and Evidence", *Review of Financial Studies*, Vol. 10, No. 3, 1997.

Quindlen, R., *Confessions of a Venture Capitalist*, New York: Warner Books, 2000.

Rajan, R. G., "Insiders and Outsiders: The Choice between Informed and Arm's-Length Debt", *Journal of Finance*, Vol. 47, No. 4, 1992.

Robert C. Merton & Zvi Bodie, *A Functional Perspective of Financial Intermediation*, Financial Management, 1993.

Rodriguea, M., Camacho Ja, Chica, J., "The Knowledge-Intensive Services-Regional Innovation Nexus: A European Perspective", *The Service Industried Journal*, Vol. 32, No. 4, 2012.

Sahlman, W. A., "The Structure and Governance of Venture Capital Organizations", *Journal of Financial Economics*, Vol. 27, No. 2, 1990.

Saint-Paul, G., "Technological Choice, Financial Markets and Economic Development", *European Economic Review*, Vol. 36, No. 4, 1992.

Stulz, R. M., "Financial Structure, Corporate Finance, and Economic Growth", *International Review of Finance*, Vol. 1, No. 1, 2000.

Tadesse, S., "Innovation, Information and Financial Architecture", *Journal of Financial & Quantitative Analysis*, Vol. 41, No. 4, 2006.

Tirole, Jean, "Incomplete Contracts: Where Do We Stand?" *Econometrica*, Vol. 67, No. 4, 1999.

Vasigh Bijan, TaleghaniReza, Jenkins Darry, *Aircraft Finance: Strategies for Managing Capital Costs in a Turbulent Industry*, J. Ross Publishing, 2012.

Zeller, C., "North Atlantic Innovative Relations of Swiss Pharmaceuticals and The Proximities with Regional Biotech Arenas", *Economic Geography*, Vol. 80, No. 1, 2004.

白颢睿:《阿里金融 PK 民生银行——小微企业融资途径之比较》,《信息系统工程》2013 年第 3 期。

Bottelier Pieter:《中国金融系统的改革与发展》,《世界经济文汇》2002 年第 3 期。

边学涛、温博慧、陈杰:《金融支持航空产业发展问题研究》,《华北金融》2014 年第 4 期。

曹颢、尤建新、卢锐、陈海洋:《我国科技金融发展指数实证研究》,《中国管理科学》2011 年第 3 期。

陈萍:《航空经济发展的金融需求分析——基于"供给领先"和"需求跟随"的金融发展理论》,《金融理论与实践》2015 年第 1 期。

丁志国、张洋、覃朝晖:《中国农村金融发展的路径选择与政策效果》,《农业经济问题》2016 年第 1 期。

冯朵:《现代航运金融服务体系与强化国际航运中心地位研究》,硕士学位论文,天津师范大学,2012 年。

冯娟娟:《互联网金融背景下商业银行竞争策略研究》,《现代金融》2013 年第 4 期。

付剑峰、邓天佐:《科技金融服务机构支持科技型中小企业融资发展的案例研究》,《中国科技论坛》2014 年第 3 期。

甘爱平、曲林迟:《航运金融学》,上海人民出版社 2010 年版。

高辰:《我国农村金融服务现状及发展对策》,《对外经贸》2013 年第 3 期。

高丽平:《我国村镇银行发展初探》,《四川行政学院学报》2007 年第 6 期。

顾焕章、汪泉、高莉莉:《科技金融创新的制度取向与实践模式》,《江海学刊》2013 年第 3 期。

管红萍:《小额贷款公司发展探讨》,《现代商贸工业》2009 年第 5 期。

韩一萌:《探析金融创新背景下中国科技金融的发展出路》,《浙江金融》2013 年第 5 期。

侯鑫:《我国村镇银行发展研究》,硕士学位论文,河北大学,2011 年。

胡秋灵、孙瑞霞:《西部小额贷款公司发展中存在的问题及解决对策》,《云南财经大学学报》(社会科学版) 2010 年第 6 期。

胡苏迪、蒋伏心：《科技金融理论研究的进展及其政策含义》，《科技与经济》2012年第3期。

黄超：《互联网金融下的小微企业融资模式研究》，硕士学位论文，华中师范大学，2015年。

黄刚、蔡幸：《开发性金融对广西高新技术企业融资支持模式初探》，《改革与战略》2006年第5期。

黄国平、孔欣欣：《金融促进科技创新政策和制度分析》，《中国软科学》2009年第2期。

黄少卿：《金融业在建设上海国际航运中心中的地位和作用》，《上海城市管理职业技术学院学报》2008年第4期。

计小青：《上海国际航运中心建设的金融支持政策研究》，《上海财经大学学报》2011年第10期。

李爱香、谢全胜：《商贸流通业融资模式研究》，《商业时代》2013年第1期。

李东卫：《村镇银行发展：理论基础与实证研究》，《广西经济管理干部学院学报》2009年第1期。

李佳勋、李凤菊：《村镇银行发展现状及其存在问题探析》，《经济问题探索》2011年第3期。

李力峰：《村镇银行与新型农村金融体系构建》，《人民论坛》2010年第26期。

李新功：《金融促进技术创新市场化工具运行的机制研究》，《科技进步与对策》2011年第10期。

李毅学、汪寿阳、冯耕中：《物流金融中季节性存货质押融资质押率决策》，《管理科学学报》2011年第11期。

李颖、凌江怀、王春超：《金融发展对国内科技创新影响的理论与实证研究》，《科技进步与对策》2009年第12期。

李志玲：《流通产业竞争力评价体系初探》，《商讯商业经济文萃》2005年第2期。

林三强、胡曰东、张秀武：《我国金融结构体系促进技术创新的实证分析》，《科技管理研究》2009年第5期。

林毅夫：《尽快建立以中小企业为主的金融体系》，《金融信息参考》1999年第 8 期。

刘斌：《我国高科技园区科技金融发展实施策略的比较研究》，《上海金融》2013 年第 4 期。

刘丹：《电子商务环境下网络银行的风险分析》，《中小企业管理与科技》2005 年第 5 期。

刘仁伍：《金融结构健全性和金融发展可持续性的实证评估方法》，《金融研究》2002 年第 1 期。

刘书茜：《天津航空金融产品链发展模式研究》，硕士学位论文，天津财经大学，2015 年。

刘燕华：《科技金融体系建设探讨》，《网易财经》2008 年 12 月 1 日。

卢珊、赵黎明：《基于协同理论的创业投资机构与科技型中小企业演化博弈分析》，《科学学与科学技术管理》2011 年第 7 期。

鲁园芳：《我国小额贷款公司发展问题研究》，《商业文化》（下半月）2011 年第 4 期。

陆静：《我国商贸流通业发展的金融扶持机制与实证检验》，《商业经济研究》2016 年第 1 期。

路远方：《商贸流通企业融资问题探讨》，《商业经济研究》2017 年第 21 期。

罗荷花、李明贤：《农村资金互助社试点中的问题及对策》，《湖南农业大学学报》（社会科学版）2008 年第 12 期。

吕靖、张明、李玖晖：《海运金融——船舶投资与融资》，人民交通出版社 2001 年版。

马苏南、吉伦奇：《我国商业银行发展绿色金融存在的问题及对策建议》，《金融经济》2010 年第 14 期。

买忆媛、聂鸣：《开发性金融机构在企业技术创新过程中的作用》，《研究与发展管理》2005 年第 4 期。

麦均洪、徐枫：《基于联合分析的我国绿色金融影响因素研究》，《宏观经济研究》2015 年第 5 期。

牛禄青：《汇付天下：虚拟的翅膀》，《新经济导刊》2011 年第 8 期。

潘林：《安徽省两个农民资金互助社的调查与思考》，《乡镇经济》2008年第11期。

屈庆、陈黎、余文龙：《互联网金融发展对金融市场及债券市场影响分析》，《债券》2013年第10期。

阮勇：《村镇银行发展的制约因素及改善建议——从村镇银行在农村金融市场中的定位入手》，《农村经济》2009年第1期。

邵瑞庆：《国际航运船舶投资决策方法论》，上海三联书店2006年版。

沈悦、郭品：《互联网金融、技术溢出与商业银行全要素生产率》，《金融研究》2015年第3期。

石忆邵、朱卫锋：《商贸流通产业竞争力评价初探——以南通市为例》，《财经研究》2004年第5期。

宋则、张弘：《中国流通现代化评价指标体系》，《北京市财贸管理干部学院学报》2004年第2期。

孙伍琴：《金融发展促进技术创新的机制及启示》，《杭州电子科技大学学报》2008年第9期。

汤胤：《互联网商业创新：理念与实例》，电子科技大学出版社2010年版。

唐艳、俊龙：《安徽省科技投入的金融支撑研究》，《北方经贸》2012年第4期。

天大研究院课题组、王元龙、马昀、王思程、刘宇婷、叶敏：《中国绿色金融体系：构建与发展战略》，《财贸经济》2011年第10期。

王广谦：《论经济发展中的金融化趋势》，《经济研究》1996年第9期。

魏光华：《交通银行办理策略性工业优惠贷款之检讨与成效》，《产业金融》1988年第12期。

闻岳春、梁悦敏：《支持技术创新发展的政府主导型风险投资机制设计》，《上海金融》2008年第10期。

吴军、李健、汪寿阳：《供应链风险管理中的几个重要问题》，《管理科学学报》2006年第9期。

吴文斌：《发展航运金融推动上海国际航运中心建设的思考》，《江西金融职工大学学报》2010年第2期。

肖旺：《金融租赁引领中国航空金融大时代》，《金融时报》2015年10月10日第6版。

谢林林、廖颖杰：《论风险投资对企业技术创新的动力机制作用》，《华东经济管理》2008年第4期。

谢小蓉：《我国村镇银行发展的三元机制及其创新》，《重庆社会科学》2008年第12期。

徐枫、陈昭豪：《金融支持新能源产业发展的实证研究》，《宏观经济研究》2013年第8期。

徐明凡、刘海宁：《我国农村信贷与农村经济发展的实证分析——基于与美国农村金融体制的比较》，《兰州学刊》2013年第8期。

徐信艳、马晓青：《村镇银行发展的瓶颈及对策建议》，《上海农村经济》2010年第12期。

徐元明：《加强引导，促进农民资金互助社健康发展——盐城市三个农民资金互助社的调查与思考》，《江苏商论》2007年第11期。

杨公朴、夏大慰：《现代产业经济学》，上海财经大学出版社1999年版。

杨良宜：《船舶融资与抵押》（第9册），大连海事大学出版社2003年版。

杨青、彭金鑫：《创业风险投资产业和高技术产业共生模式研究》，《软科学》2011年第2期。

杨珅：《互联网浪潮下的银行理财业务发展问题研究》，《国际金融》2014年第3期。

杨咸月：《金融深化理论发展及其微观基础研究》，中国金融出版社2001年版。

叶子荣、贾宪洲：《金融支持促进了中国的自主创新吗》，《财经科学》2011年第3期。

游达明、朱桂菊：《区域性科技金融服务平台构建及运行模式研究》，《中国科技论坛》2011年第1期。

游丽：《我国商贸流通产业发展的金融支持研究》，《商业经济研究》2017年第8期。

余国锋：《流通产业评价指标体系》，《合作经济与科技》2005年第3期。

张博特、王帅：《科技金融创新的理论探讨》，《科学管理研究》2014年第6期。

张德元：《"小井庄尴尬"所引发的思考》，《中国乡村发现》2007年第8期。

张东生、刘健钧：《创业投资基金运作机制的制度经济学分析》，《经济研究》2000年第4期。

张捷：《东亚产业金融体制的结构、功能与局限性》，《当代亚太》2000年第7期。

张捷：《结构转换期的中小企业金融研究：理论实证与国际比较》，经济科学出版社2003年版。

张儒雅：《村镇银行发展的SWOT分析及其可持续发展策略》，《河南商业高等专科学校学报》2011年第2期。

张赛飞、欧开培：《流通产业竞争力评价指标体系研究》，《商讯商业经济文萃》2006年第8期。

张维：《科技金融发展的进程与政策建议》，《金融纵横》2012年第11期。

张晓山、何安耐：《农村金融转型与创新——关于合作基金会的思考》，山西经济出版社2002年版。

赵冬青、王树贤：《我国村镇银行发展现状的实证研究》，《农村经济》2010年第7期。

周芳：《论电子商务技术促进中国商业银行革新——客户关系管理的革新》，《时代金融》2011年第12期。

朱海城：《定位、吸存与治理结构：我国村镇银行发展研究》，《会计之友》2011年第8期。

朱文晖：《走向竞合：珠三角与长三角经济发展比较》，清华大学出版社2003年版。